한국어, 문화를 말하다

– 한국어 문화언어학 강의

조현용 씀

한국어, 문화를 말하다
−한국어 문화언어학 강의

초판 1쇄 발행 2017년 3월 10일
   3쇄 발행 2018년 4월 20일

지은이 조현용

펴낸이 박민우
기획팀 송인성, 김선명, 박종인
편집팀 박우진, 김영주, 김정아, 최미라, 전혜련
관리팀 임선희, 정철호, 김성언, 권주련
펴낸곳 (주)도서출판 하우

주소 서울시 중랑구 망우로68길 48
전화 (02)922-7090
팩스 (02)922-7092
홈페이지 http://www.hawoo.co.kr
e-mail hawoo@hawoo.co.kr
등록번호 제475호

값 14,000원
ISBN 979-11-86610-83-1 03700

* 이 책은 저작권법에 따라 보호받는 저작물이므로 무단전재와 무단복제를 금지하며,
   이 책 내용의 전부 또는 일부를 이용하려면 반드시 저작권자와 (주)도서출판 하우의 서면 동의를 받아야 합니다.

한국어, 문화를 말하다

한국어 문화언어학 강의

조현용 씀

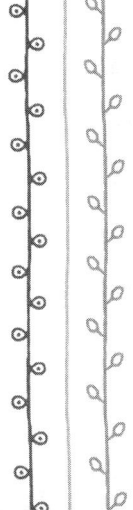

책을 내면서

　이 머리말은 아직 진행형입니다. 연구를 마무리하고 머리말을 쓰는 것도 왠지 어색함이 있습니다만 아직 마무리되지 않은 연구이기에 '진행형' 머리말을 씁니다. 제 공부의 주요 관심사는 언어와 문화입니다. 언어 속에 나타난 사람의 모습도 좋고, 문화 속에 드러난 세상의 모습도 좋습니다. 언어와 문화는 서로 연결되어 있습니다. 저는 연결이라는 단어가 좋습니다. 우리는 각각 존재하는 '나'이지만 함께 살아가는 '우리'이기도 합니다. 연결이라는 것은 그런 것입니다. 언어의 모든 모습에 문화가 담뿍 담겨 있습니다. 소리나 문자, 어휘나 문법 그리고 대화와 몸짓에도 문화는 저마다의 모습으로 고스란히 담겨 있습니다.

　저는 언어를 공부하는 사람입니다. 언어에서 발견되는 문화가 재미있어서 문화 공부도 더 하게 되었습니다. 하지만 짐작하시다시피 이 분야의 공부는 범위가 한도 끝도 없이 넓고 깊습니다. 때로는 역사와 민속학을 만나고, 때로는 의식주와 생활 문화를 만납니다. 때로는 아이들의 대화부터 성인(聖人)들의 철학과 종교까지 안 닿아 있는 곳이 없습니다. 《삼국사기》와 《삼국유사》를 읽고,

민속학 책을 읽고, 신화와 설화에 관한 책도 보았습니다. 한국 미술에 관한 책, 한옥이나 한식, 한복에 관한 책과 글도 찾아서 읽었습니다. 한류의 현장을 보기도 하고, 한국어와 외국어의 차이점도 공부해야 했습니다.

다른 언어에 나타나는 문화, 몸짓언어, 의사소통의 방식 등도 재미있게 공부했습니다. 사회언어학이나 응용언어학의 분야도 당연히 공부하여야 했습니다. 외국어로서 한국어 교육 공부는 문화언어학을 연구하는 촉매제가 되었습니다. 특히 대학원에서 강의를 듣는 제자들과의 대화는 저에게 많은 자극이 되었습니다. 한국어학이 세계적으로 관심 분야가 되면서 저희 대학원에서는 많은 외국인 학자들이 한국어학을 연구합니다.

일본이나 중국 같은 동아시아는 물론이요, 태국, 미얀마, 베트남, 인도, 파키스탄, 방글라데시, 스리랑카, 인도네시아, 라오스, 캄보디아 등의 남아시아 학자들도 많습니다. 우즈베키스탄, 카자흐스탄, 키르기스스탄 등의 중앙아시아 학자들과 러시아, 프랑스, 폴란드, 벨라루스 등지에서 온 연구자들, 이집트, 시리아, 이란 등지에서 온 대학원생들과의 수업은 정말 흥미로운 공부였습니다. 이렇게 세계 각지에서 온 연구자들이 한국의 대학원에서 공부를 하고 있음은 저에게 큰 도움이 되었습니다. 제자들에게 많이 배울 수 있었음에 고마운 마음을 표하고 싶습니다.

공부해야 할 분야가 많아서 깊이 있는 접근이 힘들었음은 고백해야 할 것 같습니다. 하지만 무척 즐거운 독서였음도 밝혀 두고 싶습니다. 처음에는 제 한계를 느끼고 포기할까 하는 생각도 있었습니다만 곧 끝없이 갈 길이 있다는 것에 행복을 느끼게 되었습니다. 어렵기 때문에 공부하는 것이고, 끝이 없기에 더 가야 하는 것이라는 생각이 듭니다. 알고 싶은 게 많고, 듣고 싶은 이야기가 많다는 것은 행복입니다. 내 이야기에 귀 기울여 주는 사람이 있다는 것은 고마운 기쁨입니다.

이 책을 내면서 부제목을 〈강의〉라고 붙였습니다. 실제로 제가 강의하면서 정리했던 내용을 담았기 때문이기도 합니다만, 읽는 이에게 좀 더 쉽게 다가가고자 하는 마음에서 지은 이름이기도 합니다. 따라서 딱딱한 이론적인 내용보다는 언어 속에 어떻게 문화가 반영되어 있는지 구체적인 증거로 다가가게 될 것입니다.

우리말의 특징을 이야기할 때도 보통은 기술(記述)에 그치게 됩니다. 그러한 현상이 있다는 것을 보여 주는 것입니다. 하지만 언어와 문화의 문제를 이야기할 때는 설명이 뒤따라야 합니다. 언어에서 그런 모습이 나타나게 된 원인을 문화 속에서 찾아 설명해야 하기 때문입니다. 그래서 많은 경우에 연구자들 사이에 의견 차이가 나타나기도 합니다. 현상의 기술과 현상의 설명에는 그러한 차이점이 있습니다. 저는 현상을 오랫동안 들여다보고 설명의 방법을 찾으려고 노력했습니다. 제 의견에 대한 다른 생각의 공유를 환영합니다. 제 연구가 여러분께 새로운 궁금증을 유발하기를 기대합니다.

　이 책을 쓰면서 몇 주제에 해당하는 부분은 공부가 부족해서 결국 덜어내기도 하였습니다. 또 어떤 장은 마음에 차지 않았지만 그냥 두기도 하였습니다. 전체적인 체계에 필요한 부분이라는 판단이 들었기 때문입니다. 공부가 더 영글어지면 고치겠습니다. 다른 분야의 공부가 더 깊어지면 새로운 내용을 더해서 〈강의〉의 폭과 깊이를 더하겠습니다. 그런 의미에서 이 머리말은 진행형입니다.

2017년 2월에
조현용 씀.

은혜에 감사하며

훌륭하지 않은 책에 감사의 말씀을 담는 것이 때로는 도리어 폐가 될 수 있음을 잘 알고 있습니다. 그럼에도 불구하고 말씀을 드릴 수밖에 없는 것은 선생님들의 은혜가 깊기 때문입니다.

언어의 문제가 곧 문화의 문제임을 알게 해 주신 분은 경희대학교 서정범 선생님이십니다. 선생님께서는 언어, 문학, 민속, 무속에 이르기까지 폭넓게 인간을 탐구하셨습니다. 무당이나 백정의 특수어, 은어에서 우리말의 어원까지 다양한 모습의 언어를 깊게 공부하신 분입니다. 특히 인간의 원초적 사고를 무속에서 발견하시고 그 이야기를 끊임없이 저에게 들려주셨습니다. 옛말에서 스승은 무당이라는 뜻이었습니다. 무속을 통해서 언어와 문화를 살펴보신 것은 탁월한 접근이었다고 생각합니다. 또한 어원 재구 방법을 마련하시고 어원 연구에 매진하시는 모습은 연구자의 자세를 배우게 했습니다. 강의실에서, 연구실에서 많은 이야기를 들려주시고 제 우문에 웃으며 답하여 주셨기에 저 역시 언어와 문화에 대해 글을 쓸 수 있었습니다. 북두칠성과 관련된 다양한 이야기도 선생님께서 아프게 들려주셨던 조상 이야기였습니다. 아마도 선생님은 지금 북두칠성에서 어머님을 만나고 계실 겁니다. 선생님에 대한 그리움과 감사의 마음을 이 글에 담습니다.

언어와 종교의 문제를 들려주신 분은 박성배 선생님이십니다. 제가 스토니부룩 뉴욕주립대학에서 연구년을 보낼 수 있었던 것은 운명 같은 행운이었습니다. 선생님께서는 불교에서 시작하여 기독교, 유교에 이르기까지 막힘없는 지혜로 제 막힌 가슴을 두들겨 주셨습니다. 어떤 때는 선생님께서 들려주신 말씀에 며칠간 멍하기도 하였습니다. 환희심이 이런 거구나 하는 생각도 하였습니다. 언어를 공부하되 언어가 필요 없는 의사소통을 꿈꾸게 되었으며 논리적이라는 이유로 덮어 버린 가식적인 삶을 뒤돌아보기도 하였습니다. 선생님의 강의를 듣고, 수업 후에 수업보다 더 깊어진 말씀을 나누면서 제가 모르는 게 많다는 것이 기뻤습니다. 수업이 없을 때는 댁으로 찾아뵙기도 하고 연구실로 찾아뵙기도 하면서 많은 질문을 드리기도 했습니다. 몇 년 전에 선생님 서재에서 들려주신 반야심경 이야기는 아직도 많은 깨달음을 줍니다. 동양과 서양의 언어와 사고의 문제를 종교의 관점에서 배우게 된 것은 참으로 고마운 일입니다. 불이(不二)의 세계에서 언어의 한계는 형언할 수 없는 깨달음이 되었습니다. 제 눈과 마음을 밝혀주심에 감사드립니다. 선생님께서 들려주신 이야기는 그대로 제 속에서 흐르고 있습니다.

언어와 철학의 문제, 어떻게 살 것인가에 대해 길을 보여 주신 분은 전헌 선생님이십니다. 선생님께서는 스스로 길이셨습니다. 어떻게 살아야 하는지, 어떻게 공부해야 하는지 선생님은 그대로 거울이셨습니다. 선생님께 서양철학을 배우고, 요한복음 강의를 듣고, 논어를 배웠습니다. 물론 제가 들을 수 있는 이야기는 철학의 아주 작은 부분이었음을 잘 알고 있습니다. 하지만 모든 이야기는 제 삶과 공부에 빛이 되었습니다. 공부뿐 아니라 개인적인 고민과 어려움에도 선생님은 답을 보여 주셨습니다. 제가 궁금했던, 그리고 도대체 이해가 안 되는 이 세상의 문제에 '다 좋은 세상'이라는 답을 들려주셨습니다. 세상을 볼 때, 공부를 할 때 진리를 바라볼 수 있다는 것은 기쁜 일입니다. 저 역시 세상에 도움이 되는 공부를 하겠습니다.

더 열심히 정진하여 은혜를 갚겠습니다. 선생님들께 큰 절을 올립니다.

현용 삼가 올림.

차례

책을 내면서

은혜에 감사하며

1 언어와 문화

1) 언어와 문화 연구의 정의 —— 21

2) 언어문화의 연구 범위와 관련 분야 —— 23

  (1) 언어관과 문자관 —— 23

  (2) 신체 언어 연구 —— 23

  (3) 비유와 상징 그리고 금기 연구 —— 23

  (4) 관용 표현과 속담 연구 —— 24

  (5) 화용론 —— 25

  (6) 언어 상대주의 —— 25

  (7) 사회언어학 —— 26

  (8) 대조언어학 —— 27

  (9) 문화인류학 —— 28

  (10) 언어 교육 —— 29

2 한국어의 특징과 문화

1) 동사와 형용사 중심의 언어 ―― 35
2) 반말과 높임말 ―― 39
3) 느낌, 감정이 중요한 언어 ―― 44
4) 고유어와 한자어, 외래어의 조화 ―― 47
5) 상황 중심의 한국어 ―― 52

3 한국어 속의 한국 문화

1) 자연을 말하다 ―― 61
   (1) 해, 달, 별, 하늘, 땅 ―― 61
   (2) 비, 눈, 바람 ―― 64
   (3) 물 ―― 65
   (4) 농경 ―― 66
   (5) 병 ―― 68
   (6) 시간 ―― 69

2) 사람을 말하다 ―― 77
   (1) 나이(어린이와 노인) ―― 77

(2) 관계(친구) _____ 79

　　(3) 성별(남자와 여자) _____ 80

　　(4) 능력(장애인, 직업) _____ 84

　　(5) 인칭(접미사, 대명사) _____ 88

3) 의식주를 말하다 _____ 95

　　(1) 식문화 _____ 96

　　(2) 주거 문화 _____ 107

　　(3) 의복 문화 _____ 111

4) 언어를 말하다 _____ 118

　　(1) 말과 소리 _____ 118

　　(2) 말이 필요 없다 _____ 120

　　(3) 말의 중요성 _____ 122

　　(4) 말의 힘 _____ 123

5) 문자를 말하다 _____ 129

　　(1) 문자는 필요한가? _____ 129

　　(2) 어떤 문자가 좋은 문자인가? _____ 132

　　(3) 문자의 발달 _____ 136

　　(4) 문자의 사용 _____ 140

　　(5) 한글에 대하여 _____ 142

　　　　(6) 문자와 활자 _____ 148

　6) 비유와 상징을 말하다 _____ 151

　　　　(1) 신체 _____ 155

　　　　(2) 동물 _____ 158

　　　　(3) 식물 _____ 162

　　　　(4) 색 _____ 165

　　　　(5) 수(數) _____ 169

　　　　(6) 천체 _____ 172

　7) 속담을 말하다 _____ 176

　　　　(1) 속담의 해석 _____ 176

　　　　(2) 속담의 주제 _____ 184

　8) 신체 언어를 말하다 _____ 196

　　　　(1) 손가락으로 하는 행위 _____ 198

　　　　(2) 손바닥이나 주먹으로 자신을 치는 행위 _____ 199

　　　　(3) 기거 행위나 예절 _____ 200

　　　　(4) 기원하는 행위 _____ 202

　　　　(5) 신체 관련 관용 표현 _____ 203

　　　　(6) 상황과 신체 언어 _____ 203

9) 시대를 말하다 _____ 207

 (1) 군대 용어 _____ 208

 (2) 은어(隱語) _____ 209

 (3) 유행어(流行語) _____ 210

 (4) 속어(俗語), 욕 _____ 211

 (5) 말의 타락 _____ 213

10) 가족을 말하다 _____ 217

 (1) 어머니와 아버지 _____ 219

 (2) 며느리와 사위 _____ 220

 (3) 아내와 남편 _____ 222

 (4) 서방님과 도련님 _____ 224

11) 생각과 감정을 말하다 _____ 227

 (1) 마음 _____ 227

 (2) 사랑 _____ 228

 (3) '나다'와 '들다' _____ 230

 (4) '아름답다'와 '값어치가 있다' _____ 232

 (5) '고맙다'와 '미안하다' _____ 233

 (6) 바람직하다 _____ 234

 (7) '머리'와 '가슴' _____ 235

(8) '눈에 밟히다'와 '눈여겨보다' _____ 236

(9) '있다, 없다'와 '알다, 모르다' _____ 237

12) 철학, 종교를 말하다 _____ 241

   (1) 지는 것이 이기는 것 _____ 242

   (2) 좋은 게 좋은 것 _____ 243

   (3) 우리가 남이가? _____ 243

   (4) 먼저 사람이 되라 _____ 244

   (5) 야단법석 _____ 245

   (6) 화두(話頭) _____ 246

   (7) 허무(虛無) _____ 247

   (8) 언어도단(言語道斷) _____ 248

   (9) 무아지경(無我之境) _____ 249

   (10) 가위, 도깨비 _____ 249

13) 한민족을 말하다 _____ 253

   (1) 중국 지역 _____ 255

   (2) 미주 지역 _____ 257

   (3) 일본 지역 _____ 259

   (4) 구소련 지역 _____ 260

(5) 유럽, 남미, 동남아 지역 등 ——— 261

14) 인권을 말하다 ——— 265

 (1) 이주 노동자와 한국어 ——— 267

 (2) 결혼이민자와 한국어 ——— 268

 (3) 아이들과 모국어 ——— 269

 (4) 재외 동포와 해외 입양인 ——— 270

15) 번역을 말하다 ——— 273

 (1) 어휘와 번역 ——— 273

 (2) 문법과 번역 ——— 276

책을 맺으며 ——— 279

참고 문헌 ——— 285

찾아보기 ——— 296

1 언어와 문화

문화는 판단하는 것이 아니라 이해하는 것이다.
좋고 나쁜 것이 있는 것이 아니라 다름이 있을 뿐이다.

1　언어와 문화

언어와 문화를 공부하는 것은 인간을 이해하는 일이다.

한국어를 연구하거나 가르치는 경우에 언어와 문화의 관련성은 매우 중요한 주제가 된다. 근본적으로 언어는 문화를 반영하고 있고, 언어는 문화의 정수가 되기 때문이다. 이에 따라 '언어문화, 언어문화론, 어문화(語文化)' 등의 용어가 언어학이나 언어 교육에서 폭넓게 쓰이고 있다. 언어가 문화를 어떻게 반영하고 있는지 조사하고 연구하고 가르치는 일은 매우 중요하다. 이는 인간을 이해하는 일이기도 하다. 따라서 한국어에 담긴 한국 문화를 파악한다면 한국인의 사고를 더 깊이 이해할 수 있을 것이다.

1) 언어와 문화 연구의 정의

'언어문화, 언어문화론'이라는 용어는 문화에 초점이 놓여있는 용어이다. 따라서 언어에 초점을 맞춘다면, '문화언어, 문화언어론, 문화언어학'이라고 하는 것이 정확할 듯하다.[1] 언어문화는 언어를 통해서 살펴본 문화라는 의미가 강하고, 문화언어는 문화가 담긴 언어라는 입장이 강하기 때문이다. 언어사회학은 사회학이고, 사회언어학은 언어학이라는 것이 설명에 도움이 될 것이다. 언어심리학은 심리학이지만, 심리언어학은 언어학이다.[2] 따라서 본 책의 논의는 언어학적인 입장이기 때문에 '문화언어학'이라고 보는 것이 맞을 것이다.[3] Palmer(1996)의 논의에서는 인지언어학과 인류

---

[1] '문화어휘, 문화어' 같은 용어도 나타나는데, 주로 문화어휘는 어휘 중에서 문화와 관련된 어휘들을 나타내며, 문화어는 북한에서 남한의 표준어에 대응하여 평양 중심의 말을 일컬을 때 사용한다.

[2] 한국어와 영어 등에서는 오른쪽에 있는 어휘가 중심이 된다. 예를 들어 커피우유는 '우유'의 한 종류다. 스포츠댄스와 댄스스포츠를 구별할 때도 비슷한 기준이 적용된다. 즉, 스포츠댄스는 '댄스'의 일종이 되고, 댄스스포츠는 '스포츠'의 일종이 된다. 목적에 따라 용어가 달라지는 것이다. 하지만 언어에 따라 중심은 달라지기도 한다. '카페라테'에서 '라테'는 우유의 의미이지만 카페라테는 커피의 한 종류다. 카사블랑카도 'house + white'의 구조로 'white house'와는 구조가 반대이다. 흥미로운 것은 보리쌀은 구조상 '쌀'의 한 종류로 보아야 하는데, 보리로 인식한다는 것이다. 이는 쌀을 '볍쌀'로 인식하기 때문에 생기는 결과로 보인다. 쌀은 곡식의 상위어로 볼 수 있는데, '좁쌀, 보리쌀, 수수쌀, 볍쌀' 등에서 쌀이 곡식의 의미를 갖기 때문이다.

[3] 김성도(2002:7-42)에 따르면 문화언어학이라는 명칭을 사용한 저서는 Gary B. Palmer(1996), *Toward a Theory of Cultural Linguistics*(Austin: University of Texas Press)가 유일하였다고 한다. 한국에서는 김성도(2002)의 논의가 문화언어학이

언어학을 종합하여 문화언어학으로 명명하였다. 김성도(2002)의 논의에서는 문화언어학을 광의의 개념으로 보고, '언어와 다양한 문화적 현상들 사이의 관련성을 연구하는 언어학의 한 분과로서 언어와 제례의식, 언어와 문자, 언어와 정치체계, 언어와 윤리, 언어와 민족 등의 관련성을 연구하는 학제적 분야'로 이해할 수 있다고 하였다.

문화언어학에서는 언어 속에 담겨있는 문화를 중점적으로 연구한다.[4] 여기에서 문화는 일반적으로 그 언어를 사용하는 집단이 공통적으로 갖고 있는 사고 형태를 포함하게 된다. 문화의 정의 역시 본 논의에서는 폭넓게 사용할 수 있을 것이다.[5] 예를 들어 전통적인 문화, 현대적인 문화, 상층의 문화, 기층의 문화 등이 모두 포함될 수 있는 것이다.[6]

라는 명칭을 쓴 것으로 보인다.

[4] 최근의 학문 명칭에서는 '과학'이라는 용어를 선호하는 듯하다. 하지만 '인문학'은 정신적, 종교적, 철학적인 영역인데, '인문과학'이라고 하는 것은 '과학'으로 인문을 설명하려는 문제가 생긴다. '언어학'도 사람 간의 의사소통, 문화의 영역인데 이를 과학적으로 재단하여 '언어과학'으로 표현하는 것은 언어의 영역을 모두 담고 있는 것이라 보기 어렵다.

[5] Brown, H. Douglas(2000:177)에서는 언어교육의 입장에서 문화를 정의 내리고 있다. 문화는 또한 주어진 기간에서 정해진 그룹의 사람들을 특징짓는 관념, 관습, 능력, 예술 및 도구로 정의할 수 있다고 하면서 언어는 문화의 일부분이고, 문화는 언어의 일부분이라고 설명한다. 이 둘은 복잡하게 결합되어 있어서 언어와 문화 각각의 중요성을 상실하지 않고서는 분리될 수 없다는 의견이다.

[6] 문화를 논할 때 'Big C, small c'로 나누기도 하는데, 문화언어학에서는 이러한 개념들을 포괄한다. 특히 언어 속에 담겨있는 문화적인 해석을 중요하게 생각한다.

2) 언어문화의 연구 범위와 관련 분야

(1) 언어관과 문자관

인간이 언어를 사용하는 이유나 언어를 사용하지 않는 이유, 문자를 사용하는 이유나 사용하지 않는 이유 등도 문화언어학의 한 부분이 될 수 있다. 특히 언어권별로 언어를 바라보는 태도가 다른데, 이에 대한 연구도 이루어져야 할 것이다. 고맥락화 되어 있는 사회일수록 문자 언어보다는 음성 언어에, 음성 언어보다는 비언어적인 요소에 의사소통의 중요성을 두는 경우가 많다.

(2) 신체 언어 연구

신체 언어를 비롯한 비언어적 의사소통도 문화언어학에서는 중요한 주제가 될 수 있다. 비언어적 의사소통은 전체 인간의 의사소통 중 70% 이상을 차지한다고 하는데, 비언어적인 의사소통에는 선천적인 측면도 있지만 문화적 요소에 기반을 둔 자의적(恣意的)인 요소들도 많이 나타난다. 감기에 걸려서 기침을 하는 것은 자연적 행위로 볼 수 있지만, 주의를 주기 위해 헛기침을 하는 것은 문화적 행위이다.

(3) 비유와 상징 그리고 금기 연구

금기어, 상징어, 비유 등도 문화언어학에서는 흥미로운 주제가 된다. 어떠한 문화적인 배경에 의해서 '금지'가 발생하는데, 이것이 언어 속에 반영되어 있다. 우리는 언어 사용에 나타나는 금기어들을 바탕으로 문화적인 배경을 추론해 나갈 수 있다. 인간 사고의 정수라고도 하는 '상징'은 신화학이나, 문화인류학, 기호학 등과도 연관된다. 언어에 나타나는 상징 표현을 통해 문화적 배경들을 살펴볼 수 있다. 비유도 비슷한 맥락에서 문화를 반영하고 있다. A를 B와 비교할 때 두 대상 간의 관계가 필연적으로 보이는 경우도 있지만, 자의적으로 보이는 경우가 더 많다. 그 관계와 관계지음의 이유에 대해서는 설명이 필요하다.

(4) 관용 표현과 속담 연구

관용 표현이나 속담은 근본적으로 문화적인 속성들을 담고 있다. 그 문화를 알지 못하면 전혀 이해할 수 없는 표현들도 많은 것이다. 관용 표현은 오랜 역사를 통해서 굳어진 표현이기 때문에 문화적인 배경이 이해의 중요한 요건이 된다. 속담 역시 역사성이 있고, 동일 언어 집단의 결속을 강화해 준다는 점에서 문화적인 요소가 짙다.

이밖에도 새로운 어휘를 형성하는 문화적 기제(機制)라든가 어휘의 의미와 사용이 달라지는 이유 등에 대해서도 문화언어학적인 접근이 가능할 것이다. 문화언어학은 언어를 통해서 알아볼 수 있는 모든 문화적인 것들을 대상으로 연구하는 학문이라고 할 수 있다.

(5) 화용론

　김하수(2008:10)에서의 언어와 문화 교육에 대한 화용론적 해석을 살펴보면 화용론과 문화언어학의 분명한 관계를 알 수 있다. 이 연구에서는 '화용론은 철학의 문제인 동시에 언어의 문제이다. 그리고 그 모든 것을 아우르는 문화의 문제이기도 하다. 왜냐하면 화용론에서는 언어의 문제와 행위의 문제를 함께 다루기 때문이다. 언어와 행위의 규칙을 기술하면 문화의 일정한 국면이 나타난다.'라고 하고 있다. 이렇듯 화용론은 언어와 문화가 동시에 드러나는 것을 연구하는 분야라고 할 수 있다.[7]

(6) 언어 상대주의

　문화언어학에서는 사피어와 워프의 언어 상대주의 논의[8]와

---

[7]　Bonvillain, Nancy(2003:4)에서는 언어, 문화, 의사소통에 대한 연구 중의 하나는 민족지학적 또는 민족 언어학적 접근으로 사람들의 일상을 관찰한 자료 수집 및 참여자의 관점에서 행위를 이해하려고 시도하는 인류학적 방법을 사용하고 있다고 설명한다. 즉, 민족 언어학자들은 여러 맥락에서 일어나거나 일어나지 않는 행위 및 서로의 행위에 대한 공동체 구성원들의 반응을 관찰함으로써 의사소통 규칙을 도출해 내려고 한다는 것이다. 민족 언어학자들은 또한 주어진 문화권에서 적절하게 활동하기 위해 알아야 하는 것들, 예를 들어 요청을 어떻게 하는지, 명령을 어떻게 하는지, 그리고 의견을 어떻게 나타내는지 등을 이해하기 위해 노력한다. 이는 화용론, 화행과 관련되는 문화언어학적 접근 방법이라고 할 수 있다.

[8]　왕문용(2008:108)에서는 '언어는 그 언어가 사용되는 사회에서 문화적 차이를 유발시키기보다는 그 언어를 사용하는 사람들의 문화적인 관심을 반영한다고

민족지학의 연구 성과, 사회언어학의 성과들도 중요한 자료가 된다.[9] 농경민족인지 유목민족인지에 따라 언어는 다르게 나타난다. 기후에 따라서도 언어는 달라질 수밖에 없다. 눈이 많이 오는 지역과 비가 많이 오는 지역, 끝없는 사막지역의 어휘나 표현은 다를 수밖에 없다.

(7) 사회언어학

언어는 사회를 떠나 존재할 수 있는가? 이것은 대답이 너무나 분명한 질문처럼 보인다. 언어는 인간과 인간 사이의 의사소통의 도구이므로 당연히 사회를 반영할 수밖에 없을 것이다. 언어의 보편성을 주장하는 생성 문법론자들도 언어의 사회성에 관해서는 '그렇다'라는 대답을 할 수밖에 없을 것이다.

한국어는 사회언어학자들에게 매력적인 언어라고 할 수 있다. 그 이유는 바로 경어법에 있다. 경어법이 엄격하게 발달한 언어는 한국어와 일본어 정도밖에 없으며, 한국어는 그 정도가 훨씬 복잡하다. 가장 두드러지는 특징은 상대 높임법이다. 청자가 누구인가에 따라서 다양하게 나뉘는 표현들은 상대 높임이 존재하지 않는 언어권에서 온 학습자들에게는 난해한 언어규칙이 아닐 수

할 수 있다.'고 하여 언어 상대주의적 사고에 입장을 달리하여 접근하고 있다.
9   김성도(2002:8)에서는 문화언어학의 필요성을 '형식주의와 방법론적 과학성에 우선권을 부여한 현대 언어학에서 증발되어 버린 문화의 중요성을 새롭게 인식하는 것'으로 들고 있다.

없다. 상대와 나의 차이를 알 수 있게 하는 것은 '나이와 계층, 지위' 등이 있다. 격식을 갖추어야 하는 상황과 그렇지 않은 상황의 표현도 전혀 다르다. 일반적으로 국어 문법에서 이야기하는 '격식체'와 '비격식체'의 차이도 외국인 학습자에게는 쉬운 문제가 아니다.

화자에 따라 언어 표현이 달라지는 경우가 있다. 어떤 말투를 듣고 우리는 '여자 같은 말투'라는 표현을 쓰기도 하는데, 이는 화자의 성(性)이 언어 표현의 차이를 낳을 수 있음을 보여 주는 것이다. 현대 한국어에서 여성들은 주로 '해요체'를 쓰는 경향이 많다. 여선생님에게만 한국어를 배운 성인 남성 학습자가 사회 통념상의 여성스러운 말투를 주로 사용하여 문제가 되었다는 보고는 한국어의 성에 따른 언어 표현의 차이를 보여 주는 예가 된다.

호칭이나 지칭도 사회언어학 연구가 왜 필요한지를 보여 주는 예라고 할 수 있다. 다양한 사회적 관계에 따라서 복잡한 호칭과 지칭이 존재하기 때문이다. 상대편의 지위나 연령에 따라서도 각기 다른 호칭이 사용된다.

(8) 대조언어학

대조언어학의 성과도 문화언어학을 이해하는 데 도움이 된다. 두 언어의 차이를 대조함으로써 언어 속에 담긴 문화적 차이도 추출할 수 있기 때문이다. 예를 들어 문용(1999)의 저서 『한국어의 발상, 영어의 발상』에서는 한국어와 영어의 발상의 차이를 문법적인 측면과 어휘적인 측면에서 다루고 있다.[10] 이를 통해 알 수 있는 것은 언어의 대조는 구조적인 면에서 이뤄질 수도 있으나 문화언어학적인 관점에서 다룰 수 있는 부분도 많다는 점이다. 한국어에서는 대명사의 사용을 회피하는 경향이 있다. 특히 윗사람의 경우에 더욱 그러하다. 어머니를 〈그녀〉라고 하지 않고, 아버지를 〈그〉라고 하지 않는다. 대명사의 사용에 대한 대조언어학적인 접근이 문화언어학과 관련된다. 수와 성이 발달한 언어와 경어법이 발달한 언어, 조사가 발달한 언어와 전치사가 발달한 언어의 대조도 가능할 것이다.

(9) 문화인류학

민족지학의 관점에서 언어를 바라보는 것은 문화인류학적인 접근이라고 할 수 있다. 호칭어와 관련된 연구들 중에는 인류학적인 접근이 많다. 예를 들어 한국어의 호칭에는 '아버지', '어머니'가 많은데, 큰아버지, 작은아버지, 할아버지와 같이 '아버지'가 친족명에 들어가는 것을 어떻게 해석할 것인가? 한국어에서는 친족명을 일반적인 호칭으로 사용하기도 한다. 즉 '형, 누나, 언니, 오빠'라는

---

10 문법적인 측면에서는 다음의 내용을 언급하고 있다. 어순, 주제 구문, 상황 중심적 표현과 인간 주어 중심적 표현, 동사 선호 구문과 명사 선호 구문, 무생물 주어 구문, 목적어 구문, 가산성, 과거시제, Wh-의문문, 간접 부정표현, 'Yes/No'와 '예/아니요', 생략 구문, 피동문의 일면, 'be+…ing'와 '-고 있다', 'It'과 '그것', '의'와 'of', 'There+be+…' 구문과 '(…에) …가 있다', 경어법과 경의 표현, 의례적 인사 등

호칭이 곧 친척을 의미하는 것은 아니다.

    금기, 상징과 관련된 언어적 표현들도 문화인류학적인 측면에서 살펴볼 수 있을 것이다. 어떤 문화에서 무엇이 금지된다면, 금지에는 문화적 배경이 있게 마련이다. 또한 오랜 문화적 관습들이 상징으로 자리하기도 한다. 건축 혹은 가구의 문양이나 그림에도 상징의 자취가 남아 있다. 이러한 상징들이 언어 표현으로 나타나는 경우에 문화언어학적인 접근이 가능하게 된다.

(10) 언어 교육

    한국어 교육의 연구들을 살펴보면 대부분 교수법, 교재, 평가 등에 관한 연구나 한국어 교육 현황, 발전 방안에 대한 보고가 주를 이루고 있다. 한국어 교육은 한국어를 사용하는 한국인과 한국어를 사용하려는 외국인의 관계가 주를 이룬다. 이러한 의사소통에 있어 필수적인 것은 언어적인 요소의 이해이나, 언어에 나타나는 문화적인 요소에 대한 이해도 필요하다. 따라서 문화언어학적 관점의 접근이 필요한 것이다.

    그런데 지금까지의 문화 교육은 주로 생활문화나 전통문화, 성취문화에 대해 관심을 두어 왔고, 언어 사용의 바탕이 되는 사고의 문제에 대해서는 깊이 다루지 못하였다. 즉, 목표어를 사용하는 문화를 학습해서 언어 학습에 도움이 되게 하거나 문화를 매개로 하여 한국어 사용의 현장을 마련하는 정도로 문화 교육의 범위가 한정되어 온 것이다. 이는 국어학에서도 마찬가지라고 할 수 있다. 김하수(2008:8)에서는 한국어 교육에서 매우 중요한 의미를 가지고 있음에도 불구하고 전형적인 국어학적 분류에서 제외됨으로써 소홀히 처리해 온 '어휘의 문화적 기능'을 진지하게 다루어야 한다고 지적한 바 있다. 언어학에서 보편성을 강조하면서 언어의 문화적 기능에 대한 논의가 적어진 것도 사실이다. 한국어 교육에서는 언어의 문화적 가치를 연구하고 의사소통에 접목시키는 노력이 필요하다.[11]

---

11 김하수(2008:15)에서는 '한국어 교육은 이론적으로나 실천적으로 새로운 가치를 충전해야 한다. 문화와 문화, 사회와 사회의 만남에 접촉면(interface)으로서의 한국어 교육을 위해서도 외국어 교육으로서의 한국어 교육의 이론적 바탕을 견고히 하는 일이 중요하다.'고 하였다.

깊이 더하여 생각하기

01. 문화의 정의를 더 찾아보십시오.

02. 남한의 표준어와 북한의 문화어의 차이에 대해서 조사해 보십시오.

03. 언어상대주의의 예를 찾아보십시오.

2 한국어의 특징과 문화

궁금증은 세상에서 가장 아름다운 병이다.
언어와 문화에 대해서 공부하면서 늘 '왜?'라는 질문을 던져야 한다.

2 한국어의 특징과 문화

한국어의 특징은 단순히 기술하는 것이 아니라 그 이유에 관해서 끊임없이 묻고 설명하는 것이 중요하다.

언어는 그 자체로 문화이다. 언어를 통해서 문화를 볼 수 있으며 문화의 차이를 알 수 있다. 따라서 언어를 단순히 의사소통의 수단으로만 보지 말고, 그것이 어떤 문화를 담고 있는지 살펴볼 필요가 있다. 한국어는 당연히 한국어를 사용하는 사람들의 문화를 담고 있다. 한국어에는 한국인의 다양한 모습이 나타난다. 한국어에 나타나는 개별적인 한국 문화의 모습을 살펴보기 전에 한국어의 전체적인 특징을 통해 한국 문화를 바라보는 시각을 마련할 수 있다.

1) 동사와 형용사 중심의 언어

한국어는 용언 중심의 언어이다. 용언에는 동사와 형용사가 포함된다. 동사와 형용사의 구별이 반드시 필요한가에 대해서는 논란이 있다. 영어와 일어에는 동사와 형용사의 구별이 필수적이라고 할 수 있지만 한국어에서는 동사와 형용사의 구별이 쉽지 않다. 학자에 따라서 형용사는 '상태 동사'라고 하여 동사의 일부분으로 보기도 한다.

한국어에서는 문장을 명사로 끝내는 경우에도 '이다'가 붙어야 끝낼 수 있다. 용언의 어미 활용을 통해서 문장의 종류, 시제, 높임을 알 수 있다. 평서문인지, 의문문인지, 감탄문인지는 주로 어미의 모양에 따라 결정된다. '갔다, 갔니, 갔구나' 등으로 모양을 바꾸면 문장의 종류가 달라진다. 주어를 대우하는지의 여부도 동사에 '-시-'를 붙이는지에 따라 달라진다. '가다/가시다'의 경우가 그렇다. 시제도 마찬가지다. '가다/갔다/가겠다' 등이 그렇다.

명사가 중심인 언어에서는 수(數), 성(性), 인칭 등이 발달한다. 한국어 화자는 단수와 복수를 구별하는 데 익숙하지 않다. 굳이 구별하려 한다면 구별할 수는 있겠지만, 그다지 구별하려고 하지 않는다. 꽃을 사는가, 꽃들을 사는가? 사람을 만나는가, 사람들을 만나는가? 심지어 한국어의 '들'은 명사에만 결합하는 것도 아니다. 동사에도 결합한다. '먹어들!'이라고 표현하면 주어가 복수라는 의미이다. 한편 명사에 결합해도 선행 명사의 복수 표지로 쓰인 것이 아닌 경우도 많다. 예를 들어 '학교들 갔니?'라는 표현은 학교를 복수로 표현한 것이라기보다는 주어가 복수임을 나타내는 표현이다.

언어에 따라서는 남성 명사와 여성 명사인지가 달라지기도 한다. 한국어 화자는 '산, 강, 바다, 하늘, 땅'을 각각 남성과 여성으로 구별하는 언어를 보면 복잡하다고 생각한다. 구별의 필요성을 느끼지 못하기 때문이다. 이렇듯 어휘와 남성성, 여성성에는 필연성은 없다.

한국어는 서술어가 마지막에 오는 구조로 서술어에 따라 문장의 의미가 달라질 수 있다. '한국어는 끝까지 들어봐야 안다'는 말이 있다. 한국어의 특징을 잘 나타내는 표현이다. 한국어는 서술어가 중요하기 때문이다. 특히 부정 등의 표현이 서술어에 걸쳐 나타나기 때문에 부정인지 긍정인지는 문장의 끝 부분에 나타나게 된다. 영어에서는 부정의 여부가 거의 앞부분에 나타난다. 'I don't –'의 구조와 '–지 않다'의 구조를 비교해 보면 알 수 있다.

명사 중심의 언어는 언어의 논리적 구조, 일치, 호응 등이 중요하다. 앞서 언급한 바와 같이 수(數), 성(性), 인칭 등의 구별과 함께 이에 대한 일치가 필요한 것이다. 예를 들어 한국어에서는 '나/우리, 너/너희, 그/그들, 그녀/그녀들'이라는 주어가 서술어에 특별한 호응을 요구하는 경우가 거의 없지만, 영어의 'I, You, He, She, We, You, They'는 뒤에 오는 동사의 형태에 영향을 미친다. 언어에 따라서 더 복잡한 양상을 띠는 경우도 있다.

한국어는 대명사가 발달하지 않은 언어다. '그, 그녀'는 외국어를 번역하면서 만들어진 표현이기 때문에 그리 오래된 표현이 아니다. 따라서 아직도 그것의 사용에는 어색함이 많다. 한국어 사용자의 일상적 대화에서 "그녀는 학교에 왔대?" 등의 표현을 사용하는 경우가 거의 없다는 점을 생각하면 이해가 쉬울 것이다. 한편 한국어는 동사, 형용사 중심의 언어이기 때문에 주어가 자주 생략된다. '왔어? / 응. / 언제 나가니? / 내일 아침에 나갈 거야. / 밥은 먹었니? / 이따 먹을게.'와 같은 대화에서 보이듯, 문장에 주어를 굳이 세우지 않는 경우가 많다. 대명사가 발달한 언어를 사용하는 화자들은 이러한 표현을 보면 답답함을 느낀다. 주어가 누구인지 모르겠다는 것이다.

동사 중심의 언어인지 명사 중심의 언어인지에 따라 언어생활에는 큰 차이가 나타난다. 이는 생활로 이어져서 사고방식에도 큰 영향을 미치게 된다. 명사, 대명사가 중요한 언어에서는 문장의 호응, 일치를 매우 중요하게 여기고 논리적 표현을 선호하게 된다. 하지만 한국어 화자들은 그러한 논리적 엄밀함에 답답함을 느낀다.

깊이 더하여 생각하기

01. 한국어에서 동사와 형용사의 차이를 조사해 보십시오.

02. 명사가 성(性)에 따라 구별되는 언어의 예를 찾아보십시오.

2) 반말과 높임말

한국어의 문화적 특징 중에 가장 눈에 띄는 것은 '높임법'이다. 높임법에는 여러 가지 종류가 있다. 주체 높임법이 있고, 객체 높임법이 있고, 상대 높임법이 있다. 주체 높임법은 서술의 주체를 높이는 것이고, 객체 높임법은 목적어나 부사어가 가리키는 대상, 즉 서술의 객체를 높이는 것이다. 반면에 상대 높임법은 청자에 따라 높임을 달리 하는 것이다. 주체와 객체 높임법과는 달리 상대 높임법은 듣는 대상에 따라 낮추는 표현도 발달하였다. 우리는 이런 낮추는 표현을 반말이라고 한다.

주체 높임을 실현하는 요소로는 주격조사 '께서'와 선어말 어미 '-시-' 등이 있다. 주어가 높여야 할 대상이면 '께서'와 '-시-'를 붙인다. 한국어 화자들은 두 표현을 정확히 사용하려고 노력하지만 아주 엄밀히 적용되지는 않는다. 경우에 따라서는 둘 중에 한 표현만 사용하기도 하고, 두 표현 모두 생략하기도 한다. 또한 청자가 누구인지에 따라 주체 높임을 쓰지 않기도 한다. 이런 제약을 '압존법'이라고 한다. 이는 청자가 문장의 주체보다 연령이 많거나 지위가 높은 경우에는 주체 높임을 하지 않는다는 원칙이다. 하지만 이 원칙 역시 엄밀히 지키기가 어렵기에 현대에 와서는 변화하고 있다. 예를 들어 할아버지께 말씀드릴 때는 '아버지가 왔어요.'라고 말하는 것이 압존법에 맞는 표현이지만, 대부분 '아버지께서 오셨어요.'라고 표현한다. 문법적으로는 틀린 표현이라고 할 수 있겠지만 주체에 대한 화자의 존경 표현을 마냥 틀렸다고 할 수만은 없다. 실생활이 언어학의 기본이기 때문이다. 물론 압존법을 지키지 않아서 발생하는 문제도 많다. 예를 들어 나이가 많은 교수 앞에서 학생이 한두 살 많은 자신의 선배를 지나치게 높이는 경우도 많다.

　객체 높임을 실현하는 것으로는 '께'가 있다. '어머니께 선물을 드렸다.'라고 하면 선물을 드리는 대상인 '어머니'를 대우하는 것이 된다. 객체 높임을 위해 어휘도 사용된다. '드리다, 여쭙다' 등이 대표적이다. 객체 높임은 사용도 적고, 화자의 혼동도 잦은 편이다.

　보통 높임법이 있는 언어를 들라고 하면 한국어와 일본어 그리고 자바어를 이야기한다. 이때의 높임법은 청자에 따라 높임의 정도가 달라지는 상대 높임법을 의미한다. 한국어의 상대 높임법은 현재 격식체 네 단계와 비격식체 두 단계로 나누어진다. 격식체와 비격식체에서도 청자에 따른 분화가 나타나기 때문에 높임법의 단계를 여섯 단계로 보기도 한다. 또한 실제 언어생활에 있어 '화자의 연령, 지위, 권위, 친밀도' 등에 따라 상대 높임법이 달라진다는 점에서 매우 복잡한 높임법의 체계라고 할 수 있다.

　격식체의 높임법은 '해라체, 하게체, 하오체, 합쇼(하십시오)체'로 나뉜다. 보통 '해라체'와 '하게체'는 낮춤, '하오체'와 '합쇼체'는 높임이라고 분류한다. 하지만 이중에서 '하게체'와 '하오체'는 현재 거의 사용되지 않고 있어 현대 언어생활에서는 격식체의 높임법이 크게 2단계로 변화하고 있다고 보는 경우가 적지 않다. '하게체'의 경우 특수한 집단, 상황에서만 사용되는 사회 방언의 성격을 띠기도 한다. '장인, 장모, 교수' 등의 말투에서만 나타나기 때문이다.

비격식체의 경우는 '해체'와 '해요체'로 나뉜다. '해체'의 경우는 '두루 낮춤'이라고도 하는데, 사실 낮춤이 아니라 친근한 경우에 두루 사용되는 표현이라고 볼 수 있다. '형, 누나, 언니, 오빠'나 가까운 선배에게도 쉽게 '해체'를 사용할 수 있다. 요즘에는 부모에게도 '해체'를 사용하는 경우가 많다. 낮춤말이라고 하는 '해라체'나 '하게체'를 윗사람들에게 쓸 수 없다는 점에서 '해체'를 이와 동일한 낮춤이라고 정의하기 어려운 점이 있다.

한국어에는 높임말이 있다. 그런데 이 표현에서 오해가 생긴다. 다른 언어에는 높임말이 없고 모두 반말만 있는 것처럼 생각되기 때문이다. 정확히 말하면 다른 언어에는 높임말과 반말의 구별이 없다. 어른들에게도 반말을 하는 것이 아니라 아이들에게도 반말을 하지 않는다는 표현이 맞을 수 있다. 높임말이 있는 언어라는 말은 반말이 있는 언어라는 의미도 된다.

반말은 '반만 하는 말'이라고 할 수 있다. 세계의 언어를 보면 힘이 있는 사람은 에너지를 적게 쓰려는 경향이 있는데, 이는 윗사람일수록 짧게 말하는 것으로 나타난다. 상대 높임을 봐도 '해체'에 비해서 '해요체'가 길다. '해라체'나 '하게체'보다 '하십시오체'가 더 길다. 어휘를 봐도 그렇다. 존경을 나타내는 표현은 대부분 평어에 비해 음절수가 많다. '말 – 말씀, 죽다 – 돌아가시다, 묻다 – 여쭙다, 술 – 약주, 병 – 병환' 등 많은 예들을 찾을 수 있다.

한국어는 시대의 변화에 따라 높임의 단계가 단순해져 왔다. 이제는 반말도 '해라체'보다는 '해체'를 선호한다. 높임말도 '하십시오체'보다 '해요체'를 선호하는 경향이 나타난다. 격식을 차리는 말투보다는 비격식적인 말투를 선호하는 것이다. 어휘 높임도 마찬가지 경향을 보인다. 최근에는 '나이 – 연세 – 춘추'의 3단계에서 '나이 – 연세'의 2단계로 변화하고 있으며, '이름 – 성함 – 함자 – 존함' 등의 구별도 '이름 – 성함' 정도의 구별로 바뀌어 가고 있다.

깊이 더하여 생각하기

01. 자바어의 높임법에 대해서 조사해 보십시오.

02. 한국어와 일본어의 높임법 차이에 대해서 조사해 보십시오.

03. 격식체/비격식체, 반말/높임말 사용에 영향을 미치는 요소에 대해 더 조사해 보십시오.

3) 느낌, 감정이 중요한 언어

한국어의 특징을 말할 때 주로 의성, 의태어가 발달했다고 한다. 이 말은 틀린 말이 아니다. 한국어에는 수많은 의성어와 의태어가 발달하였다. 달리 말해 음성 상징어가 발달하였다. 의성어는 다른 말에서도 많이 나타나지만 의태어는 매우 특수한 발달이라고 할 수 있다. 한국어에 의태어가 발달한 이유 중 하나는 '음운교체'에 의한 어사분화다. 한국어는 음운교체에 따라 어사분화(語辭分化)를 하는 경우가 많다. 또한 밝은 모음과 어두운 모음끼리 결합하는 '모음조화'가 발달하였다. 모음조화의 발달은 어휘에 느낌을 부여한다. 모음이 크게 '밝고 가벼운 느낌'과 '무겁고 어두운 느낌'의 모음으로 나누어지는 것이다. 또한 '큰 느낌'과 '작은 느낌'으로 나뉘기도 한다.

자음도 '평음, 격음, 경음'의 상관쌍이 음운 교체하여 새로운 어휘를 만들기도 한다. '감감하다, 캄캄하다, 깜깜하다'가 대표적인 예이다. 상관쌍에 의한 어사분화는 자음이 느낌을 가지도록 한다. 경음은 강한 느낌, 격음은 격한 느낌, 평음은 부드러운 느낌을 주는 것이다. 자음에 의한 음운교체는 모음에 의한 음운교체와 함께 어사분화의 다양성을 이루어 낸다. 자음교체와 모음교체가 모두 일어난 어휘도 있는데 '썩다'와 '삭다'가 그것이다.

이렇게 한국어의 어휘가 자음과 모음의 느낌의 영향을 받는다는 점은 의성어와 의태어의 발달에 큰 영향을 미쳤을 것으로 보인다. 비슷한 소리나 동작을 묘사하더라도 다양한 표현이 가능해진 것이다.

　형용사가 발달한 것도 한국어의 중요한 특징이라고 이야기한다. 형용사가 발달했다는 것은 어떤 의미일까? 형용사는 상태를 나타내는 말이다. 그런데 상태는 늘 일정하지가 않다. 시간이나 장소의 차이에 의해서 얼마든지 달라질 수가 있다. 특히 색채어는 변화의 미세한 정도를 나타내기 위해 다양하게 발달해 왔다. 예를 들어 '까맣다'는 '검다'와 비슷하기는 하지만 다른 색이다. 이밖에도 '꺼무스레하다, 거무스름하다, 까무잡잡하다, 거무칙칙하다, 새까맣다, 새카맣다, 시커멓다, 시꺼멓다, 거무죽죽하다, 거뭇거뭇하다' 등은 모두 검정의 계열이기는 하나 다른 색을 연상시킨다. 다른 색도 마찬가지다.

　날씨는 어떠한가? 한국어에서는 날씨가 '춥다, 쌀쌀하다, 서늘하다, 시원하다, 차다' 등의 느낌을 구별하고 있다. 아픈 경우도 마찬가지다. '아리다, 쓰리다, 쑤시다, 저리다, 띵하다, 답답하다, 멍하다' 등 설명하기 복잡한 수많은 증상이 있다. 맛도 다양하다. '시다, 새콤하다, 시큼하다', '달다, 달달하다, 달콤하다, 달짝지근하다, 들쩍지근하다', '짜다, 짭짤하다, 짭조름하다, 간간하다', '쓰다, 씁쓸하다, 쌉쌀하다, 쌉싸름하다', '맵다, 매콤하다, 매큼하다, 칼칼하다, 얼얼하다, 알싸하다' 등으로 맛의 표현도 다양하게 분화되었다.

　의태어나 형용사가 발달하게 된 것은 한국인이 감정을 중요하게 생각하기 때문으로 보인다. 명사는 변하지 않는 물건을 대표한다면 형용사는 변하는 감정을 대표한다. 형용사와 의태어가 발달한 한국어는 느낌이 중요한 말이다.

같이 더하여 생각하기

01. 각 언어의 의성어를 비교해 보십시오.

02. 각 언어의 의태어를 비교해 보십시오.

03. 다른 언어의 모음조화 현상을 찾아보십시오.

04. 음운교체에 따라 어사분화가 일어나는 예를 더 조사해 보십시오.

4) 고유어와 한자어, 외래어의 조화

한국어에는 외래의 흔적이 강하게 남아 있다. 이러한 현상이 한국어만의 일은 아니다. 동아시아는 한자 문화권과 유교 문화권으로 특징지을 수 있는데, 당시 가장 발달한 문명을 받아들이면서 한자어도 같이 한국어 안으로 들어온 것이다. 일본어나 베트남어 또한 비슷한 사정이다.

한자어는 고유어와 일정한 층위를 이루면서 발달하였다. 기초 어휘에는 고유어가 많이 남아 있다.[12] 기초 어휘는 시간이 지나도 많이 달라지지 않은 어휘이기 때문에 언어 비교의 대상이 되기도 한다. 같은 계통의 언어를 비교할 때 주로 기초 어휘를 비교하게 된다. 이런 기초 어휘에 해당하는 것으로는 신체어(눈, 코, 귀, 입 등), 친족어(아버지, 어머니, 언니, 오빠, 누이 등), 색채어(色彩語: 희다, 검다, 푸르다, 붉다, 노랗다 등), 천체어(하늘, 별, 달, 비, 눈 등), 자연어(땅, 돌, 흙, 내, 물, 바람 등), 수(數: 하나, 둘, 셋, 넷 등)가 있다.

물론 기초 어휘 중에도 한자 어휘가 일부 들어와 있다. 친족어 중에서 '형(兄), 동생(同生), 삼촌(三寸), 이모(姨母), 고모(姑母)' 등은 한자어이다. 자연어 중에도 '산(山), 강(江)' 등은 한자어이다. 산과 강이 '뫼'와 '가람'이라는 고유어보다 널리 사용되게 된 이유로는 지명을 한자로 바꾼 것에 원인이 있을 것으로 보인다. 수

---

12 기초 어휘와 기본 어휘는 다르다. 보통 기초 어휘는 역사적인 관점에서 쓰인다. 기본 어휘는 주로 특정한 목적을 필요로 하는 언어 교육에서 사용되는 용어이다.

의 경우도 큰 수는 대부분 한자어로 바뀌었다. '백(百), 천(千), 만(萬), 억(億)' 등이 여기에 해당한다. 한국어 고유어에서 '백'은 '온', '천'은 '즈믄'이었다.

개념어에는 한자어가 많다. 이는 당시의 선진 학문을 받아들이면서 자연스럽게 한자어가 들어왔기 때문인 것으로 보인다. 예를 들어 '효(孝), 충(忠), 도(道), 참선(參禪), 화두(話頭), 열반(涅槃), 학문(學文), 논리(論理), 개념(槪念), 사회(社會), 개인(個人), 민주주의(民主主義), 자본주의(資本主義)' 등 한자어가 수도 없이 들어왔다. 유교, 불교, 도교, 기독교 등이 들어오면서 종교, 철학 용어들이 들어오게 되었다. 불교 용어는 산스크리트어가 그대로 들어온 것이 아니라 한자어로 번역된 용어를 받아들인 경우가 많았다. 또한 개화기 이후에는 일본식 한자어를 받아들였다. 일본은 메이지 유신을 거치면서 서양의 많은 개념을 한자어로 번역하는 작업을 했는데, 이때 새로 만들어지거나 새로 개념화된 한자 어휘들이 한국어와 중국어에 영향을 미쳤다.

해방 이후 유입된 새로운 문명에 해당하는 말에는 서양어가 많다. 이때 서양어는 한자어나 고유어로 번역되지 않는 경우가 많았다. '빵, 버스, 택시, 컴퓨터, 커피, 초콜릿' 등이 그것이다. 일본식 서양어를 받아들인 경우도 있다. '아파트, 볼펜, 샤프, 오므라이스, 돈가스' 등이 그 예이다. 외래어의 유입으로 나타난 현상으로는 고유어와 외래어(한자어 포함)가 서로 다른 의미 영역을 형성하기도 한다는 점을 들 수 있다. 예를 들어 '뜻'과 '의미(意味)', '옷'과 '드레스(dress)'는 서로 다른 의미로 사용된다. 특정 어휘가 한국에 들어와서 전혀 다른 의미로 변화한 경우도 있다. 가장 대표적인 것이 '마담'이다. 프랑스에서는 일반적인 호칭어지만 한국어에서는 부정적인 의미로 사용된다. 한국어와 차용어가 동의 중첩을 이루는 경우도 많다. 또는 한자어와 외래어가 동의 중첩을 이루는 경우도 많다. '애초, 깡통, 드럼통, 역전앞, 동해 바다' 등 많은 어휘가 강의화(强意化) 현상에 의해 동의 중첩된다. 고유어와 한자어가 중첩이 되는 예를 보이면 다음과 같다.

굳건하다 : 굳다 + 건(健)
널판 : 널 + 판(版)
마땅하다 : 맞다 + 당(當)
몸체 : 몸 + 체(體)
뼛골 : 뼈 + 골(骨)
애간장 : 애 + 간장(肝臟)
얄팍하다 : 얇다 + 박(薄)
연못 : 연(淵) + 못
옻칠 : 옻 + 칠(漆)
터전 : 터 + 전(田)
회돌다 : 회(回) + 돌다

글자 : 글 + 자(字)
농익다 : 농(濃) + 익다
말쑥하다 : 맑다 + 숙(淑)
바람벽 : 바람 + 벽(壁)
속내 : 속 + 내(內)
애초 : 애 + 초(初)
언덕 : 언(堰) + 덕
온전하다 : 온 + 전(全)
익숙하다 : 익다 + 숙(熟)
튼실하다 : 튼튼하다 + 실(實)

〈심재기(1994)〉

> 개천 : 개 + 천(川)　　　늘상 : 늘 + 상(常)
> 신새벽 : 신(晨) + 새벽　　예전 : 예 + 전(前)
> 용솟다 : 용(湧) + 솟다　　휘감다 : 휘(揮) + 감다
> 휘두르다 : 휘(揮) + 두르다
>
> 〈박재양(2006)〉

이상의 예를 보면 고유어에 한자의 훈(訓)을 다는 뜻풀이 구조로 되어 있는 어휘가 많다는 점이 주목된다. 즉, 뜻풀이 하는 방식이 굳어져서 어휘가 되었을 가능성이 있는 것이다. 강의화(强意化)와 뜻풀이 구조는 고유어와 외래어의 조화를 이루는 기본 원칙이 된다.

지구촌 사회에서는 문물의 교류와 함께 더 많은 어휘가 들어오고 나가게 될 것이다. 특히 급속한 정보화로 지금까지와는 비교할 수 없는 빠른 속도로 어휘가 전파될 것으로 보인다. 새로운 어휘가 들어오는 것은 피할 수 없는 현상이다. 하지만 무분별한 외래어의 사용은 의사소통에 방해 요소로 작용하여 언어생활을 피폐화(疲弊化)할 수 있다는 점도 유의하여야 한다.

같이 더하여 생각하기

01. 다른 언어의 외래어 실태에 대해서 조사해 보십시오.

02. 영어 속의 프랑스어에 대해서 조사해 보십시오.

03. 베트남어 속의 한자어 어휘를 조사해 보십시오.

04. 외래어를 고유어로 바꾼 성공적인 예와 그렇지 않은 예를 통해 어휘가 언중에게 사용되기 위해 필요한 요건을 이야기해 보십시오.

5) 상황 중심의 한국어

한국어는 맥락 중심의 언어이다. 다른 말로 상황 중심의 언어라고도 할 수 있다. 상황을 통해서 이해할 수 있기 때문에 생략이 많다.[13] 이런 문화적 특징을 '고맥락(高脈絡/High Context)'이라고 한다. Edward T. Hall(1976:101)에서는 인간의 어떤 교류도 '고맥락, 저맥락, 중간 맥락'으로 특징지어질 수 있다고 보고 있다. 고맥락 교류의 특징은 수신자에게 정보가 사전에 프로그램 되어 있고 전달된 메시지에는 최소한의 정보만 있다는 것이다. 반면에 저맥락(Low Context) 교류에서는 정반대이다. 누락된 맥락을 보충하기 위해 전달된 메시지에 대부분의 정보가 있어야 한다. 고맥락이라는 말은 맥락에 대한 의존도가 높다는 의미이다. 즉 '말'에만 의존하는 문화가 아니라는 의미이다. 다른 말로는 상황의존적인 문화라고도 할 수 있다. 고맥락 문화는 농경문화의 특징이기도 하다. 농경문화라는 말은 정착 문화라는 의미도 된다. 예전에는 태어나서 고향을 거의 벗어나지 않고 생을 마치는 경우도 많았다. 같은 지역에 항상 모여 사는 사람들은 서로의 상황을 많이 알고 있기 때문에 정확한 표현을 요구하지 않았을 것이다. 이른바 전라도 방언에서의 '거시기'가 수많은 뜻으로 매우 다양한 상황에서 쓰임에도 긴

---

13 저맥락 문화의 언어와 비교하였을 때 한국어에 '생략'이 많다고 표현하지만, 한국어를 기준으로 다른 언어를 바라본다면 한국어에 문화 특성상 불필요한 '첨가'가 없다고 설명하는 것이 더 타당할 수도 있다. 고맥락 문화의 언어에서 원래부터 필요하지 않은 내용인데 쓰이지 않는다고 하여 '생략'되었다고 하는 것은 문제가 있기 때문이다.

설명 없이 서로 이해하는 상황을 생각해 보면 될 것이다.

반대로 유목 문화의 경우는 계속 이동을 하고, 새로운 사람을 만나기 때문에 정황보다는 정확한 이해가 필요하다. 저맥락적인 문화가 된다. 이런 점에서는 상업이 발달한 문화도 저맥락적인 문화 형태를 띤다. 유럽의 문화가 비교적 저맥락적인 문화인 것은 상업이나 유목 문화와 관련된다. 중국의 문화는 동양의 문화이면서도 저맥락적 특징을 갖는데 상업이 발달한 문화라는 점도 이유가 될 것이다.

한국인이 오랜 기간 단일민족으로 단일한 언어를 사용해 왔다는 점도 고맥락 문화의 원인이 된다. 단일하다는 의미는 서로 상황을 이해한다는 의미이다. 다문화시대에 단일민족을 강조하는 것이 국수적으로 보이는 측면도 있을 것이다. 하지만 맥락의 측면에서만 본다면 단일민족, 단일 언어는 고맥락 문화의 원인임에는 틀림이 없어 보인다. 다민족, 다언어 국가에서는 정확한 의사소통이 필요하다. 동남아의 여러 나라가 농경문화임에도 고맥락적인 성격을 띠지 않는 것은 다민족 국가이기 때문으로 볼 수 있다. 베트남이나 미얀마 등지에서는 수많은 민족이 함께 살아간다.[14]

맥락 중심 언어의 가장 대표적인 특징은 주어가 없는 경우가 많다는 것이다. 구어에서는 거의 주어가 없다. 주어가 있으면 오히려 이상한 경우가 많다. 주어가 필요한 언어에서는 주어가 없는 문

---

14 베트남에는 50여 민족, 미얀마에는 대민족 8개와 135개 이상의 소수 민족이 있다고 한다.

장을 매우 부족한 표현으로 생각할 것이다. 그런 이유에서 '가주어(假主語)'를 만들기도 한다. 하지만 한국어 화자 입장에서는 '가주어'를 만드는 이유를 이해하기 어렵다. 오히려 주어의 남발이라고 생각하기도 한다. 한국어에서는 상호 이해가 가능한 상황에서라면 목적어도 사용할 필요가 없다.

예를 들어 '사랑한다'는 표현을 하는 상황을 생각해 보자. 영어나 중국어에서는 '주어 + 사랑한다 + 목적어'의 구조를 보인다. 그래서 'I love You/我愛你'의 표현이 사용된다. 하지만 한국어의 경우는 어떤가? '사랑해요'라고 말하면 그만이다. 주어도 목적어도 필요 없다. 내가 너를 보면서 말을 하는 상황인데 주어와 목적어가 왜 필요한가 하는 논리이다. 만약 다른 사람이 너를 사랑한다고 말해야 하는 상황이나 내가 너 아닌 다른 사람을 사랑한다고 말하는 상황이라면 주어나 목적어가 필요할 것이다. 상황을 서로 이해하기 어려울 수 있기 때문에 분명하게 대상을 밝혀야 하는 것이다.

한국어 화자에게 상황의 이해가 중요하다는 것은 '눈치'라는 표현을 통해서도 알 수 있다. 한국어의 속담에 〈눈치가 있으면 절에 가서도 새우젓을 얻어먹는다〉라는 말이 있다. 이는 눈치의 중요성을 보여 준다. 눈치는 서로에 대한 관심이다. 관심이 있으면 말하지 않아도 알 수 있다. 그래서 〈척하면 척이다〉라든지 〈집에 숟가락이 몇 개인지도 안다〉 등의 표현도 나왔다. 이렇게 서로에 대해서 관심이 많고, 상황을 서로 잘 아는 경우에는 '고맥락'의 의사소통이 이루어진다. 상황을 잘 모르거나 관심이 적은 사람과 이야기를 하면 의사소통이 어렵다. 이런 경우에 〈말이 안 통한다〉 또는

〈말귀를 못 알아듣는다〉는 식의 표현을 한다.

한국어에는 직접적인 표현보다는 돌려서 말하는 완곡어법이 발달하였다. 많은 높임법의 어휘들이 사실은 완곡어법과 관련이 있다. '죽다'라는 말 대신에 '돌아가시다, 눈을 감다' 등의 표현을 쓰는 것도 그렇고, '아프다' 대신에 '편하지 않다'는 의미의 '편찮다'를 사용하는 것도 그렇다. 이는 한국어 사용자들이 돌려 말하는 것을 좋게 생각하기 때문이기도 하고, 꺼리는 말이기 때문에 돌려서 표현하는 까닭도 있다.

한국어에는 부정확한 표현이 자주 나타난다. 〈우리〉라는 표현은 외국인이 어렵게 생각하는 어휘 중의 하나이다. 우리가 남을 포함하는 것인지 아닌지를 자주 혼동한다. '아줌마', '아저씨', '언니', '이모' 등의 호칭도 매우 어렵다. 꼭 친척이 아니라 일반적인 상황에서도 사용한다. 어떤 경우에는 식당에서 일하는 사람이나 가게에서 일하는 사람을 부를 때도 사용한다. 시간을 이야기할 때는 더 부정확하다. '한 네 시쯤'과 같은 표현에서 '한'과 '쯤'은 모두 부정확한 시간을 나타낸다. 부정확한 표현을 중복하여 쓰고 있다.

한국어는 상황에 대한 이해를 중요하게 생각하기 때문에 정확한 표현이 어려운 경우가 많다. 따라서 서로의 감정을 이해하는 것을 중요하게 여긴다. 한국어의 고맥락적인 특징을 보여 주는 표현으로는 〈말이 필요 없다〉나 〈말로 다 할 수 없다〉 등이 있다. 한국어 화자의 생각에 가장 좋은 의사소통은 말을 하지 않는 것이다. 말을 하지 않고 의사소통을 할 수 있다면 그것보다 좋은 게 없다는 생각이다.

그런데 한국인의 문화도 급속도로 저맥락적인 문화로 바뀌고 있다. 농업보다는 상업이 발달하고, 다민족 사회로 변화하고 있으며, 외국과의 교류도 매우 활발하게 이루어지고 있다. 경제의 발달 또한 문화를 저맥락적으로 바꾸는 원인이 된다. 점점 언어적으로 정확한 표현을 좋아하는 문화가 되어가는 것이다.

깊이 더하여 생각하기

01. 한국 문화에 나타나는 고맥락적인 특징을 찾아보십시오.

02. 에드워드 홀의 문화 이론을 더 조사해 보고, 연구 결과와 실제 각국의 문화에 나타나는 양상에 대해 더 논의해 보십시오.

3 한국어 속의 한국 문화

한국어에는 한국인이 세상을 보는
방식, 관점, 시각, 태도 등이 담겨 있다.

3 한국어 속의 한국 문화

한국어는 우리에게 끊임없이 문화의 모습을 보여 주고, 문화 이야기를 들려준다. 단지 우리가 그냥 지나치고 있을 뿐이다. 한국어에는 한국인이 세상을 보는 방식, 관점, 시각 등이 담겨 있다. 이러한 시각은 주로 어휘와 표현에 나타난다. 각각의 주제별로 한국인이 언어를 통해 세상을 보는 방식을 살펴보도록 하겠다.

1) 자연을 말하다

> 자연의 작동방식에 대한 무지는 고대인들로 하여금 인간의 삶의 모든 면을 제멋대로 지배하는 신들을 발명하도록 이끌었다.
>
> - 스티븐 호킹, 『위대한 설계』

한국어를 살펴보면 한국인이 자연을 어떻게 바라보고 있는지에 대해서 알 수 있다. 한국인은 '샤머니즘' 등을 통해서 자연을 신성시하거나 함께 더불어 살아가는 존재로 파악하였다. 본 장에서는 천체를 비롯한 자연물과 병, 시간 등 자연을 바라보는 태도 등에 대해서 구체적으로 살펴보고자 한다.

(1) 해, 달, 별, 하늘, 땅

자연을 존경하는 사고에 바탕을 둔 어휘로 '해님, 달님, 별님, 하느님' 등을 들 수 있다. 종교적인 관점으로 설명하는 것도 가능할 수 있겠지만 한국어 화자들이 존경의 대상으로 '해, 달, 별, 하늘'을 생각하고 있음을 보여 준다고도 볼 수 있다. '하느님'의 경우도 종교적이라기보다는 생활 속에서 사용하는 표현이다. 도움이 필요하거나 큰 일이 생겼을 때 〈하느님 맙소사!〉라는 표현을 하는 것이다.

'땅님'이라는 표현이 없는 것으로 봐서 땅에 대한 숭배는 많지 않았던 것으로 판단된다. 일반적으로 하늘과 땅은 대조적인 개념을 갖는다. 하늘은 '아버지, 남성, 밝음, 질서' 등의 상징을 갖는다. '하늘같은 지아비'와 같은 비유를 통해서도 알 수 있다. 반면에 땅은 '어머니, 여성, 어두움, 평등' 등의 상징을 갖는다. 땅을 지모신(地母神)으로 섬기는 문화도 많다. 우리 신화에서는 후백제 견훤의 탄생 신화에 '지룡(地龍)'이 나타난다.

달은 그다지 신앙의 대상으로는 보이지 않는다. 고려가요인 '정읍사'를 보면 '달하 높이 떠서 멀리 비추시라'라는 표현이 나오는데, 이때 달은 부탁의 대상 정도로 나타난다. 즉, 밝게 비추는 달의 원래 기능에 부탁을 하고 있다. 물론 이때도 달에 대해 존칭 호격조사인 '하'를 사용하고 있음은 주목해야 한다. 달에 대해서는 '계수나무'와 '토끼' 등의 이야기에서 보이듯 신비롭다는 느낌을 지녀 왔던 것으로 보인다.

하지만 다른 문화에 비해서 '달'을 중요하게 생각하고 있음은 분명하다. 한국 문화에서는 어떤 문화보다도 보름달을 중요하게 생각하고 있다. 한국인에게 8월 보름(추석)과 1월 보름(정월 대보름)은 매우 중요한 날이다. 특히 '추석'은 조상과 연관된 매우 중요한 축제라고 할 수 있다. 언어적으로도 한국어는 달이 가득 찬 때를 나타내는 시간 단위인 〈보름〉이라는 표현이 있는데, 이러한 시간 표현이 다른 언어에는 잘 나타나지 않는다.

해도 신앙의 대상으로는 잘 나타나지 않는다. 서양 신화에서 '태양신'이 강력한 신인 것에 비해 한국의 신화에서는 그 의미가 두드러지지 않는다고 할 수 있다. 한국에는 '해와 달이 된 오누이' 정도의 설화와 《삼국유사》에 수록된 설화에서 해가 둘이 나타나서 문제가 생기는 이야기 정도가 있다.

한편 한국에서는 북두칠성이 강력한 의미를 갖는다. 칠성신은 문화적으로 불교와도 조화를 이룬다. 절에 가면 '칠성각(七星閣)'을 볼 수 있다. 또한 관 속에 까는 얇은 널조각을 '칠성판(七星板)'이라고 하는데 이것은 죽어서 칠성으로 돌아간다는 회귀 사상을 보여 주고 있다.[15] 한국어에 나타나는 별 이름으로는 금성에 해당하는 '샛별'과 '개밥바라기 별'을 들 수 있다. 그런데 한국어를 살펴보면 의외로 별의 이름은 다양하게 나타나지 않는다. 이는 매우 특이한 점으로 보인다. 왜냐하면 한국인은 별, 특히 북두칠성에 대해 매우 특별한 의미를 갖기 때문이다. 한국의 역사책을 보면 천체에 대한 관측의 기록도 세계적으로 많은 수준이다.[16] 무구(巫具)에도 칠성이 나타나며 함안 지역의 고인돌에도 별자리가 새겨져 있다. 칠성은 다른 별과 다르게 신앙의 대상이 되는데 이는 한국인의 정체성과도 관련이 있다.[17] 예를 들어 한국인은 전통적으로 정화수를 떠 놓고 소원을 비는데,[18] 이때 '비나이다. 비나이다. 칠성님께 비나이다.'라는 말을 한다.

---

15 화순의 운주사에 가면 산 위에 7개의 원이 칠성 모양으로 이루어진 곳이 있다.
16 박창범(2002)의 『하늘에 새긴 우리 역사』에서 우리 민족의 천문 관측 기록에 대해서 자세히 설명하고 있다.
17 한국인의 기원을 연구하는 학자들 중에는 바이칼을 한민족의 발원지로 보는 견해도 있다. 바이칼 호수에서는 북두칠성이 머리 위에 매우 가깝게 보인다.
18 천지신명, 일월성신도 기원의 대상이 된다. 김열규(1997:81-85) 참조

(2) 비, 눈, 바람

한국어 어휘를 보면 한국인이 자연을 경외의 대상으로 생각한다는 점을 발견할 수 있다. 자연 대상이 주어일 때 '주체 높임'을 사용하는 흥미로운 현상을 발견할 수 있는데, 이것은 다른 언어에서는 찾아보기 힘든 현상이다. 대표적인 표현이 〈비가 오시다〉라는 말이다. 이 말은 농경 사회에서 '비'의 중요성을 나타내는 표현이기도 하다. '비'나 '눈'과 같은 자연어에 존대의 표현을 쓰고 있는 것이다. 비를 '오다'로 표현하는 언어도 많지 않다. '내리다'라고 표현하는 것이 대부분이다. '내리다'는 객관적인 대상으로서 인식함을 보여 주는 반면 '오다'는 주관적으로 인식하고 있음을 나타낸다. 내리는 것은 땅에 내리는 것이지만, 오는 것은 나에게 오는 것으로 볼 수 있기 때문이다.

농경민에게는 가뭄보다 홍수가 훨씬 두려운 존재였다. '홍수 끝에는 아무것도 남지 않는다'는 옛 표현이 이를 말해준다. 따라서 일찍이 비의 중요성을 느끼고 있었다고 할 수 있다. 비는 오지 않아도, 너무 와도 문제가 된다. 겨울의 눈도 이듬해의 풍년을 알려주는 가늠자이기도 했다. 눈도 비와 마찬가지로 농경 생활에서는 매우 중요한 대상이었다.[19]

바람의 이름을 보면 바람에 대한 한국인의 사고를 추측할

---

19 《삼국유사》에서 환웅과 하늘에서 같이 내려온 신하도 '우사(雨師), 운사(雲師), 풍백(風伯)'이었다. 이는 비와 바람의 중요성을 보여 준다.

수 있다. 동풍은 '샛바람', 서풍은 '하늬바람', 남풍은 '마파람', 북
풍은 '된바람'이라고 한다. 여기서 '새'는 태양을 의미하며, 따라서
동쪽을 나타낸다. '마'는 물과 관계있는 어휘로 본다. '장마'도 '긴
물'이라고 볼 수 있다. '된'은 '되다, 고되다' 등과 연관을 지어 생각
할 수 있다. 가장 고통스러운 바람이기 때문이다. '일이 되다'라고
하면 '힘들다'는 의미이다.

(3) 물

정화수의 예는 '물'에 대한 한국인의 사고를 보여 준다. '정화
수(井華水)'는 '꽃우물'에서 길어 올린 물이라는 의미다. '물'은 단순
한 자연의 대상이기는 하지만, 꽃우물에서 신새벽에 길어 올린 정
성과 치성의 상징이기도 하다. 김열규(1997)에서는 정화수를 '정결,
순결, 결백'의 상징으로 보고 있다. 따라서 정화수는 정성이 있는
누구나 준비할 수 있는 최상의 제수(祭需)가 된다. 한국 문화에서
는 반드시 화려하고, 값비싸야 좋은 것은 아니었다.

또한 정화수는 우물을 신성시하는 태도를 보여 주기도 한다.
《삼국유사》에 보면 신성한 우물이 등장한다. 혁거세가 태어난 곳
은 나정(蘿井)이고, 혁거세의 부인이 태어난 곳은 알영정(閼英井)
이다. 탈해의 고사에도 요내정(遙乃井)이라는 신성한 우물이 나온
다.[20] 한국의 신화 속에도 물에 관한 내용이 많다. 주몽의 어머니

---

20   리상호·강운구(1999:66-85), 『사진과 함께 읽는 삼국유사』, 까치. 이 책은 북한

인 하백의 딸 유화(柳花)가 대표적이라고 할 수 있다. 하백(河伯)은 물의 신이다.

용왕은 대표적인 물의 상징이라고 할 수 있다. 한국인은 바다에 용왕이 살고 있다고 생각해 왔다. 심청전의 인당수 이야기나 별주부전의 용왕은 모두 바다와 관련이 있다. 용왕이 물의 상징인 것은 '용'이 물의 상징이기 때문이다. 하늘의 은하수를 순우리말로 〈미리내〉라고 하는데 '미리'는 용의 옛말인 '미르'와 관련이 있다.

물은 생명의 근원이자 저승을 의미하기도 한다. 바리데기 신화를 보면 물은 사람을 구하는 생명수로 나타난다. '약수(藥水)'라는 표현도 물의 중요성을 보여 준다. 마을마다 있는 약수터도 물의 소중함을 보여 주고 있다. 우리나라에서는 예전부터 배산임수(背山臨水)라 하여 뒤에 산이 있고, 앞에 물이 있는 곳을 좋은 집터로 보았다. '산 좋고 물 맑은 곳'을 좋게 보는 태도도 이와 관련이 있다. 한편 사람이 죽으면 황천(黃泉)길로 간다고 하는데 여기에서도 물과의 관련성을 살펴볼 수 있다.

(4) 농경

언어는 문화를 반영한다. 에스키모(이누이트)의 언어에 '눈'에 해당하는 어휘가 많다는 것은 자주 언급되는 이야기다.[21] 예를 들

과학원출판사에서 1960년에 나온 책을 기본으로 한 것이다.

21 에스키모를 차별어라 하여 이누이트로 부르는 경향이 있다. 이는 에스키모를

어 '내리는 눈'과 '쌓인 눈', '집을 짓는 눈'에 대한 명칭이 다 다르다고 한다. 이는 눈이 에스키모의 문화에서 매우 중요함을 보여 주는 반증이다. 한국어에서 '눈'은 굳이 보자면 '서리', '진눈깨비' 정도만이 새로운 어휘로 나타난다. '싸리눈, 가루눈, 함박눈, 숫눈, 포슬눈' 등은 '눈'의 종류일 뿐이다.

한국어가 다른 언어에 비해 풍부한 표현을 갖고 있는 것은 '벼'에 해당하는 어휘이다. 한국어에서는 '모, 벼, 쌀, 밥, 뫼' 등의 표현으로 구분하여 나타난다. 영어에서는 'rice'로 나타난다. '벼'에 대하여 한국어처럼 다양하게 분화된 표현을 갖고 있는 경우는 많지 않다. 한국 사회가 농경 사회라는 것이 가장 잘 드러나는 어휘라고 할 수 있는 것이다. '벼는 익을수록 고개를 숙인다'와 같은 속담이 가능한 것도 농경문화의 특징을 보여 준다.

농사에 해당하는 어휘도 다양하게 나타난다. 씨는 '뿌리고' 모는 '심는다'고 한다. 이렇게 뿌리는 대상과 심는 대상은 다르다. 콩은 어떤가? 감자는 어떤가? '콩 심은 데 콩 나고, 팥 심은 데 팥 난다'는 표현을 생각해 보면 알 수 있을 것이다.

한국어에서는 자연에서 시간관념을 추출하고 있으며 자연을 존중하고 신앙의 대상으로 삼는다. 또한 한국어에는 농경사회의 모습을 반영한 어휘가 많다는 특징을 발견할 수 있다.

생고기를 먹는 사람으로 해석하여 차별적으로 사용했다고 보는 입장에서 비롯된다.

(5) 병

한국 문화에서는 자연 현상에 대해서도 경외심을 표현한다. 가장 대표적인 것이 병명을 높게 부르는 것이다. 〈마마〉는 원래 임금 등을 높여 부르는 호칭이었으나 '천연두' 혹은 '두창(痘瘡)'을 부르는 말로도 사용되었다. 또한 홍역을 '작은 마마'라고 부르기도 하였다. 천연두는 〈손님〉이라는 말로도 불렸는데 이는 천연두를 잘 대접하여 보내야 하는 존재로 생각하였다는 것을 보여 준다. 이와 같이 한국어 표현을 보면 병을 두려워하고, 경외시하는 태도가 나타난다. 즉, 병을 정복해야 하는 대상이 아니라 달래야 하는 대상으로 생각한 것이다.

신라 향가 '처용가'를 보면 병을 의미하는 역신에게 '본디 내 것이지만 앗아감을 어찌하리오'와 같이 노래를 부르는 장면이 나타난다.[22] 역신에게 아내를 빼앗기고 물러나 노래를 부르는 모습이 이상하게 보이지만 역신을 병으로 해석하면 내용을 이해할 수 있다. 병을 물리치려 하지 않고 달래려 하는 태도를 보여 주는 장면이라고 할 수 있다.[23] 처용가의 마무리도 역신이 처용의 태도에 감

---

22 일연의 《삼국유사》에 실려 있다. 박성봉·고경식 역(1985:129-131), 『역해 삼국유사』 참조

23 '병이 낫다'라는 표현에서 '낫다'는 두 가지 의미를 갖는다. 하나는 병이 완치되는 것이고, 다른 하나는 병이 사람보다 더 훌륭하다는 의미이다. 이렇게 두 가지 의미를 갖게 된 것도 우연이 아닐 수 있다.

복하여 떠나는 것으로 끝이 난다.[24]

　　김태곤(1985:220-225)의 『한국무속신화』를 보면 강원도 동해 지역 무가와 전라도 고창 지역 무가 중에 '손님굿, 손님풀이'가 나온다.[25] 무가에서는 천연두를 '손님네'라고 하고 손님네가 들면 지극 정성으로 모셔야 한다고 기록하고 있다. 무가에서 손님네는 연지함을 들고 다니다가 정성이 지극하면 연지로 얼굴을 곱게 만들어 주고 지성이 지극하지 않은 집은 먹 점과 푸른 점을 찍어 얽게 만든다고 하고 있다. 병은 잘 대접해야 한다는 생각이 드러나 있는 신화이다.

(6) 시간

　　인간은 원시시대부터 시간에 대한 관념을 가지고 살아왔다. 크로마뇽인 시대에도 시간에 대한 기록이 있었다는 보고도 있다. 스톤헨지도 시간의 측정과 관계있다는 주장이 있다. 해와 달, 별의 움직임을 관찰하면서 1년의 개념과 12개월의 개념이 생겨났다. 우리나라의 첨성대와 같이 별을 관측했다고 여겨지는 것들은 모두

24　고려가요 중에는 '처용무가'가 나타나는데, 처용가와 마무리가 달라서 주목된다. 처용무가에서는 역신을 횟감으로 보고 겁을 주고 있다. '본래 내 것이지만 앗아감을 어떻게 하겠는가'에 해당하는 부분이 '이 때 처용아비가 보시면 횟감이로다'로 달라져 있다.

25　김태곤(1985)의 『한국의 무속신화』를 보면 한국 문화 원형의 모습을 추론해 볼 수 있다. '칠성님'에 관한 이야기도 나온다.

시간 인식과 관계가 있을 것이다. 또한 썰물이나 밀물의 주기를 관찰하고, 꽃이 피고, 열매 맺고, 동물이 새끼를 낳고, 물고기가 알을 낳는 것, 은어의 회귀 등에서도 시간의 흐름을 측정하였을 것이다.

한국어의 시간관념은 모두 자연과 관련된다. 그 중에서도 대부분 천체와 관련된다. 하늘을 바라보면서, 하늘의 변화에 따라 시간의 흐름을 알게 된 것이다. 대표적인 표현으로 1년을 '해'라고 하고, 1개월을 '달'이라고 하는 것이 있다. 해와 달이 그대로 시간이 된 것이다. 이렇게 해와 달이 그대로 시간의 단위가 되는 언어가 많지 않다. 또한 하루를 뜻하는 '날[日]'도 해의 의미이다. '날이 밝았다'고 하고, '날이 샜다'는 표현도 한다. '날이 저물었다'는 표현도 '해가 졌다'는 의미가 된다. '날'과 관련된 시간인 '낮'도 해와 관련이 된다. 옛말에는 저녁을 뜻하는 '나조[夕]'라는 말도 있었다. '날'과 '낮', '나조'는 모두 어원이 같다고 할 수 있다. 이와 같이 해와 달의 움직임에 따라 시간의 흐름을 알았던 것이다. 한 달은 다시 달의 모습이 바뀜에 따라 초승달과 그믐달로 나누어진다. 15일을 나타내는 '보름'이라는 시간 단위는 다른 언어에는 거의 나타나지 않는다. 보름도 달과 관련이 있는 단어로 보인다. '초승'은 '초생(初生)'이라는 한자어가 변한 어휘다.

시간에 대한 인식은 태양의 시간인 양력과 달의 시간인 음력에 따라서 달라진다. 동아시아의 국가 중에서 일본은 빠르게 양력을 받아들였고, 그래서 양력설을 '신정(新正)' 또는 '일본 설'이라고 부르기도 하였다. 하지만 여전히 동아시아의 국가들은 음력설과

추석을 중요한 명절로 삼고 있다. 단오와 대보름도 여전히 중요한 날이다.

시간에 대한 인식은 금기나 기념 의식과도 관련이 된다. 특히 윤달이나 윤년은 금기와 관련이 깊다. 윤달에 수의를 만들어 놓거나 이장(移葬)을 허용하기도 한다. 기념 의식과 관련해서는 '백일, 돌, 환갑, 칠순' 등을 들 수 있다. 통과제의와 관련하여 장례를 지낼 때 3일장이나 5일장을 지내고, 삼우제나 49재를 지낸다. 모두 시간과 관련되어 있다.

전통적으로 한국인의 시간은 '새벽, 아침, 낮, 저녁, 밤'으로 구분되는 듯하다. 조금 더 구분을 하자면 '한낮'과 '한밤중' 정도가 추가될 것이다. 오전과 오후의 구분은 한국어에서는 나타나지 않는다. 아침/점심/저녁은 시간이면서 동시에 식사를 의미한다. '아침 먹었냐?'는 인사말은 시간이 아니라 식사를 의미하는 것이다. 사실 점심(點心)이라는 어휘는 마음에 점을 찍는다는 의미인데, 적게 먹는다는 의미가 시간의 관념이 되었다. 우리가 먹는 중국 음식 '딤섬'의 한자 표현이 '점심(點心)'이다. '끼'라는 어휘도 본래는 '때'의 의미였는데, 식사의 의미를 갖게 되었다.

계절의 구분도 '봄, 여름, 가을, 겨울' 정도의 구분이 있고, 여기에 '한여름, 한겨울' 정도가 추가될 수 있을 것이다. '한봄'과 '한가을'이 없다는 점에서 봄과 가을은 느낌이 달랐다고 할 수 있다. 여름과 겨울은 계절의 특성이 강하기 때문에 '더 더운 시기'와 '더 추운 시기'로 나눈 듯하다. 농경사회에서 겨울은 '농한기'였고, 휴식기였다.

옛날의 하루는 12시간이었다. 12간지가 시간의 구분 단위였던 것이다. '자정(子正), 정오(正午)'가 밤 12시, 낮 12시로 기준점이 되었다. '자축인묘진사오미신유술해'가 각각 시간 단위였다. 분이나 초는 실제 시간 단위에서 중요한 개념은 아니었다. '시(時)'는 우리말처럼 사용되어서 '한 시, 두 시'와 같이 고유어계 수사와 결합한다. 반면에 '분'이나 '초'는 한자어계 '일 분, 일 초'와 같이 수사와 결합한다.

이밖에도 한국인의 시간 인식은 다른 민족의 시간 인식과는 차이가 많을 것이다. '며칠'의 느낌도 다르다. '며칠만 기다려'라는 말에서 한국 사람은 주로 3-4일을 떠올리지만 영어에서는 'a couple of days'라고 하면 주로 2-3일의 느낌이다. 따라서 위의 영어 표현과 한국어 표현을 상호 번역하면 문제가 될 수 있다. 한국어 표현 중에는 '한두, 두세, 서너, 네댓, 대여섯, 예닐곱, 여남은' 등과 같이 수를 아우르는 부정확한 표현들이 많다. 또는 '두서너'와 같이 더 넓게 표현하기도 한다. '여남은'은 열 개가 넘는다는 말이다.

'다음'이라는 표현도 판단에 어려움을 준다. 지하철을 탔을 때 '다음에 내린다'는 표현의 의미는 상황에 따라 복잡할 수 있다. '이번에 내려요'와의 관계를 생각하면 더욱 그렇다. 한국인의 침묵하는 시간, 생각하는 시간, 불교적인 시간 등은 다 시간 인식에서 오해의 원인이 될 수 있다.[26] 시간을 나타내는 표현도 불명확한 경

---

26 Edward Hall(1983)에 의하면, 불교에 대한 서양인의 관심이 높아지고 있는데, 특히 불교의 시간관에 대해서는 이해하기 어려운 부분이 많다고 한다.

우가 많다. '과거', '현재', '미래'가 모두 있지 않은 언어는 많다. 한국어에도 미래의 사태를 현재 시제 표지로 나타내거나 과거 시제 표지가 꼭 과거를 나타내는 것이 아닌 경우가 있다. '내일 친구가 옵니다'와 '오늘 예쁜 옷 입었네', '너 이제 죽었다'와 같은 예들을 생각해 보면 알 수 있을 것이다.

한국어의 시간 인식은 고맥락 사회와 관련이 된다. 고맥락화된 사회에서는 상황이 매우 중요하다. 그 상황에 대한 서로의 이해가 전제되어 있지 않으면 의사소통에 실패할 수밖에 없다. 상황에 따른 시간의 인식이 의사소통 성패의 중요한 요인이 되는 것이다.

예전에 한국인이 자주 듣는 말 중에 코리안 타임(Korean Time)이라는 게 있었다. 한 나라의 이름이 포함된 영어 표현이 '시간을 잘 안 지키는 사람'을 나타내는 것이라니 좋은 일은 아닌 것으로 생각할 것이다. 생각해 보면 그 당시 한국 사람들이 시간을 잘 안 지키는 것도 사실이었다. 하지만 시간을 안 지키는 데도 이유가 있었을 것이다. 사실 시간에 대한 관념은 나라마다 다르고, 엄밀하게 말해서는 개인마다 다르다. 누구나 하루 24시간을 똑같이 느끼면서 보내는 것은 아니다. 객관적으로 돌아가는 시계바늘이야 정해진 시간의 궤도를 돌고 있겠지만 인간의 시간은 상대적으로 흐른다.

민족이나 국가, 문화나 언어권에 따라 시간의 개념도 전혀 달라진다. 한국어의 표현을 보면 우리는 정확한 시간에 대해 거부감이 있었던 듯하다. 이것은 아마도 고맥락 사회임이 원인이 될 것이다. 한국어 사용자는 판단을 할 때, 상황에 의존하는 경우가 많다. 한국어에서는 상황을 모르면 그 내용을 이해할 수 없는 경우가 많다. 상황 중심의 언어인 것이다. 어떤 경우에는 지금의 상황 뿐만 아니라 과거의 상황들까지도 이해하고 있어야 한다. 그리고 주변의 상황들도 이해하고 있어야 한다. 그래야 이른바 '말이 통한다'고 할 수 있다. 말이 통한다는 말은 단순히 그 내용을 이해했다는 의미가 아니다. 그 상황을 다 이해하고, 그 사람의 처지를 다 이해했다는 의미가 된다. 주어진 상황에서 반복적으로 비슷한 질문을 하는 사람에게 '말귀를 못 알아듣는다'라고 이야기하기도 한다. 맥락을 파악하지 못해서 생기는 현상들이다.

한국인들은 시간 약속을 할 때 '두 시쯤'과 같이 부정확한 표현을 즐겨 한다. 두 시 또는 두 시 정각이라는 표현에서는 답답함을 느끼는 경우가 많다. 어떤 경우에는 '한(대략의 의미) 두 시 쯤'이라는 표현을 쓰기도 한다. '한'과 '쯤'이 모두 부정확한 시간을 나타낸다. 약속을 두 시에 하였다고 하더라도 어떤 상황이 생기면 늦거나 혹은 일찍 도착할 수도 있다는 생각이 기저에 있는 것이다.

어떤 경우에는 아예 시간을 이야기하지 않기도 한다. 그냥 '내일 한번 들를게!'와 같이 표현하기도 하는 것이다. 시간이 되면, 내일 가겠다는 의미이다. 언제 시간이 될지 정확히 모르니 정확한 시간을 이야기할 수 없는 것이다. 이러한 표현은 '말하는 이'나 '듣는 이' 모두 상황에 대해 이해하고 있음이 전제가 된다. 한국 사람끼리는 부정확한 시간의 관념이 문제가 되지 않았던 것이다. 오히려 지나치게 정확한 시간을 요구하는 행위가 부담스러웠던 것이라 할 수 있다.

이런 모습들이 저맥락 사회에서 생활하는 서양인들에게는 시간관념이 매우 부족한 사람들로 비치었을 것이다. 한국 사람을 시간 약속을 안 지키는 사람으로 낙인찍게 하였을 것이다. 하지만 시간에 대한 인식도 문화다. 한국인의 시간에는 한국인의 문화가 담겨 있는 것이다.

한국 사회가 급속한 경제 발전 속에서 저맥락 사회로 바뀌어 가고 있다. 상황으로만 판단하였다가는 실수하기 십상이다. 그래서 우리는 몇 번이고 확인하려 하고, 자꾸 묻게 된다. 시간 약속을 정하는 것도 이제는 '두 시' 정도가 아니라 '두 시 십오 분' 식으로 바뀌었다. 분 단위의 약속이 생기고 있는 것이다. 이런 사회를 살면서 시간을 안 지키는 것은 신뢰를 잃는 일이 되고, 그러한 행위는 무능력한 인물로 평가받는 이유가 된다. 한국인의 시간관념도 계속 변화하고 있다.

깊이 더하여 생각하기

01. 각국의 천체 관련 신화를 찾아보십시오.

02. 다른 언어에 나타나는 자연 대상 높임 표현을 조사해 보십시오.

2) 사람을 말하다

> 우리는 모든 것을 가볍게 받아들이고 가벼운 마음으로 참고 견뎌야 하네. 인생은 우는 것보다 웃는 것이 더 인간답기 때문이네.
> — 세네카, 『인생이 왜 짧은가』

언어는 사람에 대한 화자의 태도를 반영한다. 어떤 언어에서는 아예 어린아이를 사람으로 지칭하지 않는다. 일정한 나이가 되기 전까지는 사물로서 표현하는 것이다. 영어에서 아이를 'It'으로 지칭하는 것도 예가 될 수 있다.[27] 한자어로도 어른은 '성인(成人)'이다. 성인은 사람이 되었다는 의미이다. 한국어에도 사람을 묘사하는 말 속에 사람을 바라보는 태도가 나타난다.

(1) 나이(어린이와 노인)

한국어에서도 어린아이는 모자라고 부족하다는 의미로 받아들여졌다. 방정환 선생이 〈어린이〉라는 말을 공식화하여 사용하기 전까지 어린아이에 대한 존중의 태도는 적었다.[28] 중세국어에서 '어리다'라는 말은 어리석다는 의미였다. 훈민정음에서 '어린 백성'이라고 한 것은 '어리석은 백성'을 의미한다. '어리다'에 대한 부정적인

---

27 기독교의 성경에서도 어린아이와 여자는 사람 수에 포함하지 않는 경우가 많았다.
28 방정환 선생의 어린이에 대한 존중은 천도교와 관련이 있는 것으로 보인다.

태도는 아직까지 남아 있다. '어리다, 어려'와 같은 표현은 판단을 잘 못하고 행동을 함부로 하는 사람을 낮추어 표현하는 말이다.

한국어에는 노인에 대한 공경을 나타내는 표현이 많다. 한국의 문화적 특징으로 '효(孝) 문화'를 드는 경우가 있는데, 이렇듯 한국어에서는 나이가 많은 것을 나쁘게 보지는 않았다. '어리다'에 대한 한국인의 태도가 역으로 나타나는 표현은 '점잖다'이다. '점잖다'는 '젊지 않다'가 줄어든 말이다. 이 말은 긍정적인 의미로 쓰인다. '점잖은 분이다'라는 말은 칭찬이다. 다시 말해서 젊지 않은 것이 좋은 것이라는 한국어 화자의 태도를 반영하고 있다. '점잖지 못하게'라는 표현은 행동을 함부로 하는 사람을 나무라는 뜻으로 사용되고 있다.

나이가 든 사람은 '어른'이라고 하는데, 이를 높인 '어르신'이라는 표현도 있다. 혼인을 나타내는 '얼다'가 '어른'으로 되고, 다시 주체 존대 '-시-'가 결합하였다고 보는 입장도 있다.[29] 최근에는 〈어르신〉이 노인이라는 뜻으로 사용되고 있다. 이름에 '어르신'이라는 말을 붙여서 사용한다.

한국어에서는 나이를 '먹다'로 표현한다. 이는 설날에 '떡국'을 먹는 것과 관련이 있어 보인다. 무엇인가 먹고 자라나야 한다는 생각을 한 것이다. 이런 생각은 〈나잇값을 하다〉라는 표현을 통해서 더 잘 알 수 있다. 나이에는 값이 있다는 의미로 나이가 많으면

---

29 신라향가 '서동요'에 보면 '남 몰래 얼어 두고'라는 부분이 있다. 여기의 '얼다'를 어른의 어원과 연관 짓는 입장이라고 할 수 있다.

값이 올라간다는 의미로 해석이 가능하다. 하지만 나이가 많다고 무조건 훌륭하고, 존중 받는 것은 아니다. 나이에 걸맞은 행동을 해야 한다고 생각하는 것이다. 나잇값을 하지 못하는 사람은 지탄의 대상이 된다.

(2) 관계(친구)

친구를 나타내는 순우리말로는 〈벗〉이 있다. 관련어로는 부부를 나타내는 어휘 '가시버시'의 '버시'가 있다. 친구를 나타내는 다른 말로는 '동무'가 있다. 이 표현은 '어깨동무를 하다'에 남아있는데, 북한에서 '동무'라는 표현이 정치적인 목적으로 널리 사용되면서 남한에서는 사용을 꺼리는 표현이 되었다.

친구의 관계를 나타내는 표현으로는 〈어울리다〉가 있다. 친구끼리 '서로 어울려 다닌다'는 식으로 표현한다. '어울리다'에는 다른 의미가 있다. 그것은 '조화를 이루다'라는 의미이다. 즉, 친구끼리는 서로 조화를 이루어야 한다는 생각이 담겨있다. 친구뿐만 아니라 사람 간의 만남에는 '조화'가 중요함을 보여 주는 표현이라고 할 수 있다.

두 사람이 서로 친하게 지내는 것을 한국어에서 〈사이가 좋다〉라고 한다. 이 말도 관계에 대한 한국어 화자의 태도를 보여 준다. 두 사람 각각이 좋은 것이 아니라 가운데인 '사이'가 좋아야 하는 것이다. 사이가 좋으려면 서로 배려하고 양보하여야 하며, 이는 결국 조화로 이어지게 된다.

(3) 성별(남자와 여자)

남자와 여자에 대한 한국어의 태도는 어떠할까? 언어학에 '나 먼저의 원리'라는 것이 있다. 언어 사용자는 자신에게 소중하다고 생각하는 것을 먼저 말하고자 한다는 원리이다. 주로 병렬 복합어인 경우에 자기에게 가깝다고 생각하는 것을 앞에 둔다. 대표적인 예가 '여기저기, 이쪽저쪽'이다. 모두 자신과 가까운 쪽을 앞에 둔 것이다.[30]

이러한 관점에서 본다면 한국어는 여성을 더 가깝게 생각했음을 알 수 있다. '엄마아빠, 어머니 아버지'가 중요한 예이다. 다른 언어는 아버지를 앞에 두는 경우가 많다. 한자어에서도 '부모(父母)'라고 한다. 〈가시버시〉는 '부부(夫婦)'의 고유어다. 한자어의 부부는 남편이 앞에 오고 부인이 뒤에 온다. 하지만 한국어의 경우는 부인을 뜻하는 '가시'가 앞에 온다. '가시'는 '가시집(처갓집)', '가시아버지(장인어른)' 등으로 나타난다.

〈밤낮〉의 경우도 여성을 앞에 두는 태도라고 할 수 있다. 많은 신화에서 '밤'은 주로 여성을 상징하고 '낮'은 남성을 상징한다. 한자어에서는 '주야(晝夜)'로 나타난다. 영어에서는 'day and night'로 표현한다. 비하의 어휘라는 점에서 논란의 여지는 있지만 〈연놈〉이나 〈암수〉도 같은 순서로 되어 있다.

---

30 일본어에서는 저기 여기(achi kochi), 저쪽 이쪽(achira kochira)이라고 표현한다.

언어학에서는 성(性)과 언어의 관계에 대해서도 다양한 연구를 하고 있다. 언어 속에는 남녀의 문제가 그대로 담겨있고, 이는 차별의 모습으로 나타나기도 한다.[31] 언어학에는 유표(marked)와 무표(unmarked)의 개념이 있는데 한국어에도 이런 현상이 나타난다. 의사와 여의사, 교수와 여교수 등의 예를 보면 알 수 있다. 남자를 나타낼 때는 특별한 표지가 없지만 여자를 나타낼 때는 '여'를 붙이게 된다. 학교명을 말할 때도 '여중, 여고, 여대'에는 '여'가 붙어 있다.[32] 학교 안의 모임을 보더라도 여교수회와 총여학생회 등의 명칭이 나타난다. 여기에는 차별적인 요소가 있는 것은 아니지만 구별되어 있음을 보여 주고 있다.

또한 남성이 대표성을 나타내는 경우도 있다. 영어의 'man'은 남자이면서 사람 전체를 나타낸다.[33] 자식(子息)은 아들이면서 '아들과 딸' 전체를 나타낸다. 반면에 여식(女息)은 딸만을 의미한다. 여성에 대한 부정적인 표현이나 속담이 많은 것도 특징이라고 볼

---

31 히스테리의 경우는 어원이 '자궁'이라고 하는데 이는 여성이 히스테리를 부린다는 생각이 반영되어 있는 어휘이다.

32 경희중과 경희여중의 차이를 생각해 보면 알 수 있다. '남중'이라는 표현을 쓰는 경우도 있는데 이는 여중에 대비되는 개념을 나타낼 때만 사용한다. 여자대학의 경우 그냥 대학교라고 표현하는 경우도 나타난다. 이화여자대학교의 경우에는 '이화대학교'라고도 한다.

33 영어에서는 'man'을 'person'으로 표현하여 차별적 요소를 없애려고 한다. 'Chairman'을 'Chairperson'으로 표현하는 것과 'Miss'와 'Mrs.'를 'Ms.'로 표현하는 것은 언어에서 여성을 구별하는 것에 대한 반발이라고 볼 수 있다.

수 있다.[34] 〈암탉이 울면 집안이 망한다〉가 대표적이다. 여자를 꽃에 비유하는 것도 여성의 수동적인 측면을 강조한 것이라고 볼 수 있다.

〈마누라〉라는 단어도 과거에는 '상전'을 호칭하는 것이었지만, 지금은 아내를 낮추어 부르는 말로 바뀌었다. 마누라도 영감과 마찬가지로 '마누라쟁이'와 같이 더 낮게 표현하는 어휘가 생겨난 것은 언어 타락이 강화된 결과로 보인다. 〈아낙〉이라는 단어도 원래는 주로 부녀자들이 거처하는 곳을 높여 부르는 말이었다. 하지만 아낙네라는 말은 부녀자를 낮추어 부르는 말로 바뀌었다. 외래어이기는 하지만 〈마담(madam)〉이라는 단어도 한국어에서는 의미가 타락하였다.[35] 술집이나 다방의 여주인을 나타내는 말로 의미가 한정된 것이다. 한국어에서는 여성에 해당하는 어휘들이 의미의 타락을 갖게 되는 경우가 많다. '아가씨'라는 단어가 '술집에서 일하는 여성'의 개념으로 사용되기도 한다. '호스티스(hostess)'의 경우도 마찬가지로 '주인, 안주인'이라는 의미보다는 '술집에서 일하는 여성'으로 의미가 변화되어 사용된다. 이상의 예들은 성적인 차별이 반영되어 의미가 타락되는 예들이라고 할 수 있다. 주로 여성에 해당하는 어휘들이 차별적인 어휘의 대상이 된다.

---

34 왕문용(2008:151)에서는 남성의 침묵은 괜찮은데, 여성 침묵은 부정적인 의미를 갖는다고 설명하고 있다.

35 김건환(2003:177)에서는 외래어가 한 언어 사회를 혼탁하게 만들 수도 있지만, 오히려 표현력이나 사고를 풍부하게 하기도 한다는 것을 강조하고 있다. 마담 등의 예는 부정적인 예에 해당할 것이다.

한국어의 경우에 성(姓)과 이름을 표기할 때 성은 아버지의 성을 따른다. 하지만 이는 언어권, 문화권에 따라 차이가 있다. 일반적으로 유럽이나 일본에서는 결혼하면 부인이 남편의 성을 따른다. 물론 자식의 경우도 아버지의 성을 따르는 경우가 많다. 영어의 'family name'이라는 개념은 가족의 성이 같다는 전제 하에 나온 명칭이다. 러시아에서는 아버지의 이름이 자식의 이름 속에 포함된다. 스페인어 권에서는 성에 부모의 성을 함께 쓰는 특징이 나타난다. 한국의 경우는 결혼과 상관없이 여성이 자신의 성을 유지하는 특징을 보인다. 물론 자식의 경우는 아버지의 성을 따르는 것이 일반적이다.

성(性)에 따라 언어의 변화가 달라지기도 한다. 최근에는 여성의 언어가 주류의 언어로 변화하고 있는 특징이 나타난다. 예를 들어 '경음화(쪼금/조금), 구어적 표현(할라구/하려고), 축약(근데/그런데, 죠/지요), 강조의 부사어(너무너무, 아주 등), 주저어(있잖아요, 어머나, 어머, 아니에요), 해요체' 등은 여성어의 특징으로 언급되던 것들인데, 이제는 남성이 사용하여도 어색하지 않은 주언어 표현으로 바뀌고 있다.

한편 한자어에서는 부정적인 표현에 계집 녀(女)자가 들어간 글자가 적지 않다. 이는 한자를 사용하는 한국인의 의식에도 영향을 미쳤을 것으로 보인다. 자주 쓰이는 한자를 정리하면 다음과 같다.

奸 간사할 간	예: 간악(奸惡)
姦 간음할 간	예: 간음(姦婬), 간통(姦通)
奴 종 노	예: 노예(奴隷)
妄 망령될 망	예: 망언(妄言)
妖 요사할 요	예: 요괴(妖怪), 요녀(妖女)
婬 음탕할 음	예: 간음(姦婬), 음란(淫亂)
嫉 미워할 질	예: 질투(嫉妬)
娼 창녀 창	예: 창녀(娼女)
嫌 싫어할 혐	예: 혐오(嫌惡)

(4) 능력(장애인, 직업)

① 장애인

장애인에 대한 태도도 한국어 표현과 관련하여 연구해 볼 가치가 있다. 예를 들어 앞을 못 보는 시각장애인을 〈소경〉 또는 〈장님〉이라고 불렀는데, '-경'과 '-님'이 사용된다는 점에서 비하의 느낌은 적다. 현재 사전적 정의로는 시각장애인을 낮잡아 부르는 말로 되어있는데, 일반적으로 '-경'과 '-님'은 존경의 의미로 사용되기 때문이다.[36] 시각장애인을 나타내는 '소경'과 '봉사'는 각각 관직

---

[36] 소경에 해당하는 어휘로 '봉사'도 있다. 앞 못 보는 사람에 해당하는 어휘가 다양하게 나타남은 흥미롭다. 함경도 방언에서는 '눈멀쟁이' 등이 나타난다. 황해도 방언에서는 '참봉, 판사' 등으로 나타나는 점도 어원을 연구할 필요성이 있다.

을 나타내는 명칭³⁷에서 왔다. 장님의 경우는 '장'을 지팡이로 보아 '지팡이를 짚고 다니는 사람'으로 본다. '장(杖)'은 '지팡이' 또는 '지팡이를 짚다'의 의미이다. 반면 다른 장애인을 나타내는 '벙어리, 청맹과니, 앉은뱅이, 혹부리' 등에서는 특별한 관점을 찾기 어렵다. 시각장애인의 경우 역술 등의 분야에서 특별한 능력이 있다고 보는 측면이 있었기에 어휘에도 이러한 태도가 반영되었던 것으로 생각된다.³⁸

과거에는 장애인을 〈병신(病身)〉이라고 하여 몸에 병이 든 것으로 생각하였다. 이 표현이 처음부터 비하의 명칭으로는 사용되지 않았을 것이다. 하지만 대부분의 안 좋은 표현이 그렇듯이 자주 사용하다 보면 비속의 의미로 변하게 된다. 현대에는 병신이라는 어휘 대신 한동안 〈불구자〉라는 표현을 썼다. 하지만 불구자도 '갖추지 못한' 이라는 의미로 받아들여져 사용을 꺼리게 되었다. 이후에는 장애인이라는 표현을 쓴다. 하지만 이미 장애인이라는 단어도 비하의 느낌으로 사용하고 있다. 최근에는 〈장애우〉라

---

37 소경(少卿)은 1. 고려 시대에, 태상시·전중성·위위시·태복시·예빈성·대부시 따위에 둔 종사품 벼슬. 경(卿)의 아래. 2. 조선 전기에, 봉상시·전중시·내부시·사복시·예빈시 따위에 둔 종사품 벼슬. 경의 아래. 3. 대한 제국 때에 둔 태의원·장례원의 버금 벼슬로 나타난다. 봉사는 조선 시대에, 관상감·돈령부·훈련원 및 기타 각 시(寺)·원(院)·감(監)·서(署)·사(司)·창(倉) 따위에 둔 종팔품 벼슬이다(표준국어대사전 참조).

38 북유럽 신화에 나오는 신은 장애가 있는 경우가 많다. 전쟁의 신 티르(Tyr)는 오른손이 없고 오딘(Odin)은 한쪽 눈이 없다. 결핍을 통해 능력을 갖는 것을 상징한다고 볼 수 있다.

는 용어를 사용한다. 또한 일반인을 가리켜 〈비장애인〉이라는 용어를 쓰기도 하는데, 이는 오히려 장애인을 중심에 둔 표현이라고 할 수 있다. 과거에 장애인을 칭하던 명칭도 원래는 비하의 의미가 없이 단순히 상태를 묘사한 표현이었을 수도 있다.

② 직업

직업을 묻는 것이 어떤 경우에는 무례한 일이 될 수 있다. 특히 상대가 자신의 직업에 대해서 밝히고 싶지 않을 때는 매우 기분 나쁜 질문이 된다. '직업이 뭐예요?'라는 말은 그런 의미에서 정중한 표현이 아니다. 이것은 다른 언어에서도 비슷한 현상이다. 한국어에서는 직업을 물을 때, '어떤 일을 하세요?'라는 식으로 완곡하게 표현한다. 직업이 뭐냐고 묻는 경우는 '경찰'밖에 없다는 말도 일리가 있어 보일 정도이다.

직업에 관한 어휘와 표현은 그 직업에 대한 관점을 나타낸다. 한국어에서는 직업을 물으면 직업명을 이야기하지 않고, 어떤 일을 하는지에 대해서 설명하는 경우가 많다. 예를 들어 '농부, 운전기사, 교사' 등은 직업명이기는 하지만 실제로는 잘 사용되지 않는 어휘이다. 보통은 '농사를 짓는다, 운전을 한다, 학생을 가르친다'와 같이 표현한다. 직업명을 그대로 노출하는 것을 선호하지 않는 것이다.

또한 한국어에서는 자신의 전문 분야를 이야기하기보다는 다니는 직장명을 이야기하는 경향이 있다. '엔지니어, 기술자, 사무

직'이라고 하더라도 대부분 '삼성에 다녀요', '현대에 있습니다'와 같이 표현한다. 사실 삼성이나 현대에는 수많은 분야의 직업군이 포함되어 있지만 그냥 직장 이름을 이야기하고 마는 것이다. 질문자도 더 이상은 묻지 않는 경우가 많다. 반면에 서양에서는 직장명보다 자신의 직업 분야를 이야기하는 것이 일반적이다.

　이렇게 직업을 말하는 태도에는 몇 가지 문제가 고스란히 드러난다. 첫 번째는 직업의 종류에 따라 직업명을 직접적으로 이야기하기도 한다는 점이다. 그리고 여기에 해당하는 직업은 대부분 좋은 직업이라고 생각하는 경우가 많다는 점이다. 예를 들어 '의사'인 경우에 '사람을 치료합니다'라는 식으로 자신을 소개하지는 않는다. 변호사와 같은 대부분의 전문직은 직업명을 노출한다.

　직장명을 이야기하는 경우도 마찬가지다. 대기업에 다니거나 좋은 직장에 있다고 하는 경우에는 직장을 이야기하지만 그렇지 않은 경우에는 직장명을 이야기하지 않고, 직장명을 이야기한다고 해도 알지를 못한다. 직장명을 이야기하는 경우에도 어느 정도 과시하려는 생각이 포함되어 있다.

　직업을 이야기하는 경우에도 태도가 반영되는 경우가 있다. 가장 대표적인 것이 '노동자'이다. 한국어에서는 '노동자'라는 말이 금기어처럼 쓰이던 때가 있었다. '노동자의 날'이 아니라 '근로자의 날'로 부르던 때가 있었다. 지금도 노동자라는 말과 근로자라는 말에는 어감의 차이가 크다. 노동자라는 말에서는 '권리'라는 표현이 자연스럽게 연상된다. 교사가 노동자인가에 대해서 논쟁이 있기도 한데, 이 역시 '노동'과 '교육'에 대한 관점 차이에서 생기는 일이라고 할 수 있다.

간호사의 경우는 원래 '간호부'로 불렀다. 과거 한국 정부에서 독일에 파견한 근로자의 명칭은 '광부'와 '간호부'였다. '광부(鑛夫)'의 '부(夫)'는 남자라는 의미였고, '간호부(看護婦)'의 '부(婦)'는 여자라는 의미였다. 하지만 시대가 변하면서 간호부는 간호원(看護員)으로 바뀌었고 다시 간호사(看護師)로 바뀌었다. 농부와 농사꾼, 어부와 뱃사람의 어감도 전혀 다르다. 청소부라는 말도 환경미화원으로 바뀌었다. 식모(食母)라는 명칭은 가정부(家政婦)를 거쳐 지금은 가사도우미라는 명칭으로 부른다.

직업을 묻는 것도 말하는 것도 모두 시대와 문화를 담고 있다. 하지만 종종 직업에는 귀천이 있음이 언어를 통해 드러난다. 사실 이것은 언어의 문제가 아니라 우리가 직업을 보는 태도의 문제다. 직업에 대한 어휘에도 문화가 담겨 있고, 시대상이 반영되어 있다.

(5) 인칭(접미사, 대명사)

사람을 가리키는 표현에도 문화가 반영된다. 대표적으로 인칭접미사와 인칭대명사를 들 수 있다. 한국어의 인칭에 나타나는 문화를 살펴보도록 하겠다.

① 접미사

한국어에는 사람을 나타내는 접미사가 다양하게 나타난다. 한자어 인칭접미사도 있고, 고유어 인칭접미사도 있다. 한자어 접미사에는 '사(師, 士), 수(手), 원(員), 자(者), 인(人), 부(夫, 婦)' 등이 있다. 의사(醫師), 변호사(辯護士), 가수(歌手), 회사원(會社員), 노동자(勞動者), 죄인(罪人), 어부(漁夫), 파출부(派出婦) 등 이들은 주로 한자어와 결합한다. 고유어 인칭접미사 중에는 비속어처럼 쓰이는 예도 많다. '-바리, -비리, -부리' 등이 대표적이다. 한자어 접미사가 들어오면서 의미를 비속어로 한정해서 사용한 것이 아닌가 한다. 현재 '-바리'는 제주 방언에서 '비바리(처녀), 냉바리(과부)' 등으로 쓰이고 있으며 비속어로 군인을 칭하는 '군바리'에 쓰인다. '-비리'는 고등학생을 낮추어 부르는 속어인 '고삐리' 등의 표현 속에 남아 있다. '-부리'는 '혹부리' 같은 표현에 사용된다.

'-보'의 경우도 대부분 부정적인 표현으로 사용된다. '울보, 먹보, 바보' 등이 대표적이며 '놀부, 흥부'도 이 접미사와 관련이 있는 것으로 보인다. '바보'의 경우는 '밥보'가 변한 말이라 할 수 있다. '먹보'가 많이 먹는 사람을 가리킨다면, '바보'는 다른 사람의 눈치를 안 보고 밥을 많이 먹는 사람을 나타낸다. 한국어에서는 그런 사람을 어리석다고 본 것이다. 이밖에도 사람을 나타내는 고유 접미사로는 '-쟁이, -장이, -꾸러기, -다리' 등이 있다. 욕심

쟁이, 미장이, 장난꾸러기, 꺽다리, 키다리 등의 예로 나타난다.[39]

최근에도 인칭접미사는 계속해서 발달하고 있다. 주로 은어나 속어에서 사용되는 경우가 많다. 예를 들어 초등학생을 초딩, 중학생을 중딩으로 부르는 경우에 '딩'이 인칭접미사 역할을 한다. '남'과 '여'도 인칭접미사처럼 다양하게 쓰인다. 훈남, 차도남, 까도남, 완소남, 차도녀, 까도녀 등이 있다.

② 대명사

한국어에서는 사람에 해당하는 대명사의 사용도 특이하게 나타난다.[40] 예를 들어 〈나〉는 화자 자신을 가리키는 대명사이다. 영어의 'I'에 해당하는 말이다. 하지만 한국어는 영어처럼 대명사가 엄밀한 언어가 아니어서 '나'라는 말을 잘 안 쓴다. 어떨 때는 써서 도리어 어색한 경우도 많다. '나는 오늘 영화를 보았다.'라는 표현이 자연스러운가? 언제 자연스러운가? 자연스럽다면 그것이 오히려 특수한 상황일 수 있다.

'나'는 다양하게 변화한다. 내가 복수가 되면 '우리'로 변한다.

---

39 '-지, -니, -씨'도 인칭접미사로 볼 수 있다. '아버지, 어머니, 아저씨'에 나타나는데, '압, 엄, 앚'에 결합된 형태로 볼 수 있다. '엄니, 아씨, 할마씨, 하랍씨(전남 방언으로 할아버지)' 등의 예에서도 이를 찾을 수 있다. '-지'는 인도 등지에서 높은 사람을 가리키는 말로 쓰인다. 간디를 간디지라고 하는 경우다. '-니'는 비구와 비구니의 경우처럼 여성을 나타낸다. '-씨'는 한자 '氏'와의 관련성을 생각해 볼 수 있다.

40 鈴木孝夫(1973)의 『ことばと文化』를 보면 일본어에도 비슷한 점이 많다.

나를 낮추면 '저'가 되고, '우리'를 낮추면 '저희'가 된다. '나'와 '저'가 주격조사를 만나면 '내'가 되고, '제'가 된다. 사투리에서는 '내는'이라는 표현도 쓴다. 한편 '우리'를 낮추었다고 말하는 '저희'의 경우는 생각해 볼 점이 있다. '우리'와 '저희' 사이에는 대상에 분명한 차이도 존재하기 때문이다. '우리'는 듣는 상대를 포함하는 개념이지만 '저희'는 주로 듣는 상대가 배제된다. '우리 학교'와 '저희 학교'는 엄밀히 말해 다르다. '우리 학교'는 같은 학교 사람들끼리 사용하는 표현이고, '저희 학교'는 다른 학교 사람들에게 자기의 학교를 공손하게 표현하는 말이다.

〈우리〉를 한국 문화를 대표하는 표현으로 보는 경우도 있다. 그것은 다른 언어에서 주로 '나' 또는 '나의'라고 표현하는 자리에 한국어에서는 '우리'라는 표현을 사용하기 때문이다. 다른 언어에서는 '우리 집, 우리 엄마' 등의 표현을 잘 하지 않는다. '우리'에는 공동체 의식과 공동 소유에 대한 의식이 담겨있다.[41] '우리 집'과 '내 집'의 차이를 생각해 보면 명확히 알 수 있다. '내 집 마련'이라는 표현은 자기 소유의 집을 구입했다는 의미를 담고 있다. '우리'라는 표현을 쓰면 소유에 대한 의식이 적어진다. 나와 남의 구별이 정확하지 않다는 특징이 있기도 하다.

앞에서 한국어에서는 '나'라는 표현을 쓰는 게 오히려 어색하

---

[41] James Pennebaker(2011)의 논의에서는 지위가 높은 사람들은 〈우리〉라는 단어와 〈너〉 혹은 〈당신〉이라는 단어를 많이 사용하고 〈나〉라는 단어를 적게 사용한다는 흥미로운 연구를 제시하고 있다. 오바마 대통령이 'We'를 많이 쓴 것으로 알려져 있지만 실제로는 사용 비율이 가장 낮았다고 한다.

다고 했는데 그 이유는 '나' 대신 쓰는 말이 많기 때문이기도 하다. 누군가의 '엄마, 아빠'인 화자는 '나' 대신에 그냥 '엄마는, 아빠는' 이라는 말을 쓴다. 교사도 자신이 주어일 때 '선생님이'라는 표현을 쓴다. '선생님이 어렸을 때'라는 말은 자신이 어렸을 때라는 뜻이다. 당연히 3인칭이 아니다. 물론 약간 아동을 대하는 말투로 보인다. 아이들은 자신을 표현할 때 자신의 이름을 '나' 대신 쓰기도 한다. '유진이는 인형이 갖고 싶어요'라는 말에서 '유진이'가 '나'인 경우가 있다. 아동의 말투라고 할 수 있다.

〈나〉를 어른이 사용할 때는 관계의 호칭을 많이 사용하게 된다. 상대가 나를 부르는 표현으로 나를 지칭하는 것이다. 나를 '아빠'라고 하면 아이들은 나를 '아빠'로, '아버지'라고 하면 아이들은 나를 '아버지'로 부른다. 이는 윗사람의 말투다. 아랫사람은 자신을 관계로 지칭하지 않는다. 동생은 자기를 '동생은'이라고 표현하지 않는다. 딸은 자기를 '딸은'이라고 말하지 않는다. 아이들만 때에 따라 이름으로 자신을 지칭할 뿐이다.

〈너〉의 경우도 비슷하다. 한국어에서는 가장 잘 안 쓰는 표현 중 하나가 '너'이다. '너'의 높임이라고 하는 '당신'도 마찬가지다. '당신'은 부부 사이에만 겨우 남아있다. '그대'라는 말은 옛 편지글에서 발견된다. '그대는 어떻게 생각하는가?'라고 상대에게 질문을 해 보면 어색한 분위기를 금방 느낄 수 있다. 아랫사람에게는 '너' 대신에 이름을 부르는 경우가 많다. '민재는 뭐 먹고 싶니?'라고 말한다. 윗사람에게는 호칭을 지칭으로 사용한다. '엄마!'하고 불렀으면 '엄마는'이라고 표현하고, '선생님!'하고 불렀으면 '선생님께서는'

이라고 표현한다.

〈그〉나 〈그녀〉는 사용 빈도가 훨씬 낮다. 한국어에는 3인칭 대명사가 아예 없다고 말할 정도로 사용을 거의 안 한다. 어색한 번역 투의 문장에서만 발견된다. '그녀'는 일본어 '카노조(彼女)'의 번역이다. 심지어 '녀(女)'는 그대로 한자어다. 한국의 고유한 대명사가 아니라는 분명한 근거이다. 3인칭 주어도 호칭 그대로 사용하는 경우가 많다. 자신이 '어머니'라고 부르는 분은 '어머니'로, '할머니'라고 부르는 분은 '할머니'로 사용하면 되는 것이다. '그녀'라고 하는 것이 더 이상하다.

대명사의 사용이 분명한 언어에서는 한국어가 이상해 보이겠지만, 사실 대명사를 사용하는 것도, 대명사를 안 쓰는 것도 모두 문화다. 한국인은 어떤 사람을 대신 부르는 말을 모두 대명사로 생각한 듯하다. 나는 '아들, 형, 남편, 아빠, 아버지, 선생님, 교수님, 아저씨' 등으로 다양하게 불린다. 〈나〉는 사람과의 관계 속에서 늘 다시 태어난다.

깊이 더하여 생각하기

01. 다른 언어에 나타나는 장애인과 관련된 언어 표현을 조사해 보십시오.

02. 다른 언어의 대명사 사용에 대해서 조사해 보십시오.

3) 의식주를 말하다

> 우리 옛 그림을 보고도 느끼셨겠지만 건축이며, 도자기며, 옷이며, 춤이며, 우리가 매일 먹는 음식에 이르기까지 우리 한국의 전통 문화는 중국, 일본과 비슷한 듯하면서도 실은 완전히 속내가 다릅니다.
>
> - 오주석, 『한국의 미 특강』

한국어와 의식주에 대해서 말하기 전에 '의식주(衣食住)'라는 단어에 대해서 생각해 볼 필요가 있다. 의식주라는 한자어에서는 '의' 즉, 옷이 제일 앞에 나오고, '식' 먹는 것, '주' 거처하는 곳의 순서로 나온다.[42] 이 말은 한자어에서 '의'가 가장 중요하게 취급됨을 보여 준다.[43] 하지만 한국인의 관점에서는 이해하기 어렵다. 한국어에는 똑같은 표현은 없지만 '먹고 살 만하다'는 표현이 있다. 한국어에서 가장 중요한 것은 먹는 것이다. '잘 먹고 잘 산다'도 마찬가지의 태도를 보여 주는 표현이다. 반면에 '옷'에 해당하는 속담이나 표현은 비교적 적게 나타난다.

먹는 게 중요했다는 말에서 보릿고개나 굶주림을 떠올릴 수도 있지만, 먹는 게 해결되면 다른 욕심은 크게 부리지 않았다는 의미로도 해석할 수도 있다. 그래서 〈먹고 살 만하다〉는 표현에는

---

42 '음식(飮食)'은 마시고 먹는다는 의미이다. 한국어에서는 '먹고 마시다'라고 표현한다.
43 중국어에서는 '의식주행(衣食住行)'이라고 표현한다. 북한에서는 '식의주'라고 표현하기도 한다.

아주 부유하다는 느낌은 없다.

(1) 식문화

한국어에서 식생활, 식문화를 가장 잘 나타내는 어휘는 '숟가락'과 '국'이다. 숟가락 문화와 국 문화는 서로 연결이 된다. 국을 숟가락으로 먹는 것이 한국 식문화의 모습이기 때문이다. 다양한 국이 발달하였기 때문에 숟가락 문화도 정착될 수 있었을 것으로 본다.

한국인은 먹는 것을 중요하게 여겨 다양한 표현을 만들어냈다. 대표적인 표현이 〈금강산도 식후경〉이다. 아무리 좋은 구경도 배고프면 소용없다는 의미이다. 이는 좀 더 극단적으로 〈먹다 죽은 귀신은 때깔도 곱다〉는 표현으로 나타나기도 한다. 〈먹을 때는 개도 안 건드린다〉는 속담도 있는데 이는 먹는 것은 보장 받아야 할 행위임을 말하고 있다.

한국의 요리 방식과 관련된 어휘를 보면 고맥락 문화의 속성도 찾을 수 있다. 가장 대표적인 어휘로 〈손맛〉을 들 수 있다. 이는 보통 정성을 의미하는 표현이기는 하지만 정확한 요리 방법이 아니라는 점에서 상황에 따른 요리 방식이라고 할 수 있다. 그래서 한국 요리를 설명할 때는 '적당히'라는 표현을 많이 사용한다. 정확한 계량적 표현이 적다. 예를 들어 김치를 할 때 소금은 적당히 뿌려야 한다. 배추의 상태에 따라서 소금의 양이 달라지기 때문이다. '적당히'가 오히려 맞는 표현이라고 할 수도 있다. 물론 이 때도 손맛은 매우 중요하다.

① 국 문화

국 문화를 잘 보여 주는 표현으로 〈국물도 없다〉라는 말이 있다. 어떤 언어에서 협박이나 만족감을 나타내는 표현은 주목할 필요가 있다. 왜냐하면 언중들이 가장 중요하게 생각하는 내용일 수 있기 때문이다. 한국어에서는 '국물도 없다'라는 말을 통해서 국물의 중요성을 살펴볼 수 있다. '국물도 없다'는 말이 협박이 될 수 있는 것은 국물이 중요하다는 의미이며, 최소한 국물이라도 있어야 한다는 의미이다. 한국 문화에서 밥과 국은 매우 중요하다. 국이 없는 식사는 상상하기 어렵다는 사람도 있을 정도이다. 한국어를 보면 '국, 찌개, 탕' 등으로 종류는 다르지만 '국물'이라는 명칭은 같다. 즉, '찌개물'이나 '탕물'은 없다. 모두 '국물'이라고 표현한다.

국 중에도 중요한 국이 있다. 가장 중요한 국은 설날에 먹는 '떡국'이다. 설날에는 떡국을 먹어야 나이를 먹는다고 생각했다. '나이' 역시 먹는다고 표현한 것은 '떡국을 먹는 것'과 관련이 있다고 생각한다. 생일에는 '미역국'을 먹는다. 미역국이 생일, 출산의 상징이 되었다. 국과 어원적인 연관성은 없어 보이지만 '국수'도 '국'의 일종으로 볼 수 있다. '국수'도 결혼이라는 상징으로 자리한다. 따라서 '국수를 먹다'라는 말은 결혼을 한다는 의미가 된다. 최근에는 국수 대신 '갈비탕'이 결혼식의 대표적인 음식으로 사용되고 있다. 종류는 달라졌지만 역시 국이 중요함을 보여 준다. 상가(喪家)에서는 주로 '육개장'을 먹는다. 의식을 나타내는 음식은 아니지만 통과제의(通過祭儀)와 관련된 음식이라고는 할 수 있다. 추석에는 '토란국'을 먹는다. 이렇게 특별한 날에는 특별한 국을 먹는다.

② 숟가락 문화

국 문화에서는 '숟가락'이 중요한 역할을 한다. 한국어 표현을 보면 숟가락의 중요성을 알 수 있다. 가장 대표적인 표현이 〈숟가락을 놓다〉이다. 최근에는 사용 빈도가 낮아지기는 했지만 '죽다'의 의미로 사용되는 표현이다. 숟가락을 놓는 것이 죽음을 의미한다는 것은 가볍게 볼 수 없다. '숟가락'이 목숨의 상징처럼 사용되기 때문이다. '젓가락'이 동아시아의 공통적인 문화인 것처럼 이야기하지만 '숟가락'은 동아시아 문화 중에서도 한국만의 독특한 문화라고 할 수 있다.[44] 한국어에서 수저는 숟가락과 젓가락을 합쳐서 부르는 말이지만 숟가락만을 의미하기도 한다. 즉 숟가락이 수저를 대표하는 것으로 생각하고 있음을 알 수 있다. 숟가락은 '술 + 가락'의 구조로 되어 있다. '한 술'이라는 표현에서 숟가락의 어원을 찾을 수 있다. 반면 젓가락은 '저(箸) + 가락'의 구조이다. '술'은 순우리말이고 '저'는 한자라는 점도 숟가락을 중요하게 여긴 인식을 보여 준다고 할 수 있다.

---

44 박문기(1999)의 『숟가락』에 숟가락과 한국 문화에 대한 이야기가 나온다. 이 책은 '숟가락 문화를 통해 본 우리말과 우리 풍속의 역사'라는 부제를 달고 있다.

한국어에는 젓가락에 관한 표현보다 숟가락에 관한 표현이 많다. 〈숟가락 밑에서 정분난다〉라는 표현은 같이 밥을 먹어야 서로 친해질 수 있다는 말이다. 숟가락을 음식을 같이 먹는 문화의 대표적인 물건으로 보고 있다. 옆집과 친하다는 것을 강조할 때 〈집에 숟가락이 몇 개인지도 안다〉라는 표현을 한다. 숟가락이 집안의 사정을 표현하는 어휘로도 사용되고 있다. 숟가락이 몇 개인지도 안다는 말은 그 집의 식구가 몇 명인지, 부엌의 살림살이가 어떻게 되어있는지도 서로 잘 알고 있다는 이야기가 된다. 부족한 점과 여유가 있는 점에 대해서도 서로 아는 가까운 사이라는 의미다.

옛날에는 이런 사이를 〈이웃〉이라고 했다. 〈가까운 이웃이 먼 친척보다 낫다〉는 이야기는 이런 사이를 두고 하는 말이다. 이웃이라고 해도 서로의 사정을 잘 모른다면 이웃이 아니다. 단순히 옆에 산다는 거리적 개념으로 이웃을 말할 수는 없다. 이웃은 나에 대해서 잘 알고 있는 사람들이고, 나의 고통과 기쁨을 제일 먼저 나눌 사람이기도 하다. 아침에 눈 뜨면 집을 나서며 만나고, 동네에서 마주치고, 서로의 집에 〈마실〉을 다니는 허물없는 사이기도 하다. 그래서 쉽게 내 부엌살림을 내보여 주기도 하는 사이인 것이다. 숟가락이 몇 개인지를 안다는 말은 한국인의 이웃 문화를 보여 준다.

한국 문화는 숟가락과 젓가락을 동시에 쓰는 문화이긴 하지만 숟가락을 훨씬 중요하게 생각하고 있다. 중국이나 일본에서는 숟가락보다 젓가락을 많이 사용한다. 같은 유교문화권인 베트남의 경우도 마찬가지로 숟가락이 거의 쓰이지 않는다. 주로 젓가락만 사용하기 때문에 많은 문화적 차이점이 나타난다. 가장 대표적인 것으로 '국밥' 문화를 들 수 있다. 다른 나라에는 '국밥'이라는 문화가 존재하기 어렵다. 기본적으로 국밥은 숟가락 사용을 전제한다. 젓가락으로 국밥을 먹는 일은 거의 불가능하다. 또한 밥그릇을 들고 먹는지의 여부도 숟가락의 영향을 받은 문화의 모습이다. 숟가락을 주로 사용하는 한국 문화에서는 당연히 밥그릇을 놓고 먹는다. 하지만 젓가락 중심의 문화는 대부분 그릇을 들고 먹는다. 이러한 이유로 밥그릇의 모양과 재질도 달라진다. 또한 숟가락이나 젓가락의 모양과 재질, 길이 등에 차이점이 나타난다. 한국처럼 금속으로 된 수저를 사용하는 경우는 많지 않다. 또한 숟가락의 깊이, 젓가락의 길이 및 굵기는 문화의 차이를 나타내기에 충분하다.

③ 밥 문화

한국어에서 음식문화의 특징을 잘 보여 주는 단어로 〈밥〉을 들 수 있다. '밥'은 식사를 대표한다. '밥을 먹다'라는 말은 밥만 먹는 것이 아니라 식사를 한다는 의미이다. 즉 밥과 반찬을 포함하는 표현이기도 하다. 또한 '면류'를 먹으면서도 밥을 먹는다는 표현을 한다. 따라서 밥은 면류를 포함한 식사 전체를 의미한다. 한국인은 '밥심'으로 산다는 말도 한다. 〈밥심〉은 '밥 힘'의 사투리로 밥이 곧 힘이 된다는 말이다. 그래서 좋아하지 않는 사람에게 〈밥맛이 없다〉라는 표현을 한다.[45] 이것은 매우 심각한 표현이다. 밥이 가장 중요하고, 힘을 내는 원동력인데 밥맛이 없다는 것은 매우 싫어함을 나타내는 것이다. '밥맛' 대신 '입맛'이라는 표현도 쓰는데 이는 밥이 음식의 전체를 나타냄을 보여 주는 또 다른 근거이기도 하다.

〈한솥밥〉 문화도 밥 문화와 관련하여 살펴볼 수 있다. 같이 밥을 먹는 사이는 매우 가까운 사이임을 보여 주는 말이라고 할 수 있다. 〈식구(食口)〉라는 말도 한국어에만 있는 한자어인데, 같이 밥을 먹는 사람이라는 의미이다. 가족이라는 어휘보다 식구라는 어휘가 친밀감 있는 이유도 밥 문화와 관련이 있다고 할 수 있다. 반면 '눈칫밥'은 안 좋은 표현이다. 앞에서 설명한 것과 같이 밥은 사람의 기본 권리인데 이를 제대로 누리지 못하는 상황이라는 의미이기 때문이다.

문화를 설명하는 사람들은 동아시아 삼국의 음식문화를 비교하면서 중국은 '맛' 중심, 일본은 '멋' 중심, 한국은 '건강' 중심 문화라고 말하기도 한다. 한국어에서는 음식과 약을 동일시하는 경향이 있다. 음식과 약은 근원이 같다는 식약동원(食藥同源)의 태도를 보인다. 〈밥이 보약이다〉라는 말도 이러한 태도를 반영한다. 한국인들은 어떤 음식이 건강에 좋으며 구체적으로 어디에 효험이 있는지 설명하려고 한다. 맛이 좋다는 표현보다는 건강에 좋다는 표현을 즐겨 한다. 예를 들어 미역국은 피를 맑게 하고, 북엇

---

45 줄여서 '밥맛이야!'라는 표현으로 사용하기도 한다.

국이나 콩나물국은 숙취 해소에 좋으며, 멸치를 먹으면 뼈가 튼튼해지고, 콩나물을 많이 먹으면 키가 큰다고 한다. 또한 '감기' 정도는 밥만 잘 먹어도 낫는다고 생각하여 〈감기는 밥상머리에 내려앉는다〉라는 표현을 사용한다.[46]

밥 문화와 연관이 되는 문화로는 '숭늉' 문화를 들 수 있다. 밥을 푼 후 솥에 물을 부어 끓여 마시는 것은 누룽지 문화와 함께 독특한 문화이다. '우물가에 가서 숭늉을 찾는다'는 속담에서도 알 수 있듯이 숭늉은 한국 문화에 깊숙이 들어와 있다.

④ 장(醬) 문화

한국의 음식 문화의 특징 중 하나는 오래 두고 먹는다(저장)는 것이다. 예를 들어 김장, 장, 젓갈 등이 대표적이다. 한국어에서는 〈썩다〉와 〈삭다〉가 음식 문화의 단면을 보여 준다. 썩는 것은 버리는 것이지만 삭는 것은 새로운 음식으로 다시 태어나는 것이다.[47] 한국 음식 중에는 '삭힌' 음식이 많다. '삭힌 홍어'는 전라도 잔치 음식에 빠질 수 없는 주요 음식이다. '오징어 식해(食醢)' 등의 음식도 삭힌 음식이라고 할 수 있다. '황태, 굴비, 과메기' 등 지역 특산물 대부분이 오랜 시간을 들인 음식이다.

한국어 속담에 〈뚝배기보다 장맛〉이라는 말이 있다. 이것은

---

46 한자 '정기(精氣)'에도 모두 '쌀 미(米)' 자가 들어간다. '정력(精力)'과 '기력(氣力)' 모두 쌀과 관련이 된다고 볼 수 있다.

47 '쓰레기'와 '시래기'의 관계도 버리는 것과 다시 태어난 것의 관계이다.

겉모습보다는 내용이 중요하다는 의미이지만 '장맛'이 음식에서 중요함을 보여 주는 예이기도 하다. '장'에는 '간장, 된장, 고추장' 등이 있다. 고추장이 한국 식문화에 들어 온 것은 18세기 정도로 추정된다. 한국어 표현에도 '간장'과 '된장'에 관한 것은 많지만 고추장에 관한 것은 많지 않다. 제사 음식에 고춧가루를 쓰지 않는 까닭은 붉은색이 귀신을 쫓기 때문이라는 설명도 있지만, 고추를 먹기 시작한 것이 아주 오래되지 않았던 것도 이유가 되었을 것으로 추측해 본다. 고춧가루나 고추장이 들어간 '김치, 떡볶이, 비빔밥' 등은 오래전부터 한국인이 먹던 음식이 아니다.[48]

한국의 '장' 중에는 '간장'의 역할이 크다. 간장은 말 그대로 간을 맞추는 장이기도 하다. 한국어에는 간과 관련하여 '간을 하다, 간을 보다, 간이 세다, 간간하다, 간을 맞추다' 등의 표현이 있다. 한편 오래된 음식을 좋아하는 습성은 언어 표현을 통해서도 나타난다. 한국인이 좋아하는 맛인 '구수함'은 다른 언어로 번역하기 어렵다. 〈구수하다〉라는 말은 음식뿐 아니라 일상생활에서도 널리 쓰인다. '구수한 이야기, 구수한 목소리' 등에서는 친근감이 느껴진다. 〈시원하다〉는 표현은 날씨에도 사용하지만 음식에도 사용한다. 그런데 차가운 음식을 먹었을 때뿐 아니라 뜨거운 음식을 먹었을 때도 사용한다는 점에서 특이하다. 이것은 음식의 상태가 아니라 음식을 먹고 난 후에 내 몸의 상태를 표현한 것이라고 이해할 필요가 있다. 뜨거운 물에 들어가서 시원하다고 하는 것도 이

---

48 현재 한국 음식 문화를 대표하는 많은 음식들이 한국 고유의 것이 아니다.

와 같은 원리이다.

⑤ 떡 문화

한국의 음식 문화에서 빼 놓을 수 없는 것이 떡 문화이다. '이게 웬 떡'이라는 표현은 떡이 매우 좋은 것임을 보여 준다. 한국인의 생활 속에 얼마나 깊숙이 들어와 있는지는 속담을 보면 알 수 있다. 아래와 같이 많은 속담에 떡이 등장한다.

> 귀신 듣는데 떡 소리 한다.
> 남의 떡이 커 보인다.
> 떡 본 김에 제사 지낸다.
> 떡 줄 사람 생각도 안 하는데 김칫국부터 마신다.
> 미운 놈 떡 하나 더 준다.
> 보기 좋은 떡이 먹기도 좋다.
> 싼 게 비지떡
> 어른 말을 들으면 자다가도 떡이 생긴다.

떡은 한국 문화의 중요한 요소이다. '싼 게 비지떡'이라는 말은 역설적으로 떡이 귀함을 보여 주기도 한다. '떡 줄 사람은 생각도 안 하는데 김칫국부터 마신다'든지, '미운 놈 떡 하나 더 준다'든지, '어른 말을 들으면 자다가도 떡이 생긴다'든지 하는 말은 모두 떡이 평상시에 먹을 수 없었던 귀한 것임을 보여 준다. 또한 '떡

본 김에 제사를 지낸다'든지 '귀신 듣는데 떡 소리를 한다'는 말은 떡이 제사에도 중요한 음식임을 보여 준다. 떡과 관련된 민담도 많다. 대표적으로 '해와 달이 된 오누이'에서는 호랑이가 '떡 하나 주면 안 잡아먹지'라는 말을 한다. 일상 표현 중에도 '떡고물이라도 떨어진다'와 같이 떡에 붙은 것도 좋다는 의미의 관용 표현이 있다.

  떡은 세시풍속과도 관련된다. 설날에 먹는 가래떡과 떡국이 대표적이다. 추석에는 송편을 먹고, 동지에는 '새알심'이 들어있는 팥죽을 먹는 풍속에서 떡의 중요성을 느낄 수 있다. 또한 떡은 통과제의에서도 매우 중요한 역할을 한다. '백설기'나 '시루떡'은 주로 백일이나 고사 등에 쓰이는 음식이다. 결혼식이 끝난 후 마련하는 이바지 음식에서도 '떡'이 중요하다. 서당에서 책 한 권을 끝냈을 때도 '책씻이'라 하여 떡을 돌리는 경우가 많았다. 현대에 와서도 이사를 갔을 때 이웃에게 떡을 돌린다는 점에서 떡의 역할을 살펴볼 수 있다.

  음식 문화는 빠르게 변하고 있다. 앞에서 이야기한 떡 문화도 현대의 아이들에게는 이해가 안 되는 부분이 많을 것이다. 떡 대신 과자나 빵, 케이크, 초콜릿 등 새로운 음식이 많이 생겼기 때문이다. '꿩 대신 닭'이라는 말은 어떤 뜻일까? 꿩을 먹지 않는 현대인에게 이 속담은 어려울 수밖에 없다. 당연히 '꿩 먹고 알 먹고'라는 말도 어렵다. '속 빈 강정'이라는 말도 이제 '강정'이 무엇인지 한참 설명해야 알 수 있는 속담이 되었다.

⑥ 기타

음식 문화와 관련된 표현 중에는 식사 방식과 관련된 내용도 있다. 대표적인 예가 상 문화이다. 한국어에는 〈한 상 차리다〉, 〈상다리가 부러지다〉라는 표현이 있는데 이는 한국의 식사 문화가 음식을 한 번에 내놓는 문화라는 것을 보여 준다. 즉, 순서대로 음식을 내 오는 문화가 아니라는 것을 알 수 있다. 양반의 음식 문화에는 독상 문화도 나타난다. 남녀 간에 겸상을 하지 않는 문화도 나타난다. 한국어 표현에 〈맞먹다〉가 있는데 이는 '겸상'을 할 수 없는 사람이 겸상을 하는 문제를 표현한 것이라 할 수 있다.

음식 문화와 관련하여 '술' 문화도 매우 중요한 요소라 할 수 있다. 특히 한국은 옛 기록에도 음주가무를 좋아하는 민족으로 나올 만큼 술 문화는 한국인에게 매우 중요하다. 술은 단순히 사람을 흥겹게 만드는 요소일 뿐 아니라 제의(祭儀) 등에 사용하는 중요한 도구이기도 했다. 한국에서는 제사나 차례 때 '음복(飮福)'을 통해 후손의 정을 나누기도 했다. 이는 조상이 먹은 음식을 후손이 나누는 의식이라고 할 수 있다. 〈술은 어른에게 배워야 한다〉는 말은 술을 마신 후의 태도를 중요하게 생각하였음을 보여 준다. 〈술 마시면 개〉라는 말도 술의 위험성을 경계하고 있는 표현이다. 술을 마실 때 어른 앞에서는 고개를 돌려서 마시는 문화도 술에 대한 태도를 보여 준다.

(2) 주거 문화

① 온돌 문화

한국인의 주거 문화를 이야기할 때 가장 대표적인 것은 '구들, 온돌'이다. 〈구들〉은 순우리말이고, 〈온돌〉은 한자로 '온돌(溫突, 溫堗)'이라는 입장도 있고 '돌'에 '온(溫)'이 결합한 것으로 보기도 한다. 현대어에서는 보통 구들이라는 말보다는 온돌이라는 말을 쓴다. 세계적으로는 중국의 신장 위구르 지역이나 요령성 지역에서 부분 온돌이 나타날 뿐 다른 곳에서는 거의 나타나지 않아, 온돌은 한국의 독특한 문화라고 수 있다. 요령성 지역은 고구려 문화와 관련이 되기 때문에 한국 문화와 관련이 있다고 할 수 있다.[49] 부분 온돌은 침대나 걸터앉는 곳에만 온돌이 들어간 형태의 주거 구조이다.

온돌 문화를 보여 주는 대표적인 표현으로는 〈배부르고 등 따뜻하다〉가 있다. 이것은 만족에 대한 표현이다. 배부른 것은 대부분의 문화에서 만족의 표현이다. '함포고복(含哺鼓腹)'이라는 한자성어도 '배부르게 먹고 배를 두드린다'는 의미로 만족함을 나타낸다. 하지만 한국어에는 '등 따뜻하다'라는 말이 함께 있다. 이는 등도 따뜻해야 좋다는 것을 보여 준다. 이것이 바로 온돌 문화의 모습이다. 한국 문화에서 등이 따뜻한 것은 매우 중요하다. 이는 온돌이 있기 때문에 가능하다. '아랫목'에서 이루어지는 문화 역시

---

49 발해의 도읍 상경성(上京城) 궁성에도 구들이 사용되었다는 연구가 있다.

예전의 온돌 문화에서 가능했다. 아궁이에 불을 때면 방의 아랫부분이 집중적으로 따뜻했기 때문에 아랫목은 좋은 자리라는 의미가 된다. 〈아랫목을 차지하다〉라는 말은 그래서 나왔다. 아랫목에 이불을 깔고 그 아래서 이야기를 나누는 모습이 다정한 집안의 묘사였고, 밥이 식지 않도록 아랫목에 밥을 그릇 채 넣어두고 따뜻하게 데우기도 하였다.

그래서 〈구들장이 꺼지도록 한숨을 쉬다〉라는 표현은 심각한 걱정이 있음을 나타내는 표현이다. 구들장이 꺼지면 큰일이 난다. 〈누워서 떡 먹기〉라는 표현도 온돌 문화와 관련이 있다. 온돌이 아니면 주로 누워서 무엇을 먹기는 힘들다. 한국에서는 '식탁, 침대, 소파' 등이 발달하지 않았는데 이는 모두 온돌 문화와 관련이 있다. 〈아궁이에 불을 지피다〉나 〈아니 땐 굴뚝에 연기 나랴〉라는 속담도 한국의 주거 문화와 관련이 있다.

온돌과 아궁이 문화는 '부뚜막' 문화로도 연결된다. 아궁이를 이용하여 방의 온도를 올리기도 하지만 음식을 장만하기도 한다. 이때 아궁이의 주변이 부뚜막이다. 〈부뚜막의 소금도 넣어야 짜다〉라든지 〈못된 강아지 부뚜막에 똥 싼다〉와 같은 표현도 한국의 주거 문화를 이해해야 알 수 있는 표현이다. 온돌 문화는 전 세계에서 거의 찾아볼 수가 없는 문화로 한국의 독특한 문화라고 할 수 있다. 〈양반 다리〉나 부인들이 앉는 자세 등도 모두 온돌 문화와 관련이 있다. 양반 다리는 현대어에서는 '아빠 다리'라는 표현으로도 쓰이고 있다. 양반 다리의 형태가 다른 나라의 가부좌에 비해 허벅지가 바닥에 닿는 면이 넓다고 하는데 이 역시 온돌 문화와 관련이 있다.

현대 사회에서는 온돌 문화도 변화를 맞이하고 있다. 침대와 식탁, 소파 등은 온돌 문화와는 맞지 않는 문화이다. 하지만 여전히 온돌은 지속되고 있으며 특이하게도 침대의 경우 '돌침대, 흙침대'의 형태로 새로운 온돌 문화를 보여 주고 있다.[50] 일본, 중국, 베트남 등지의 주거 시설에도 온돌이 놓이고 있다고 하니 온돌 문화가 세계화되고 있다고 할 수 있다.

② 집의 종류, 기와

한국에서 좋은 집의 상징은 '기와'였다. 이는 '초가'와는 상대적인 개념으로 쓰였다. '기와집'에 산다는 말은 부잣집이라는 의미도 되었다. 〈기와집 물려준 자손은 제사를 두 번 지내야 한다〉는 말은 기와집을 귀하게 여긴 인식을 보여 주는 예이다. '기와집에 옻칠하고 사나', '기와집이면 다 사창(社倉)[51]인가'(겉이 훌륭하다고 하여 내용까지 다 훌륭하지는 않다는 말), '기와 한 장 아끼다가 대들보 썩힌다'(조그마한 것을 아끼려다가 오히려 큰 손해를 봄을 비유적으로 이르는 말)[52] 등 기와와 관련된 속담이 많다. 하지만 최

---

50 외국인의 경우에 돌침대, 흙침대 자체를 이해하지 못하거나 가난의 상징으로 이해하기도 한다.
51 사창은 조선시대 각 지방의 사(社)에 두었던 곡물 대여 기관이다.
52 단어의 뜻풀이나 속담, 관용 표현의 뜻풀이는 대부분 국립국어원의 표준국어대사전을 참고하였다.

근 '기와집'은 한옥마을의 상징으로 바뀌게 되었다. 집의 종류는 크게 오두막집, 초가집, 기와집, 대궐로 나눠볼 수 있는데, 과거 부잣집의 기준은 '아흔아홉 칸'이었다. 〈집이 대궐 같다〉는 표현도 썼지만 왕이 아니면 대궐보다는 못한 집을 지어야 했기에 집의 최대치가 '아흔아홉 칸'이었던 것이다.

③ 담, 울타리, 벽

한국어에는 '담, 울타리, 벽'과 관련된 표현도 나타난다. 한국 전통 가옥의 형태를 보면 일반적으로 한국은 담장의 높이가 높지도 않고 낮지도 않았다. 따라서 발뒤꿈치를 들면 집 안의 모습이 보이는 경우도 많았다. 제주도에서는 문을 닫지 않는 경우도 많았다. 대문이라기보다는 나무로 막아놓는 정도의 형태가 많았다. 한중일 삼국 중 일반적으로 일본의 담장이 가장 낮고, 한국, 중국 순으로 높아진다. 일본의 담은 집과 집 사이의 경계라는 느낌이 강하고, 중국의 담은 사람이 넘겨볼 수 없는 높이가 일반적이다.

한국어에서 〈담을 쌓다〉는 표현은 '어떤 일을 전혀 하지 않는다' 또는 '소통이 없다'는 의미가 된다. 외국어 공부에 담을 쌓았다는 말은 공부를 전혀 하지 않는다는 의미이고, 어떤 사람과 담을 쌓고 지낸다는 말은 소통이 없다는 뜻이다. 벽과 관련된 표현들도 다수 나타난다. '벽을 허물다, 벽이 높다, 벽을 깨뜨리다'와 같은 표현에서 벽은 '한계'나 '장애물'의 의미이다. 반면에 누군가에게 울타리가 되어 주었다는 말은 보호의 의미가 강하다.

한국의 집 안은 주로 문과 창으로 이루어져 있고 벽이 적었다. 문을 열면 모두 소통이 되는 구조를 가지고 있었다. 창이나 문에는 한지가 발려 있어서 완전히 막힌 공간이라고는 할 수 없다. 바람은 막아 주지만 빛이나 습기는 통과할 수 있었다.

④ 기타

한국의 집안 구조를 알 수 있는 다양한 속담이 있다. '집안의 대들보', '내 눈의 들보', '들창(들창 코)', '문지방이 닳도록', '문턱이 높다' 등의 표현을 통해서 전통 가옥의 구조를 알 수 있다. 현대의 가옥에 비추어 봤을 때 낯선 공간이 많이 등장한다. 현대사회에서는 주거 형태의 변화가 매우 빨라서 속담이나 관용 표현 등에 남아 있는 언어 표현이 한국어 화자 사이에서도 세대 간 의사소통의 단절을 가져 온다.

과거의 주거 형태 중 속담이나 표현에 많이 등장하는 것으로 '우물'을 들 수 있다. '갑갑한 놈이 우물 판다', '우물가에 가서 숭늉을 찾는다', '한 우물을 파다', '우물 안 개구리' 등 다양한 속담이 있다.

(3) 의복 문화

① 한복

한국의 의복 문화는 '한복'으로 대표된다. 19세기 조선의 모습과 지금의 한국을 비교한다면 의복 문화는 완전히 달라졌다고 할 수 있다. 이제는 한복을 일상복으로 입는 경우를 찾기 어렵다. 한복은 명절 때나 결혼식 때 의례복처럼 입고 있다.

의복과 관련된 언어 표현으로는 우선 〈옷이 날개다〉라는 표현이 있다. 이는 옷을 어떻게 입는가에 따라 사람이 다르게 보인다는 의미이다. 〈같은 값이면 다홍치마〉라는 표현도 있다. 같은 값이면 더 좋아 보이는 것을 택한다는 의미의 표현이다. '다홍치마'는 '붉은 치마'로 여성들이 입고 싶어 하는 치마였다고 한다.

한복에는 반소매나 민소매가 없어 노출이 거의 없는 복장이라고도 할 수 있다. 이슬람 문화권 등에서 노출이 없는 한복이 한국 사극 유행의 한 원인이 되고 있다는 것은 흥미로운 이야기이다. 실제로 외출할 때 '장옷'을 입었던 한국 문화는 이슬람의 히잡 문화와도 통하는 점이 있다.

② 갓

19세기에 한국을 찾았던 외국인의 눈에 비친 한국 의복 문화의 특징으로는 '모자'가 있었다. 당시의 한국인은 대부분 모자를 쓰고 있었으며, 그 종류도 매우 다양하였다는 것이 외국인의 기록이었다. 최근에 대부분의 한국인이 모자를 쓰지 않는 것과 비교해 본다면 엄청난 의복 문화의 변화라고 할 수 있다.

〈갓〉은 전통의 상징이기도 하다. 북한 속담에는 '갓 쓰고 당나귀 타고 다니던 때'라는 말이 있는데 이는 '근대적 문명에서 뒤떨어진 조선 시대를 이르는 말'이다. '갓'은 전통의 상징이기 때문에 오랫동안 새로운 속담으로 변형이 되어 왔다. '갓 쓰고 구두 신기, 갓 쓰고 넥타이 매기, 갓 쓰고 자전거 타기'가 여기에 해당한다. 또한 '갓 쓰고 망신'이라는 속담도 있는데 이는 한껏 점잔을 빼고 있는데 뜻하지 않은 망신을 당하여 더 무참하게 되었음을 비유적으로 이르는 말이다. 갓을 쓴다는 것은 점잖은 지위를 나타내는 것이었다. 감투나 고깔도 모자 문화와 관련지어 볼 수 있다. 〈감투를 쓰다〉라는 말은 지위를 갖는다는 표현으로 쓰였으며, 종이로 고깔을 접는 특이한 모습도 나타났다.[53]

③ 오지랖, 버선

예전의 의복 문화는 속담이나 관용 표현에 여전히 남아 사용되고 있다. 사람의 성격이나 행동을 표현할 때도 의복을 활용한다. 〈오지랖이 넓다〉라는 표현이 있는데 이것은 다른 사람의 일에 쓸데없이 참견을 많이 한다는 의미이다. 여기에서 '오지랖'이 의복 문화에 해당한다. 오지랖은 웃옷이나 윗도리에 입는 겉옷의 앞자락을 이르는 말인데, 오지랖이 넓으면 이것저것을 건드리게 됨을 비유하여 하는 말이다. 사람을 반갑게 맞이한다는 의미로 〈버선발로 뛰어 나오다〉, 〈버선발로 맞이하다〉라는 표현을 쓰는데 여기에는 '버선'이라는 의복 문화가 고스란히 남아 있다.

---

53 현재도 야구장 등지에서 신문지 등으로 고깔을 접어서 쓰기도 한다.

④ 의복과 신분

의복은 지위, 신분, 처지 등을 나타내는 표현이 되기도 한다. 예를 들어 '핫바지'는 원래 '솜을 넣어 만든 바지'인데, 이는 시골 사람 또는 무식하고 어리석은 사람을 낮잡아 이르는 말로 사용된다. 〈핫바지로 알다〉라는 말은 그런 의미에서 나온 표현이다. '딸깍발이'는 일상적으로 신을 신이 없어 맑은 날에도 나막신을 신는다는 뜻으로, 가난한 선비를 낮잡아 이르는 말이다. 또한 〈짚신도 짝이 있다〉라는 말은 누구에게나 배필이 있음을 의미하는 속담으로 짚신은 귀하지 않음을 의미한다. 반면에 꽃신은 귀하다는 의미가 된다.

⑤ 치장

치장과 관련된 표현도 넓은 의미에서 의복 문화로 볼 수 있다. '댕기, 연지 곤지, 노리개' 등이 여기에 포함된다. 댕기는 길게 땋은 머리끝에 드리는 장식용 형겊이나 끈이다. 관련 표현으로는 '댕기머리'가 있다. 댕기머리는 처녀의 상징으로 여겨진다. '떠꺼머리'는 장가나 시집갈 나이가 된 총각이나 처녀가 땋아 늘인 머리 또는 그런 머리를 한 사람을 일컫는다. 머리와 관련된 표현으로는 '상투'도 있다. 상투를 틀었다는 말은 결혼을 했다는 의미가 된다.

연지와 곤지는 결혼하는 신부의 상징이다. 볼과 이마에 찍는 붉은 화장으로 볼에 찍는 것을 연지, 이마에 찍는 것을 곤지라고 한다.[54] 노리개는 여자들이 몸치장으로 한복 저고리의 고름이나 치마허리 따위에 다는 물건인데 장난삼아 데리고 노는 여자를 낮잡아 이르는 말로도 사용된다. 복주머니도 중요한 물건이다. 옷 안쪽에 차고 다니는 것으로 새해에 복주머니를 선물하기도 하였다. 옷에 주머니를 만드는 방식은 호주머니라고 하는데, 중국식이라는 의미이다. 호(胡)는 중국을 의미한다.[55]

⑥ 이불

의복 문화와 주거 문화의 중간쯤에 해당하는 것으로는 '이불'을 들 수 있다. 한국어에는 〈한 이불을 덮고 자는 사이〉라는 표현이 있다. 요즘은 많이 바뀌었지만 한국인의 경우는 친구와 한 이불을 덮고 자는 경우가 많았다. 친구가 집에 놀러오는 경우 한 이불을 덮고 자는 것이 친근함의 정도를 알 수 있는 기준이 되기도 하였다. 외국에서는 가족끼리도 서로 이부자리를 따로 펴고 자는 것이 일반적이다. 이럴 때 이불은 개인적인 공간이 되는 것이다. 한국어 표현에서 '한 이불을 덮고 잔다'고 하면 주로 부부를 의미한다. 비단 금침(衾枕)은 부유함의 상징이기도 했다.

이불과는 좀 다른 종류의 것이기는 하지만 '보자기' 문화도

---

54 몽골에도 연지가 나타난다.
55 호떡도 중국식 떡이라는 의미이다.

함께 생각해 볼 수 있다. 이불 문화는 온돌 문화와 연계하여 생각해 볼 수 있다. 자고 일어나면 이불을 개는 문화이기 때문에 이불이 있던 공간은 언제든지 다른 용도의 공간으로 변한다. 한국의 경우에는 침실이 거실이 되고. 식당이 될 수도 있다. 찻상을 내놓으면 거실이 되고, 밥상을 내놓으면 식당이 될 수도 있다. 서양에서는 보통 침실과 거실, 식당이 구별된다. 보자기도 가방과는 달리 내용물에 따라 형태를 달리하게 된다. 내용물의 모양이나 크기에 따라 보자기의 크기도 달라진다. 하지만 가방은 내용물의 크기에 따라 모양이 변하기 어렵다. 따라서 한국 문화를 '보자기 문화'라고 표현하는 경우도 있다.

깊이 더하여 생각하기

01. 각국의 음식 관련 금기에 대해서 찾아보고 그 이유를 설명해 보십시오.

02. 한국·중국·일본의 의복 문화를 비교해 보십시오.

4) 언어를 말하다

> 말과 침묵은 서로 상관관계를 이룬다. 뜻을 담은 말은 침묵을 배경으로 발음될 수 있고, 말끝에 오는 침묵은 새로운 뜻을 담은 말을 잉태한다.
>
> - 법정, 「말과 침묵」

(1) 말과 소리

한국어에서 소리를 어떻게 인식하는지는 어휘를 통해서 살펴볼 수 있다. 보통 〈소리〉라고 하면 귀에 들리는 모든 것을 의미할 수 있다. 그러나 '소리'라는 어휘가 사용되는 양상을 보면 소리의 다양한 측면도 알 수 있다. 특히 〈말〉과의 관계를 비교해 보면 소리와 말에 대한 인식의 차이를 발견할 수 있다.

일반적으로 소리는 '바람소리, 물소리, 웃음소리' 등과 같이 귀에 들리는 일반적인 소리를 의미한다. 하지만 소리는 의미가 없음을 표현하기도 한다. 예를 들어 이해할 수 없는 말을 하는 경우에는 '무슨 소리야?'라고 질문을 하는데, 이는 의미를 알 수 없다는 뜻이다. '별 소리를 다 한다'라는 표현도 상대방의 말에 의미가 없음을 나타낸다. '이상한 소리를 한다'라는 표현도 마찬가지이다. 의미가 있어야 말이 되는 것이다. '한 소리를 들었다'라고 하면 좋은 말을 들은 것이 아니다. 특히 '개소리'라고 하면 아주 나쁜 말이 된다. 한편 한국어에서 '소리'는 '노래'의 의미로도 사용되었다. '판소리'에서 소리는 노래라는 의미이다. 또한 '소리꾼'도 노래를 하는 사람이라는 뜻이다. '소리를 하다'라는 표현도 곧 노래를 한다는 의미가 된다.

　소리와 관련된 동사로는 대표적으로 〈울다〉가 있다. 한국어에서는 '울다'가 반드시 슬픔과 관련된 어휘는 아닌 것 같다. '새가 울다'에서 슬픔의 의미를 찾기는 어렵다. 이는 '소리를 내다'의 의미를 갖고 있고, 2차적으로는 '진동'의 의미를 갖고 있다고 할 수 있다. '종이 울다, 종이 울리다, 가야금의 울림' 등에서 의미를 추론해 볼 수 있다. 천둥의 순우리말인 '우레'도 '울+에'의 구조로 되어 있다.[56] 소리와 관련된 표현이라고 할 수 있다. 〈웃다〉도 '울다'와 어원적으로 같은 '소리를 내다'의 의미라고 할 수 있다.[57] '읊다(시를)'의 경우도 같은 어원을 통해 그 의미를 생각해 볼 수 있다.

　소리를 내는 것과 관련하여 'ㅈ' 어두음이 많은 것도 주목된다. '짖다(개가)', '지저귀다(새가)', '지껄이다(말)'의 예가 그것이다. 'ㅂ' 계통의 어휘도 다수 나타난다. '불다(사실을)', '부르다(노래를/사람을)'이 있고, '부르다'와 '짖다'가 합성된 '부르짖다'도 나타난다. '불다'는 '울고불고 하다(울다+불다)'와 같이 합성의 형태로도 나타난다. '울부짖다'는 '울다+불다+짖다'의 구조로 소리와 관련된

56　'번개'는 빛과 관련된다. '번/반'의 모음교체로, '번쩍, 반짝'이 있고, '반딧불이'의 '반'도 빛의 의미로 볼 수 있다. '디'는 벌레의 의미이다(진디 등).

57　인류학적으로도 웃음과 울음의 기원은 같다고 보는 경우가 있다. 예를 들어 아이의 웃음은 공포에서 나왔다는 입장이 그것이다. 아이를 무섭게 하면 오히려 웃는 경우가 있는데, 그러한 예로 볼 수 있다. 데즈먼드 모리스의 『털 없는 원숭이』 참조

세 가지 동사들이 다 포함된다는 점에서 흥미로운 구조라고 할 수 있다.

소리와 관련된 동사 중에서 '듣다'는 말이나 소리에 모두 해당될 수 있다. 단, '약이 듣다'와 같이 관용적인 상황에서 사용되는 것은 주목할 만하다.[58] 말과 관련하여 '소리'라는 어휘가 사용되는 경우에는 '의미'보다는 '음색'이나 '태도'에 초점이 맞춰져 있다. '목소리가 좋다'라는 표현은 '음색'에 관한 것이다. '잔소리, 군소리, 한소리, 큰소리, 헛소리, 흰소리' 등은 모두 말을 말로 받아들이지 않는 태도를 보여 준다. 모두 의사소통의 단절을 보여 주는 현상이라고 할 수 있다. 의사소통의 문제점을 잘 보여 주는 표현으로는 〈말 같은 소리를 해라〉, 〈말이 되는 소리를 해라〉 등이 있다. 말이 되지 않으면, 즉 의사소통이 제대로 되지 않으면 '소리'라고 본 것이다.

(2) 말이 필요 없다

한국인의 일반적인 언어관을 살펴보면 말의 중요성에 대한 인식과 말의 위험성에 대한 경계가 동시에 나타난다. 말의 위험성에 대한 경계는 극단적으로 말을 하지 않는 것이 오히려 낫다는 의미가 되기도 한다. 〈그걸 말로 해야지 알아!〉라는 말은 표현을 하지 않는 문화적 배경을 나타낸다. 〈말로 다 할 수 없다〉, 〈말이

---

58 일본어에서도 '약이 듣다'라는 표현을 쓰는데, 여기에서 한, 일 언어 간의 관련성을 생각해 볼 수 있다. 일본어에서는 '듣다'를 동음이의어로 처리하여 다른 한자를 사용한다.

안 나온다〉라는 표현도 말의 한계를 나타내고 있다. 가장 대표적인 표현은 〈말이 필요 없다〉이다.

한국인은 말을 많이 하는 것을 꺼렸다. '저 사람은 말이 많다'라는 말은 매우 부정적으로 쓰인다. 또한 '말 많은 회사'라고 하면 큰 문제가 있는 회사라는 뜻이 된다. 그래서 언어로 표현하는 것을 두려워하였던 것이다.

한국어 표현을 보면 말과 행동은 일치해야 하는 것으로 보았다는 것을 알 수 있다. '말만 번지르르하다'라든지 '빈 수레가 요란하다'와 같은 표현은 화려한 수사적 표현의 위험성이나 말이 많은 사람의 위험성을 지적한 것이다. 또한 말을 했으면 행동을 해야 한다는 점도 강조한 것으로 보인다.

한국인은 감정의 공유를 중요하게 생각하였다. 말은 감정 다음의 단계이다. 말로 하지 않는 의사소통이 가장 높은 차원이라고 할 수 있다. '말 안 해도 알겠다', '그걸 말로 해야 알아?', '그 사람은 말이 필요 없다'에서 알 수 있는 것은 감정의 공유이다.[59]

사람의 감정을 그대로 표현하는 것은 매우 어려운 일이다. 어떤 경우에는 말로 표현할 수 없다는 말로 자신의 감정을 나타내기도 하였다. '어떻게 말로 표현할 방법이 없다', '말도 못한다', '말이

59　영적인 의사소통의 차원에서도 접근이 가능하다. 아메리카 인디언의 연설에서 참고할 만한 내용이 있다. '우리 인디언들은 부족도 다르고 언어도 많이 다르다. 하지만 인디언들 사이에는 의사소통의 문제가 전혀 없다. (…) 영적 차원이 비슷한 수준에 이르면, 굳이 대화가 필요 없다.'(체로키 족의 구르는 천둥의 연설 중에서, 류시화, 『나는 왜 너가 아니고 나인가?』) 이는 이심전심을 의사소통에서 가르치고 배워야 할 이유를 알게 한다.

아니다', '말로는 다 할 수 없다', '말을 잇지 못하다', '말을 잃었다', '할 말이 없다'는 모두 감정을 전하기 어려운 상황을 보여 준다.

(3) 말의 중요성

한국인은 말보다는 감정에 의한 의사소통을 중요하게 생각하였다. 하지만 감정이 격해져 싸움에 이르게 되는 것은 더 안 좋은 의사소통이라고 보았다. 이 때 사용하는 표현으로 '말로 해라', '말로 하자', '말로 할 때' 등이 있다. 하지만 그래도 말은 필요한 것이고, 적절히 사용해야 하므로 〈고기는 씹어야 맛이고, 말은 해야 맛이다〉라는 속담이 나온 것이다. 이왕지사 해야 하는 말이라면 〈말 한 마디에 천 냥 빚을 갚는다〉는 생각으로 조심스레 해야 하는 것이며, 〈아 다르고 어 다르다〉는 말처럼 더 좋은 표현을 찾으려 노력해야 하는 것이다.

한편으로는 〈발 없는 말이 천 리 간다〉는 말이나 〈낮말은 새가 듣고 밤말은 쥐가 듣는다〉는 말처럼 헛된 말, 남들에게 기분 나쁜 말은 삼가야 할 것이다. 〈빈 수레가 요란하다〉라든지, 〈혀 아래 도끼 들었다〉는 속담은 모두 말의 가볍고, 끔찍한 힘을 경계하는 말일 것이다. 한국어에서 말에 대한 속담이나 표현을 살펴보고, 다른 언어에 나타난 언어 관련 속담을 살펴보면 흥미로울 것이다.

'말이면 다 말인 줄 아나?'라는 표현에서 말을 잘못했을 때 생기는 문제를 볼 수 있다. 말을 잘못하면 오히려 큰 싸움이 되고 의사소통이 단절된다. '말이 안 통하는 사람'이라는 표현도 그런 차원에서 나온 말이다. '그걸 말이라고 하나?', '말이 말 같아야지?'라는 표현도 잘못된 의사소통의 문제점을 보여 준다.

(4) 말의 힘

한국인은 말보다 감정의 소통을 중요하게 생각하였지만 말의 위력에 대해서도 인식을 하고 있었다. 말은 살아있는 것으로 주술적인 힘까지 발휘한다고 본다. 가장 대표적으로 〈말이 씨가 되다〉라는 표현이 있다. 말은 단순히 표현의 차원을 넘어서 결과를 만들어내는 힘이 있다고 본 것이다. 나쁜 결과에 해당하는 표현은 금기시하였다. 죽음이나 질병에 관한 일을 함부로 입 밖에 내는 것은 금기 사항이 된 것이다.

또한 〈입찬소리〉라고 하여 남에 대해서 함부로 이야기하는 것도 문제시되었다. 특히 남의 자식에 대해서 함부로 평가하면 자기 자식에게도 문제가 생기게 된다는 이야기가 있을 정도로 말의 위력에 대해서 조심하였다.

《삼국유사》의 수로부인 편을 보면 〈뭇사람의 입이 쇠를 녹인다〉는 이야기가 나온다. 예부터 한국의 조상들은 말의 위력을 알고 있었다. 수로부인 편에서는 함께 노래를 불러 수로부인을 구해 낸다.[60] 함께 노래를 부르는 것이 주술적인 행위이기도 하였다.

---

60 거북아, 거북아! 수로부인을 내 놓으라/남의 아내를 훔쳐간 그 죄 얼마나 크랴/내 만일 거역하고 내놓지 않는다면/그물로 너를 잡아 구워먹겠다. (리상호·강운구(1999: 162))

말의 힘은 금기와도 관련이 된다. 금기(Taboo)는 하지 말아야 하는 것이다. 여기에는 사회적인 금기가 있고, 개인적인 금기가 있다. 많은 종교에도 금기가 있다. 금기는 같은 종교를 믿는 사람을 묶어주는 역할을 하기도 하고, 다른 사람들과 구별해 주는 역할을 하기도 한다. 금기어는 말하면 안 되는 것을 의미한다. 금기 문화나 금기담과는 구별되는 용어라고 할 수 있다. 금기담은 하지 말아야 하는 것과 관련된 이야기를 담고 있는 것이다. 밤에 휘파람을 불지 마라, 다리를 떨지 마라, 문지방에 앉지 마라 등과 같은 이야기들은 금기담에 속한다. 이러한 금기담 역시 문화적인 배경을 살펴볼 수 있는 주제가 된다.

울만(Ullman)은 금기어를 의미론적인 면에서 세 가지 유형으로 분류한다. 1) 공포 또는 외경의 의미를 갖는 경우(악령, 죽은 이의 이름) 2) 직접 호칭하기를 꺼려 우아한 말로 표현하고자 하는 욕망에서 비롯된 금기어(질병, 무속 신, 죽음 등) 3) 예절 바르고 정중한 표현을 하기 위해 성기 따위의 신체 부위나 맹서의 말을 부드럽게 표현하는 것(직설적으로 말하지 않으려는 것)이 그것이다.[61] 언어적인 측면에서 보면 연상 작용에 의한 금기어도 있을 수 있다. 예를 들어 동음이의어 사용을 꺼려하는 경향이 있다. 죽을 사(死)와 넉 사(四)의 경우 발음이 같다는 이유로 좋아하지 않는다. 병원 등에서 아예 4층을 만들지 않는 경우도 있다.

허재영(2000)에서는 금기어를 문화적인 산물로 보고 있다. 특

---

61 허재영(2000:258)에서 재인용

히 사회 구성원의 사고방식이 금기어를 낳는 중요한 요인이 된다고 하면서, 이 점에서 금기어를 살피는 것은 당시 사회 구조나 사람들의 의식을 살피는 것과도 같은 의미를 지닌다고 하였다. 금기어가 문화언어학과 관계가 있음을 보여 주는 언급이라고 할 수 있다. 유대인들은 하나님의 이름을 직접 부르는 것조차 금기시하였다.[62] 신의 이름을 부르는 것은 금기가 되는데, 이러한 예로는 '신의 이름을 망령되이 일컫지 말라'라는 계명을 들 수 있다.[63]

한국어에서도 이름이 금기가 되기도 한다. 특히 연세가 많은 분들의 이름을 부르는 것은 금기이다. 부모님의 이름을 이야기할 때는 'O자 O자'라고 하여 이름을 연속해서 이야기하지 않음으로써 금기를 회피하기도 한다.[64] 스승의 이름을 부르지 않고, '호'를 부르는 것도 비슷한 이유가 된다. 우리나라 속담에 '호랑이는 죽어서 가죽을 남기고 사람은 죽어서 이름을 남긴다'라고 한 것이나 '내가 성

---

62 최창모(2003:29)에서는 '몇몇 경건한 유대인들은 하나님의 이름(야훼)을 직접 발음하는 것조차 금기시하여, 대신 '주'(아도나이)라 칭한다.'고 하여 이름에 대한 금기를 보여 주고 있다.

63 'Oh! My God!'이라는 감탄사는 신을 성소 밖에서 함부로 부른 것이 되어 문제가 된다. 이를 회피하기 위해서 'Oh! my gosh!', 'Oh! my goodness.'와 같이 표현하며, 최근에는 앞 글자를 따서 'OMG!'라고 표현하기도 한다. 'Jesus Christ!' 역시 교회 밖에서는 욕이 되는 표현이다. 이를 회피하기 위하여 'Oh! gee.'라고 표현하는데 이도 좋지 않은 표현이다.

64 동양권에서 일반적으로 부모님의 이름을 말하는 것은 좋지 않다. 하지만 같은 한자권이라도 다른 나라에서는 부모님의 이름에 '무슨 자, 무슨 자'라는 표현을 쓰지 않는다. 중국에서는 모르는 사람이나 윗사람에게 이름을 물어볼 때는 '您貴姓'하고 존칭어를 사용하여 성만 물어보는 경향이 있다. 이름을 이야기하지 않으려는 현상과 관련이 된다.

을 갈겠다'라고 하는 것도 이름의 중요성을 이야기하는 속담이라고 할 수 있다.[65] 따라서 이름을 바꾸거나 성을 바꾸는 것은 금기가 된다. 우리나라에서 여성들이 결혼 후에도 자신의 성을 유지하는 것은 여권이 높았기 때문이 아니라 성(姓)에 대한 금기가 강하였기 때문으로 보인다.[66] 이도 말의 힘과 관련된 문화라고 할 수 있다.

신체 부위나 화장실과 같이 꺼리는 장소나 부위 같은 것을 가리킬 때 직접적인 지칭을 피한다. 예를 들어 화장실의 경우는 '손 씻는 곳(중국, 일본, 영국 등), 위생간(중국), 작은 집(인도네시아)' 등과 같은 표현을 사용한다. 한국의 절에서 해우소(解愚所)라고 표현하는 것도 금기어를 완곡하게 표현하는 것이다. 신체 부위도 '거기, 거시기, 유방(가슴), 아래쪽' 등으로 부정확하게 표현하는 경향이 있다. 가장 표현하기를 꺼리는 어휘는 '죽다'일 것이다. 한국어에서도 '돌아가시다, 세상을 떠나다, 운명하다, 숨을 거두다, 숟가락을 놓다, 저 세상으로 가다, 눈을 감다' 등과 같이 다양한 표현을 활용하여 회피하고 있다.

아이에게는 '무겁다'(한국), '예쁘다'(베트남) 같은 표현을 하지 않으려는 경향이 있다. 무겁다고 하면 더 자라지 않을 것 같다는 의식이 있고, 예쁘다고 하면 귀신이 잡아간다고 하는 생각이 있

---

65 허재영(2000:237) 참조

66 영어에서 성을 'Last name' 또는 'Family name'이라고 하는데, 우리나라의 경우에 어머니의 성이 다르다는 점에서 'Family name'이라는 표현은 맞지 않는다고 할 수 있다.

다.[67] 옛날에 아이의 이름을 귀하지 않은 것으로 짓는 것도 그러한 이유에서였다. 그래서 아이의 이름을 '개똥이, 돼지, 강아지' 등으로 부르기도 하였다.[68]

이와 같이 한국어 표현과 관련된 다양한 금기 현상도 '말의 힘'을 중요하게 생각하는 태도와 관련이 있다.

---

67 베트남에서도 갓 낳은 아이를 칭찬하면 안 된다.
68 할머니가 아이들을 '내 강아지, 똥강아지'라고 부르는 것은 귀엽다는 의미와 함께, 아이를 귀신에게서 보호하려는 의미도 있었던 것으로 보인다.

깊이 더하여 생각하기

01. 각국의 말과 관련된 속담을 찾아보십시오.

02. 각 문화의 침묵의 의미에 대해서 조사해 보십시오.

03. 각국의 금기어를 찾아보십시오.

5) 문자를 말하다

> 이집트의 정의와 지혜의 신 토트가 타모스 왕에게 글 쓰는 기술을 알아냈다고 하자 왕은 "아이들과 젊은이들은 지금까지 가르쳐 주는 것은 억지로라도 모조리 부지런히 배우고 머리에 담아 두려 했습니다. 하지만 이제는 더 이상 열심히 공부하려고 하지 않을 것이고, 기억력 훈련도 게을리할 것입니다."라고 글을 깎아내렸다.
>
> - 윌 듀런트, 『문명이야기』

    한국어에서 문자에 해당하는 말은 '글'이다. 글과 연관되어 있는 단어들을 살펴보면 한국어에서 글이 어떻게 발달되어 왔는지 알 수 있다. 우선 글은 〈그리다〉와 관련이 있다. 그리는 것이 글이 되는 것이다. 즉, 그림과 글은 동일한 어원이 된다. '그리다'는 '생각하다'와 '그림을 그리다'의 의미를 갖고 있는데, 머릿속의 상상을 그림으로 펼쳐내기도 하고, 글로 쓰기도 한 것이다. 생각이 상형문자가 되고 표의문자, 표음문자로 바뀌게 된다. 한국어에서 글은 단순한 글이 아니다. '글을 읽었다는 사람', '글줄 꽤나 읽었다는 사람'은 지식인을 의미하게 된다. 글은 책이나 지식을 의미하기도 하는 것이다.

(1) 문자는 필요한가?

    문자에 대해서 이야기를 시작하기 전에 우선 문자는 필요한가에 관한 근원적인 질문부터 시작해 보고자 한다. 한국어 표현에

〈낫 놓고 기역자도 모른다〉는 말이 있는데 이 말은 문자를 모르면 무식하다는 말로 해석이 된다. 따라서 문자를 필요하다고 생각함을 보여 준다. 글을 모르는 사람을 〈까막눈〉이라고 표현하는 것도 마찬가지이다. 한자로도 '문맹(文盲)'이라고 한다.

문자의 필요성에 대해서 여러 논의가 있지만, 문자가 과연 필요한 것인가에 대해서는 별다른 논의가 없는 것 같다. 이집트의 문자에 관한 이야기도 시사점이 있다. 이집트에서는 글이 없을 때 글의 도움을 전혀 받을 수 없다 보니 기억력이 누구보다 뛰어났다. 지식과 기술을 익혀 간직하고 있다가 역사 기록이나 문화 전수에 필요하다고 생각되는 것들을 모조리 아이들에게 암송해 주었던 것이다. 그런데 이집트의 정의와 지혜의 신 토트가 타모스 왕에게 글 쓰는 기술을 알아냈다고 하자 왕은 "아이들과 젊은이들은 지금까지 가르쳐 주는 것은 억지로라도 모조리 부지런히 배우고 머리에 담아 두려 했습니다. 하지만 이제는 더 이상 열심히 공부하려고 하지 않을 것이고, 기억력 훈련도 게을리할 것입니다."라고 글을 깎아내렸다.[69]

한자의 기원에 관한 신화를 보면 창힐이라는 사람이 나온다. 그러나 창힐의 이야기 속에도 한자를 만들어서 생기는 폐해가 언급되어 있다.[70] 문자가 생기고 오히려 사람을 속이려는 현상이 늘

69　Will Durant(1935), *The story of Civilization*, 왕수민·한상석 역(2011:189), 『문명이야기』, 참조

70　武田雅哉(1994), 『蒼頡たちの宴』, 서은숙 옮김(2004), 『창힐의 향연』 참조

었다는 이야기이다. 문자를 통한 변조의 가능성을 언급한 것으로 보인다.[71] 문자의 발생은 계약과도 관련이 되는데, 이는 반대로 생각해 보면 불신의 소산이라고 볼 수도 있는 것이다. 그렇기 때문에 '사기'의 가능성이 언제든지 있었다고 할 수 있다. 최근에도 문서 위조 등의 사건이 다반사 아닌가? 아메리카 인디언들에게는 문자가 남아 있지 않은 경우가 많다. 현재에도 문자가 없는 언어가 많다. 문자가 없으면 미개한 것인가? 그들이 필요성을 느끼면서도 문자를 만들지 않았을까? 장수하는 마을을 조사해 보니 마을 사람들 대부분이 '문맹'이었다는 보고는 무엇을 시사하고 있는가?

역사를 기록하기 위해서 문자가 필요했을 것이라는 가정도 가능하다. 그러나 다시 근원적인 질문으로 들어가면, 역사는 왜 기록해야 하는가? 모든 이들이 역사를 알 필요가 있는가? 문자가 발달하지 않은 지역에서는 주로 샤먼들이 그 민족의 역사를 외우고 있다. 이를 '성주풀이'처럼 행하는 것이다. 실제로 일본의 '샤먼'은 모든 신화적인 내용을 암송하고 있었으며, 판소리에서도 춘향전 완창을 할 때면 그 양이 어마어마하다. 모든 것을 문자로 기록해야 하는가에 대해서는 섣불리 판단하기 어려운 점이 많다.

---

71 Hans Jürgen Heringer(2004), *Interkulturelle Kommunikation*, 최명원 역(2009), 『언어, 문화 그리고 커뮤니케이션』에서는 계약 체결 시 고맥락 문화는 '구두'가, 저맥락 문화는 '문자'가 주로 이루어진다고 하고 있다. 사회가 일반적으로 고맥락 사회에서 저맥락 사회로 변화한다고 할 때, 문자의 발달에 대해 암시하는 바가 있다.

(2) 어떤 문자가 좋은 문자인가?

한국인들은 '한글'을 세상에서 가장 위대하고 과학적인 문자라고 말한다. 이 말은 사실인가? 사실이라면 어떤 점에서 그러한가? 우선 문자란 무엇인가에 대해서 생각해 보자. 문자의 조건을 보면, 눈으로 보이는 것, 그 중에서도 지속 가능한 것, 음성언어와 관련[72]이 되는 것을 생각해 볼 수 있다.[73] 그렇다면 문자 중에는 좋은 문자라는 것이 있는가? 하는 문제를 생각해 볼 수 있다. 만약에 있다면 어떤 문자가 좋은 문자인가? 문자의 장단점을 살펴보기 위해서는 복잡함과 간단함의 경계, 해독의 측면과 학습의 측면을 고려해 보아야 한다. 한글이 가장 쉬운 글자라고 이야기하는 경향이 있지만 그것에 관해서는 생각해야 할 점이 있다. 한국어를 배우는 외국인들은 한글을 쉬운 글자라고 생각하는가?

우리는 쉽게 자신의 글에 익숙한 채로 판단을 시작한다. 몇 가지 생각을 더 해 보자. 띄어쓰기는 있는 것이 좋은가? 일본어와 중국어에는 띄어쓰기가 없는데, 만약 띄어쓰기가 없어서 불편하다면 띄어쓰기 법칙을 개발하지 않았을까 하는 의구심이 생긴다. 다음으로 쓰는 방향은 어느 쪽으로가 좋은가? 한글은 위에서 아래 방향으로 쓰는 방식을 오랫동안 지속해 왔다. 이는 물론 한자의

---

72 에드워드 홀은 『문화를 넘어서』(p. 55)에서 구어는 일어날 수 있는 일, 일어나고 있는 일을 상징화한 것인 반면 문어는 구어를 상징화한 것이라고 하고 있다.

73 Geoffrey Sampson(1985), *Writing Systems*, 신상순 역(2000:33), 『세계의 문자 체계』 참조

영향을 받은 것이다. 위에서 아래로 쓰는 방향은 같더라도, 몽골이나 만주의 문자는 왼쪽에서 오른쪽으로 진행 방향이 다르다. 가로로 쓰는 것은 같지만 왼쪽에서 오른쪽으로 쓰는 알파벳과 오른쪽에서 왼쪽으로 쓰는 아랍문자는 진행 방향이 반대이다. 어떤 방향으로 쓰는 것이 좋은가? 쉽게 판단하기 어려운 문제이다. 문자의 선호에는 선입관이나 편견이 있을 수도 있다. 한국어 학습자 중에서 한글을 쓰는 것이 매우 어색해 보이는 사람들이 있다. 한자권에서 온 학습자들은 한글의 모아쓰기 방식에 큰 어려움을 느끼지 않지만, 알파벳을 사용하는 지역 등에서 온 경우에는 받침 쓰기에 매우 어색함을 느낀다. 따라서 한때 한국의 학자들도 풀어쓰기를 주장한 경우도 있었다. 어떤 문자가 좋은 문자라고 할 수 있는지에 대해서 조금 더 자세하게 살펴보도록 하자.

① 해독에 변별성이 있는가?

영어 알파벳의 경우 소문자와 대문자의 구별이 있어서 변별성에 도움이 된다. 특히 소문자의 경우 위 아래로 올려 쓰기와 내려쓰기가 있어서 변별에 유리하다고 할 수 있을 것이다. 대문자의 경우는 올려 쓰고 내려쓰는 글자가 없기 때문에 변별에 어려운 점이 있다. 이러한 이유로 1960년대 이후 영국의 도로 표지판에서 대문자가 사라지게 되었다고 한다.[74]

---

74 Geoffrey Sampson(1985), *Writing Systems*, 신상순 역(2000:33), 『세계의 문자 체계』 참조

따라서 글자 모양 간의 변별성이라는 문제와 글자 체계 속의 변별성이라는 측면을 살펴볼 필요가 있다. 예를 들어 한글은 글자 모양 간의 변별성이 적은 문자라 할 수 있다. 이는 한글이 유사한 글자의 모양은 유사한 발음을 나타낸다는 원리로 만들어진 글자이기 때문이다. 또한 글자 체계상의 변별성도 적다고 할 수 있다. 한글은 대문자, 소문자 또는 인쇄체, 필기체 간의 구별이 없다.

영어의 대문자는 '문장의 처음, 고유명사, 어휘(나[I], 신[God]), 두문자'[75] 등에 쓰여서 해독력을 높여주고 있다. 일본어의 가타가나는 '외래어, 의성 의태어' 등에 쓰여서 해독력을 높여 주고 있다. 한글의 경우에는 조사나 어미의 크기를 작게 쓰는 사람들을 보게 되는데, 이는 무의식적으로 실질 형태소와 형식 형태소를 구별하는 태도를 보이는 것이다. 따라서 글자를 모아 쓸 때 조사나 어미는 크기 차이를 둘 수도 있을 것이다.

② 글자를 쓰는 속도가 빠른가?

아랍 글자는 초서체여서 쓰는 속도가 빠르다고 한다. 인쇄체와 필기체를 구별하여 쓰는 문자는 대부분 쓰는 속도에 대한 고려가 있는 것으로 보인다. 인쇄체의 경우는 구별되어 쓰이기 때문에 인쇄에는 적당하나, 필기의 속도에는 영향을 줄 수밖에 없다. 필기체는 이어 쓰게 되어 막힘이 적다. 한글의 경우도 이러한 문제의식

---

75 'UN, NASA' 등의 예를 들 수 있다.

으로 필기체 개발에 대한 시도가 있었다. 필기체 개발은 풀어쓰기에 대한 논의와 연계되어 진행되었다.

③ 한 글자의 획수가 적은 것이 좋은가?

글자의 모양은 단순한 것이 좋은 것인가에 관한 질문과 연관되는 주제이다. 같은 발음에 대한 표기를 문자끼리 비교해 보면 획수의 차이가 나타나게 된다. 일반적으로 복잡한 글자의 체계보다는 단순 명확한 것이 좋다고 할 수 있을 것이다. 획수가 복잡하면 쓰는 속도에도 영향을 미칠 수 있다. 물론 읽기에는 도움이 될 수도 있다. 변별이 명확할 수 있기 때문이다.

④ 글자의 체계가 단순한 것이 좋은가?

한글은 매우 과학적이고, 단순한 체계로 이루어진 것으로 보인다. 특히 가획의 원리나 병서의 원리 등은 체계성을 보여 준다. 그러나 일본 가나도 'は/ば/ぱ(하바빠)'로 점찍는 것에 따라 상관쌍을 표시하는 체계성을 보여 준다. 어찌 보면 한글보다 더 간편한 체계라고 할 수도 있을 것이다. 아랍문자의 경우도 점을 위, 아래에 찍음으로서 비슷한 음을 구별하고 있다. 한글에 적용한다면 'ㄱ'에 〈˘〉이나 〈˝〉을 찍어서 구분하는 방법도 생각해 볼 수 있다. 즉, ㅋ은 〈ㄱ˘〉으로 ㄲ은 〈ㄱ˝〉으로 표기하는 것이 더 단순할 수도 있는 것이다.

(3) 문자의 발달

문자의 발달은 음성언어의 역사에 비해 매우 최근의 일이다. 인간이 기록의 필요성을 느끼고, 기록을 시작한 것은 메소포타미아 문명에서 비롯되었다고 알려지고 있다. 문자는 음성에 비해 몇 가지 장점을 가지고 있다.

첫째, 지속성을 들 수 있다. 음성언어가 순간적이어서 계속적으로 보관될 수 없는 반면, 문자는 후대의 사람들이나 다른 곳에 있는 사람들에게도 전달이 가능하다. 바로 이러한 문자의 지속성 때문에 문자의 필요성이 제기된 것이다. 물론 현대에 와서는 문자의 이러한 장점이 음성언어에서 보완되었다. 이는 녹음 기술이 발달함으로써 음성언어가 더 이상 시간과 공간의 한계에 얽매이지 않게 된 것이다.

둘째, 수정 가능성이다. 음성언어도 수정이 아주 불가능한 것은 아니나, 문자언어에 비해 그 영역은 매우 좁다. 문자로 작성된 내용은 여러 차례의 수정이 가능하고, 마음에 들지 않으면 폐기할 수도 있다. 따라서 음성언어에 비해 문자는 실수를 줄일 수 있다. 반면에 음성언어는 증거 자료가 불명확하여, 당시에 있었던 사람들의 증언에 의존하게 되는 경우가 많으나, 문자언어는 분명하게 자료가 남아 실수를 돌이키기 어려운 상황이 될 수 있다. 따라서 문자로 글을 작성할 때는 훨씬 더 주의가 필요하다.

문자는 크게 표의문자와 표음문자로 나누어진다. 표음문자[76]는 다시 음절문자와 음소문자로 나누어질 수 있다. 현재 사용되는 대부분의 문자는 이러한 세 가지 종류 중 하나에 해당한다.

① 표의문자

표의문자 중 대표적인 것은 한자이다. 글자 하나하나가 의미를 가지고 있다는 점에서 표의문자의 전형이라고 할 수 있다. 표의문자는 동일한 발음의 어휘라고 하더라도 의미가 다르면 다른 문자를 사용하게 된다. 즉 의미에 따라 표기가 달라지는 것이다. 엄밀한 의미의 표의문자라고 하면 각각의 의미마다 각각의 문자가 있어야 한다.

하지만 그러할 경우 문자의 수가 너무 많아져서 기억의 한계 및 교육의 어려움 등이 발생한다. 이러한 문제를 해결하기 위해서 두 개의 문자가 모여 새로운 단어를 만들기도 하고, 하나의 문자가 여러 의미를 갖기도 한다. 또한 신조어나 외래어의 경우에는 음만을 빌려와서 사용하기도 한다. 따라서 의미만큼 문자가 사용되는 것은 아니다. 음소문자의 경우에도 이철자 동음이의어는 표의성이 있다고 할 수 있다(예: knight / night, 반듯이 / 반드시 등).

---

76 셈어 문자에서는 자음만을 표기하는 자음문자가 발달하였다. 그 이유로는 문자의 저장에 필요한 공간이 적다는 장점을 생각해 볼 수 있다. 예전에 돌이나 점토판에 글씨를 새길 때는 당연히 문자의 수를 적게 하는 것이 좋았을 것이다. NASA와 같이 두문자로 표현하는 이유도 공간 절약에 있을 수 있다.

② 음절문자

음절문자의 대표적인 것으로 일본의 가나문자를 들 수 있다. 일본어는 개음절어이기 때문에 음절의 수가 매우 제한적이다. 일본어가 음소문자로 발전하지 않고, 음절문자 단계에서 발전하게 된 것은 바로 이러한 언어의 특수성에 기인한다. 일본어의 음절은 50개 정도로 이루어져 있는데, 50개를 각각의 음소의 조합으로 구성하는 것보다는 50개의 음절에 해당하는 문자를 만드는 것이 훨씬 경제적이라고 할 수 있다.

반면에 한국어는 폐음절어이기 때문에 음절의 수가 일본어에 비해서 훨씬 많다(약 3600개). 따라서 각각의 음절로 문자를 만든다는 것은 표의문자를 음절문자로 바꿀 때 얻을 수 있는 경제성이라는 장점이 사라지는 결과를 낳는다. 향찰이나 이두의 사용이 한국어에서는 맞지 않게 되었고, 음절문자로의 발전은 포기하게 된 것이다.

가나는 한국의 향찰이나 이두 단계를 발전시킨 산물이다. 따라서 글자의 모양도 한자에서 기원하고 있으며, 이를 단순화한 것이 현재의 가나 형태가 된 것이다. 현재 일본의 문자 생활은 음절문자와 표의문자를 조화시키는 방식으로 이루어지고 있다. 즉, 가나와 한자를 혼용하여 사용하고 있다. 일본의 문자 체계는 조금 더 복잡한 양상을 띠는데, 그 이유는 한자의 독음이 음독과 훈독으로 이루어져 일본어 어휘를 각각의 한자에 따라 기억해야 하기 때문이다. 예를 들어 가운데 중(中)의 경우 naka(훈독), juu, tsu(음독) 등으로 발음된다.

③ 음소문자

음소문자의 대표적인 것으로는 알파벳과 한글을 들 수 있다. 알파벳의 경우는 가장 오래된 음소문자의 하나로 현재 영어, 프랑스어, 독일어, 러시아어 등 대부분의 유럽어를 비롯하여 많은 언어에서 사용되고 있다. 러시아의 끼릴 문자는 우즈벡어, 몽골어, 카자흐어 등에도 폭넓게 사용되므로 알파벳의 사용 범위는 매우 넓다고 할 수 있다. 단, 언어에 따라 문자의 발음이 일정한 것이 아니어서 다른 언어를 배울 때 문자의 모양을 배울 필요성은 줄어드나 발음은 다시 배워야 한다. 예를 들어, 영어 화자가 러시아어를 읽게 되면 전혀 엉뚱하게 읽게 된다. 최근에 구소련 지역에 끼릴 문자 간판과 영어 간판이 여기저기에 걸리게 되면서 발음에 대한 혼동이 일어나고 있다고 한다.

알파벳은 하나의 문자가 하나의 음소를 나타낸다는 점에서는 음소문자라고 할 수 있으나, 하나의 문자가 여러 발음으로 나타나는 경우가 있어서 엄밀한 의미에서는 음소문자라고 보기 어려운 경우도 있다. 예를 들어 영어의 'a'를 어떻게 발음해야 하는지에 관해서 단순하게 '아'로 발음하라고만 가르칠 수는 없을 것이다. 예를 들어 cat, walk, cake, mall 등의 발음을 생각해 보면 금방 이해가 될 것이다. 또한 여러 문자가 동일한 음소를 나타내는 경우도 나타나는데, 이러한 점도 엄밀한 의미의 음소문자 정의에는 어긋나는 것이다. 영어의 문자 체계에는 역사성이 반영된 예들도 있다. 'ph, psy, kn' 등은 현재 발음되는 문자는 아니지만 역사성을 반영하고 있다.

한글을 자질문자로 보기도 한다. 한글 자음의 ㄱ/ㅋ/ㄲ, ㄷ/ㅌ/ㄸ, ㅂ/ㅍ/ㅃ, ㅅ/ㅆ, ㅈ/ㅊ/ㅉ을 통해 글자 창제의 방법이 자질에 따른 것임을 알 수 있다. 또한 한글에는 대문자, 소문자의 구별이 없는데, 조사의 경우 작게 소문자처럼 쓰는 방법을 연구해 볼 수 있다.

(4) 문자의 사용

문자의 획순이나 쓰는 방법은 문자마다 차이가 있을 수 있다. 모든 문자가 알파벳이나 한글, 가나처럼 왼쪽에서 오른쪽으로 쓰는 것은 아니며, 아랍문자나 옛날 한자처럼 오른쪽에서 왼쪽으로 쓰는 경우도 있다. 위에서 아래로 쓰는 경우도 한자처럼 오른쪽 상단에서 시작하여 왼쪽으로 쓰는 경우가 있고, 몽골문자나 만주문자처럼 왼쪽 상단에서 오른쪽으로 쓰는 경우도 있다. 아랍문자와 몽골문자는 글자의 모양이나 운용 방식이 비슷하다. 아랍문자를 세워서 보면 몽골문자와 매우 유사함을 발견할 수 있을 것이다. 따라서 몽골문자를 쓰는 순서나 아랍문자를 쓰는 순서는 세로인가 가로인가만 다를 뿐 똑같다고 할 수 있다.

쓰는 방식의 차이는 다른 문자를 배울 때 어려움으로 작용하기도 하며, 대역 작업을 한다든지 할 때 상당한 곤란을 겪게 하는 요인이 된다. 예를 들어 영어를 한국어로 번역할 때는 아랫줄에 바로 쓰면 되지만 세로로 쓰는 문자나 오른쪽부터 시작하는 문자는 어디에 써야 할지 어려움을 겪을 수밖에 없다. 한국어는 세로쓰기 방식에서 가로쓰기 방식으로 대부분 바뀌었다. 한글세대라고 이야기하는 신세대들이 세로쓰기로 된 책이나 신문을 회피하는 경향이 두드러져서 상업성을 띤 매체로서는 변화가 불가피하게 된 것이다. 한국의 종합일간지로는 한겨레신문이 1988년 창간과 함께 가로쓰기를 전면적으로 실시하였고, 이후 스포츠신문을 중심으로 가로쓰기가 확대되었으며, 지금은 거의 대부분이 가로쓰기를 하고 있다.

여러 문자를 혼용하여 사용하는 경우도 있는데, 전혀 다른 문자를 함께 쓰는 언어로는 일본어와 한국어가 대표적이라고 할 수 있다. 일본어가 한국어에 비해서 한자의 사용 비율이 훨씬 높게 나타난다. 한국어에서는 한자의 사용이 점점 줄어드는 편이다. 이는 일본에서도 마찬가지인데, 특히 한자를 읽을 수는 있지만 쓰지는 못하는 사람들이 점점 증가하고 있다. 이는 컴퓨터의 발달로 쓰기 연습이 그다지 필요하지 않은 점도 원인이 된다. 한국에서는 한글 전용이냐 국한문 혼용이냐의 문제를 두고 여전히 첨예하게 입장이 나뉘고 있다. 싱가포르에서는 한자어를 사용하지만 한자를 사용하지는 않는다. 알파벳으로 한자음을 표기하는 방법을 사용하고 있다.

(5) 한글에 대하여

한글의 창제에 대해 알아보기 위해서는 전체 문자 발달의 과정에 대해서 살펴볼 필요가 있다. 미국의 작가 펄 벅(Pearl Buck)은 『살아있는 갈대(The Living Reed)』라는 책을 통해서 한글을 음성학의 기본 원리를 연구하여 창제한 세계에서 가장 뛰어나고 간단한 글자라고 말하고 있다. 또한 많은 언어학자들이 한글 창제에 대해서 놀라움을 금치 못하고 있다. 이는 한글이 문자의 역사에서 기존 문자들이 갖지 못한 여러 가지 장점을 가지고 있기 때문이다. 유네스코에서 문맹을 없애는 데 공헌한 개인이나 단체에게 상을 수여하고 있는데 그 상의 이름이 '세종대왕상'[77]이라는 것은 한글의 우수성을 보여 주는 예라고 할 것이다.

한글의 창제에 관하여 이야기할 때 논쟁이 되는 몇 가지가 있다. 그 중 하나는 과연 세종대왕께서 직접 훈민정음을 창제하셨을까 하는 의문이다. 분명히 어제(御製)라고 되어 있지만 진짜 세종대왕께서 참여하여 만들었을지 의심을 갖는 경우가 많다. 많은 일반인들의 생각에는 집현전 학자들이 주로 하고 세종대왕은 감

---

[77] '세종대왕상'은 1989년 6월 한국정부의 제의에 따라 국제연합교육과학문화기구(유네스코) 집행위원회에서 제정, 1990년부터 대상자를 뽑아 문맹퇴치의 날인 매년 9월 8일에 수상한다. 상은 본상과 장려상의 2부문으로 수여되며, 상금 3만 달러는 한국정부가 출연한다. 수상대상은 ① 문맹퇴치사업에 직접 종사한 경우, ② 국가 또는 지역 단위의 문맹퇴치사업 종사, ③ 문맹퇴치를 위한 언론캠페인 종사, ④ 문맹퇴치를 위한 교육자재개발 생산, ⑤ 문맹퇴치관련 학술연구, ⑥ 문맹퇴치사업계획 수립 및 이를 위한 조사업무, ⑦ 청소년의 문맹퇴치사업 참여유도, ⑧ 문맹퇴치에 공이 있는 언론 등이다(네이버 백과사전 참조).

수 정도 한 것으로 생각하는 것 같다.

    그러나 국어학자들은 대부분 세종대왕께서 혼자 창제하시고 집현전 학자들이 자료를 수집하고 정리해 주는 역할을 했을 것으로 생각한다. 그 이유로 첫째, 훈민정음 창제에 대한 반대가 창제 전에나 과정 중에는 없었다는 점을 든다. 만약 학자들 사이에서 어느 정도 공론화되어 있었다면 반대 상소에 시달릴 수밖에 없었을 것이라는 입장이다. 둘째, 당시 왕의 대화를 기록하였던 세종대왕실록에 창제 과정과 관련된 내용이 없다는 것이다. 그것은 세종께서 주도적으로 진행하지 않았다면 내용이 기록되지 않기는 어려웠을 것이라는 추측이 가능하다. 셋째, 세종께서는 음운학에 조예가 매우 깊은 학자이셨다는 점이다. 음운학에 대한 깊은 관심과 이해로 미루어볼 때, 혼자서 창제하시는 일도 얼마든지 가능하다는 것이다. 이상의 논의를 살펴보면, 훈민정음의 창제에는 최소한 세종께서 주도적인 역할을 하였음은 분명한 듯하다.[78]

    훈민정음에 대한 오랜 논쟁 중의 하나는 독창성과 관련되어 있다.[79] 훈민정음이 독창적인가에 대한 긴 논쟁은 '정인지 서'에서

---

78 한국의 스승의 날인 5월 15일이 세종 탄신일과 같은 날이라는 점은 우리 민족이 세종을 큰 스승으로 모시고 있음을 보여 주는 예라고 할 수 있다.

79 Albertine Gaur(1984:84), *A HISTORY OF WRITING*에서는 한글의 창조에는 중국의 필서 모델, 불교나 중국어를 매개로 전달된 인도식 문자 순서와 용법에 대한 지식, 마지막으로 기호의 형태가 영향을 미쳤다고 보고 있다. 모양이 간결하고 정연한 이들 문자기호는 음성학적 원리에 기초해서 도안되었다고 하면서 개개의 자음기호는 그것을 발음할 때 발음기관들이 사용되는 방식을 도형적으로 나타낸 것이라고 하였다. 한편 모음기호는 이와는 다른 방식으로 가로 혹은 세로

옛글자를 모방하였다는 말과 관련을 맺고 있다. 옛글자를 모방하였는데 어찌 독창적이냐는 입장과 반대 상소를 막기 위해서 그렇게 표현하였을 것이라는 입장이 엇갈리고 있는 것이다. 그러나 훈민정음 창제의 원리를 설명한 해례를 보면 독창적인 방법으로 글자를 만든 것은 틀림없는 사실이라는 것을 알 수 있다. 그럼에도 이러한 문제가 등장하는 것은 제자 원리의 독창성과 글자 형태의 독창성을 혼동한 결과라고 할 수 있다. 즉, 제자 원리는 독창적이지만, 글자 형태는 다른 여러 문자를 참조하였던 것으로 보인다.

① 한글의 창제 원리

가. 자음

한글의 자음은 사람의 입 모양을 보고 만들었다고 한다. 아설순치후(牙舌脣齒喉)를 기본 자리로 하여 음성학적 특징에 따라 획을 더하는 방식으로 글자를 만든 것이다. 따라서 기역은 혀뿌리가 입천장에 닿아 있는 모습을, 니은은 혀끝이 잇몸에 닿아 있는 모습을, 미음은 입술의 모습을, 시옷은 이의 모습을, 히읗은 목구멍의 모습을 각각 상형한 것이다. 'ㄱ/ㅋ/ㄲ'과 같이 비슷한 자질의 발음들은 비슷한 모양으로 만들어져 음운적 유사성을 나타내고 있는데, 이러한 점 때문에 한글을 자질문자라고 부르기도 한다.

의 긴 선의 중앙 부분에 직각으로 하나 혹은 두 개의 짧은 선이 첨가되어 구성된다고 하였다.

종성은 초성과 같으므로 초성을 다시 쓴다는 '종성부용초성(終聲復用初聲)'은 상보적 분포를 이해한 것이라고 할 수 있다. 조음위치나 조음방법에 따라 글자의 모양을 만든 것은 문자의 역사에서 찾아볼 수 없는 획기적인 방법이라고 할 수 있을 것이다. 외국인에게 자음을 가르칠 때, 사전 찾기 순서(가나다 순)로 가르치게 되는데, 이는 자음의 창제 원리를 반영하지 않은 것이 된다. 따라서 글자에 대한 학습자의 혼동을 줄이기 위해서는 상관쌍(ㄱ/ㅋ/ㄲ) 별로 가르치는 것이 필요하다.

나. 모음

자음이 모든 언어에 적용될 수 있는 음성학적 원리에 바탕을 둔 것이라면, 모음은 우리말의 특성에 맞게 만들어진 문자라고 할 수 있다. 하지만 모음의 창제 원리에 대해서는 깊게 언급하지 않아서 잘 모르는 경우가 많다.

한글의 모음은 어떻게 만들어졌을까? 한글 모음의 기본자는 '하늘(天), 땅(地), 사람(人)'을 상징하는 〈·, ㅡ, ㅣ〉이다. 이 세 글자를 조합하여 글자를 만들었는데, 놀라운 것은 우리말의 주요한 특징인 모음조화를 글자의 모습에 반영하였다는 것이다. 우리말에는 밝고 가벼운 느낌을 주는 모음(양성모음)과 어둡고 무거운 느낌을 주는 모음(음성모음)이 있는데, 세종대왕은 이러한 느낌을 글자에 담은 것이다. 참으로 우리말의 특성에 맞는 모음 글자 체계라고 할 수 있을 것이다. 자음의 경우는 어느 언어의 음에도 응용이 가능하지만, 모음은 한국어의 특성에만 맞는다고 할 수 있다.

하늘은 태양이 있는 곳을 의미한다. 따라서 하늘이 동쪽에 있다는 것은 태양이 동쪽에 있음을 의미하는 것이다. 하늘이 땅 아래 있는 형상도 실은 태양이 진 것이라 볼 수 있다. 따라서 태양이 동쪽에서 떠오르는 모습인 'ㅏ'는 밝은 모음, 태양이 서쪽으로 지는 모습인 'ㅓ'는 어두운 모음이다. 또한 태양이 땅에서 떠오르는 모습인 'ㅗ'는 밝은 모음, 태양이 땅 아래로 지는 모습인 'ㅜ'는 어두운 모음이다. 여기에 /y/의 음이 더해지는 것은 'ㅑ, ㅕ, ㅛ, ㅠ'로 나타내었다. 'ㅗ'와 'ㅜ'의 경우는 태양을 가운데 두었는데 이는 입과 혀가 모아지는 것을 염두에 둔 것이라 할 수 있다. 모음의 글자를 가르칠 때 이러한 창제 원리를 바탕에 두고 설명한다면 한글의 형태적 유사함이 단점이 아니라 장점으로 작용할 수도 있다.

② 한글의 매력

한글은 비슷한 글자가 비슷한 발음을 나타낸다는 매력이 있는 글자다. 자음의 경우에 글자의 모양을 보고서 어떤 식으로 발음이 나는지 조음위치를 파악할 수 있으며, 그 강도는 가획의 여부로 파악할 수 있다. 겹자음도 두 개가 겹쳐서 소리 나는 모양을 형상화하여, 소리의 성격을 쉽게 이해할 수 있게 만들어져 있다.

모음은 아주 기본적인 점과 선으로 이루어져 있어서 글자 모양이나 이용이 매우 간단하다. 처음에 원리를 배우지 않은 상태에서 한글 모음의 글자를 보면 암호나 기호처럼 보일 수 있으나 역으로 생각하면 그만큼 기호가 단순하게 만들어져 있음을 나타내는 것이기도 하다.

정보화 시대가 되면서 한글의 위력은 더욱 커지고 있다. 휴대전화로 문자를 보내는 것을 보면 한글이 얼마나 뛰어난 문자인가를 알 수 있다. 점과 선으로 이루어진 모음의 모양이 한글의 문자를 조합하는 데 무척 편리한 문자임을 알 수 있게 해준다.

문자가 없는 언어에서 한글을 공식적인 문자로 삼고 싶다는 기사가 자주 등장하는 것도 한글이 음성학적 바탕 위에 이루어져 있어서 어떤 언어에도 잘 맞을 수 있기 때문이다. 한글의 매력은 언어학자들이 먼저 발견하고 있는 사항이며, 문자가 없는 언어에서 호기심으로 나타난다.[80] 한글의 매력을 발견해 보고자 노력한다면 숨은 비밀이 더 많이 드러나게 될 것이다.[81]

---

80 문자가 없는 언어에 한글을 보급하는 문제는 신중할 필요가 있다. 인도네시아 찌아찌아족에 한글을 보급했는데 여러 가지 측면에서 복잡한 양상이 나타났다. 인도네시아의 공식 문자는 알파벳이어서 찌아찌아어를 표기하는 데 큰 불편함이 없다. 반면에 한글을 사용하면 컴퓨터 자판 등에서 불편함이 나타난다.

81 이와 관련하여 최현배(1961:65)에서는 다음과 같이 언급하고 있다. "세종대왕은 경제 방면에도 한글을 사용하였으니, 이는 곧 세종조의 별전(別錢) '효뎨례의' 돈의 주조이다. '고전대감(古錢大鑑)'에서는 이 한글 별돈을 세종 조 경하전(慶賀錢)으로 다루었다. 그러나 그것으로는 도저히 이 돈을 지어 내신 세종의 참뜻을 반도 찾은 것이 못 된다. 이제, 나로서 이를 해석하건대, (1) 돈은 뭇사람이 생명같이 소중히 여기는 것이다. 돈과 병행하는 한글을 돈처럼 소중히 여기라 함이요, (2) 돈은 상하 귀천(上下貴賤)을 막론하고 각층 사회로 쉬지 않고 돌아다닌다. 돈처럼 한글도 널리 돌아 널리 퍼지라 함이요, (3) 이 돈으로, 이 한글로, '효뎨례의'를 백성에게 가르치고자 함이니, 어찌 그 얼(정신)이 높지 아니하며 그 뜻이 깊지 아니한가. 하고많은 조선의 별돈 중에서 가장 귀중한 것이다."

(6) 문자와 활자

문자가 힘을 발휘할 수 있는 것은 대량생산과 전파력에 있다. 음성언어는 시공간의 한계가 있는 반면에 문자언어는 시공간의 한계를 극복한다. 그런데 이러한 한계를 획기적으로 넘어설 수 있게 하는 것이 바로 인쇄술이다. 인쇄술 이전에는 필사의 방법밖에 없었다. 따라서 대량생산이 어려웠고 필사에서 오는 정확성의 한계도 있었다.

모든 문서가 대량생산이 필요한 것은 아니다. 글을 널리 알릴 필요가 있을 때만 대량으로 찍어낼 필요가 생긴다. 많은 이에게 읽게 하고 싶은 문서나 책이 있는 경우에 인쇄술이 발달하게 되는 것이다. 대표적인 예가 종교다. 많은 목판과 금속활자가 종교의 경전을 널리 알리기 위해 만들어졌다. 더 많은 사람들에게 종교적 메시지를 전달할 필요성이 있었던 것이다.

현존하는 세계 최초의 목판 인쇄물로 알려진 무주정광대다라니경이나 팔만대장경, 금속활자로 인쇄된 직지심체요절은 모두 불경이다. 서양에서도 구텐베르크의 금속활자는 성경을 인쇄하는 데 사용되었다.

한국의 인쇄술은 목판이나 금속활자의 경우에서 볼 수 있듯이 매우 이른 시기에 발달하였으나, 인쇄 문화는 서양에 비해 상대적으로 뒤처졌다. 그 이유는 무엇일까?

한자와 알파벳은 활자 제작의 효율성에 있어 큰 차이가 있을 수밖에 없다. 표의문자가 인쇄에서 약점을 보이는 이유이다. 한글은 음소문자이기는 하지만 음절단위로 모아쓴다는 점이 인쇄에 어려움을 가져다 준 것으로 추론된다. 이는 후에 개인용 인쇄 매체라고 할 수 있는 타자기의 개발에 있어서도 마찬가지 문제를 가져온다. 한자나 받침이 있는 음절 모아쓰기는 타자에 어려움을 주기 때문이다. 이밖에도 한글은 '가, 고, 구, 각'에서 보이듯, 같은 'ㄱ'이어도 함께 쓰이는 모음의 종류와 초성 혹은 종성으로 쓰일 때 활자의 모양이 달라진다는 문제도 있다. 이와 같이 문자는 인쇄나 출판 문화에도 큰 영향을 미치게 된다.

같이 더하여 생각하기

01. 문자를 발명한 것으로 알려진 예를 조사해 보십시오.

02. 한글의 기원에 대해 조사해 보십시오.

03. 한글의 모아쓰기와 풀어쓰기에 대해 조사해 보십시오.

6) 비유와 상징을 말하다

'의문은 죽이는 것이요, 영은 살리는 것임이니라' 하는 말을 나는 기쁜 마음으로 받아들였습니다. 글자 그대로 보면 불합리한 것 같지만, 비유적 해석을 통해 그 뜻이 드러난다는 의미였습니다.

- 아우구스티누스, 「고백록」

비유와 상징은 문화의 정수라고 이야기할 정도로 심오한 측면이 있다.[82] 종교적인 이야기에 비유와 상징이 많이 등장하는 것도 이러한 이유일 것이다. 비유는 말하고자 하는 대상을 다른 대상을 통해 빗대어 이야기하는 것이다. 비유는 같은 문화를 공유하는 사람이라면 이해 가능한 것이어야 한다. 비유를 듣고도 이해하지 못했다면 그것은 의사소통에 실패한 것이 된다. 이렇게 비유는 화자와 청자 간의 문화적인 공감대가 형성되어야 한다.[83]

---

82 Tony Allan(2008:6-7)의 *The Symbol Detective*에서는 '상징은 숨겨진 언어로서, 직접적인 언급에 의한 것이 아니라 미묘한 암시의 과정이라고 할 수 있다. 상징은 시간의 안개 속으로 거슬러 올라간 이야기와 전통의 기원에 의지하고 있기 때문에, 이를 올바르게 이해하려면 수세기에 걸쳐 형성된 문화에 대한 배경 지식이 필요하다. 상징의 근원을 추적하는 것은 드러나지 않은 것을 조심스럽게 찾아가는 과정이다'라고 하고 있다.

83 국어 교육에서는 고정화된 비유에 대한 고민도 필요할 것이다. 사과 같은 얼굴은 예쁘고, 호박 같은 내 얼굴은 밉기만 하다고 가르치는 것도 비유를 죽은 비유로 만드는 것이다. '마치, -처럼, -같이/같은, -듯이, -인 양'이 들어가면 직유법이라고 가르치는 것은 비유의 기본을 외면한 결과이다. 비유는 근본적으로 대상과 대상을 연결시키는 자신의 생각이 담겨 있어야 한다. '무엇이 무엇 같다'라는 틀이 비유일 수 없고, 대상 사이에 담긴 생각이 비유인 것이다.

반면 다른 언어를 사용하는 사람 사이에서는 비유의 이해가 어려운 경우가 많다. '호박 같이 생겼다'는 말은 언어권에 따라 전혀 다른 해석이 가능하다. '호박'에 대한 문화권마다의 태도가 다르기 때문이다.[84] 한국어에서는 머리가 나쁜 경우에 '돌 머리'라고 하지만 언어에 따라 '돌 머리'의 해석이 전혀 달라진다. 영어에서는 '호박 머리(pumpkin head)'가 머리가 나쁘다는 의미다.

비유를 정확히 이해하기 위해서는 문화를 정확히 이해해야 하는 경우도 많다. 예를 들어 '메주 같다'라는 말은 '메주'를 만드는 문화를 이해하여야만 해석이 가능하다. '고사리 같은 손'에 대한 해석도 한국어와 일본어 간에 전혀 다르다. 한국어에서는 아이의 작고 귀여운 손이 연상되지만, 일본어에서는 주로 할머니의 손이 연상된다고 한다. 한국인은 고사리가 돋아날 때의 모습을 비유에 사용하였지만 일본어는 다 자란 이후의 모습을 비유에 사용한 것이다.

비유 중에서 직유는 비교적 이해하기가 쉽다. 그 이유는 주로 비유에 설명이 붙기 때문이다. 예를 들어 앞에서 이야기한 '호박 같다'라는 말에 '호박 같이 못 생겼다'라는 표현으로 덧붙여 말하는 경우가 많다. 직유에 사용하는 표현으로는 '마치, 흡사, 처럼, 같이, 듯이, 인 양' 등이 있다.

한편 우리는 무수히 많은 상징 속에서 파묻혀 살고 있다. 우리가 사용하는 언어나 동작, 그리고 예술 행위 등은 모두 상징으로 나타나게 된다. 동물을 보면서도, 식물을 보면서도 우리는 의미

---

84 호박이 무엇인가에 대해서도 문화권마다 내용이 다르다.

를 부여하고 믿는다. 색깔에도 상징이 있어서 우리는 붉은 악마를 우리의 대표 상징으로 삼고, 붉은색 옷을 입고 경기장이나 시청 앞으로 향한다.

그러나 상징은 모든 민족, 모든 국가, 모든 언어권이 동일한 것이 아니다. 이러한 이유로 상징은 다른 언어 문화권을 이해하는 주요한 키워드가 되기도 한다. 인간의 의사소통에서 다른 이의 상징을 이해하지 못하면, 오해가 발생할 수도 있다. 또한 오해까지는 발생하지 않더라도, 충분히 이해하지 못하는 경우가 생길 수 있다. 아침에 까치가 울었다는 말을 어떻게 해석할 것인가? 용꿈을 꾸었다는 말을 어떻게 해석할 것인가? 왜 일본 가게 앞에는 고양이가 손을 들고 서 있는가? 동양에서 왜 매란국죽(梅蘭菊竹)을 사군자라 하는가? 매란국죽의 어떠한 성질을 상징으로 취하였는지 안다면, 사군자에 대한 이해도 깊어질 것이다.[85]

특히 언어를 통한 의사소통에서 상징의 역할은 소통의 깊이를 더해주고 긴밀하게 할 것이다. 상대방의 언어와 문화에 나타나는 상징을 이해한다면, 더 정확하게 의사소통이 가능해질 것이기 때문이다. 상징이 언어와 문화 전반을 포괄한다는 점에서 Fontana(1993:8)의 언급처럼 '상징 연구는 인류 자체에 대한 연구'라고 할 수 있을 것이다. '상징은 직접적인 표현으로는 잡히지 않는 어떤 깊은 직관적 지혜를 나타낼 수 있다'라는 언급에 나타나 있듯이 상징은 직관적인 느낌이 강하다. 따라서 상징을 사용하면서도

---

85 김낭예(2011:65) 참조

대상과 상징과의 관계를 명확히 제시하기 어려운 경우가 많다. 그러한 의미에서 상징은 신성시되거나 신비롭게 사용되는 경우가 많았으며, 종교에 무수한 상징이 이용되는 것도 상징의 특성에 기인한 것이라 할 수 있다.

　인간은 모든 상징물에 의미를 부여하고 해석하고 싶어 한다. 대표적인 예가 꿈을 해석하고자 하는 것이다. 꿈에는 무수한 상징이 담겨 있어, 인간은 이러한 꿈을 통해 길흉화복(吉凶禍福)을 점쳐보고 싶은 충동을 느낀다. 특히 아이를 가졌을 때는 아이에게 의미를 부여하기 위해 더 많은 관심을 기울이며, 이것이 태몽의 해석으로 나타난다. 간단하게는 아들, 딸의 구별에 대한 시도부터 자식이 위대한 인물이 될 것인지에 대해서까지 상징으로 해석하고자 한다. 프로이트나 융이 꿈을 해석함으로써 심리를 이해하려고 하는 것도 꿈속의 상징이 보여 주는 특별한 의미를 찾기 위한 노력으로 볼 수 있을 것이다.

　상징은 갑자기 생기는 것이 아니고 오랜 역사 속에서 더해지고 발달되어 온 것이다. 그래서 상징에는 역사성이 있는 것이다. 많은 상징을 신화 속에서 찾을 수 있는 것도 역사성을 말해주고 있다. 《삼국유사》를 보면 지금과 그리 다르지 않은 상징들을 만나게 된다. 예를 들어, 까치는 이미 신라시대부터 상서로움의 상징이었던 것이다.

　어떠한 상징은 새롭게 등장하는 경우도 있다. 외래문화의 유입으로 상징이 우리 문화 속으로 들어오는 것이다. 어떤 상징은 깊게 자리하고 있고, 어떤 상징은 자리 잡으려 애쓰고 있다. 비둘기를 평화의 상징으로 생각한 지는 그리 오래지 않다. 아직도 공원의 비둘기를 보면서 평화를 생각하기는 쉽지 않을 듯하다. 또한 붉은색을 우리의 색으로 인식하기 시작한 것은 길게 봐도 멕시코 세계 청소년 축구대회(1983)부터이다. 붉은 악마를 레드 콤플렉스를 떨치게 된 계기라고 보는 것은 붉은색이 그간 보여 왔던 상징의 의미가 얼마나 강했는지를 보여 준다.

붉은색은 공산주의를 의미하였기 때문에 남한에서 부정적으로 받아들여져 왔다. 일본에서는 두 팀이 승부를 다투는 경우에 '홍백전'이라고 하는데, 한국에서는 '청백전'이라고 한다. '청군 이겨라, 백군 이겨라!'에서 홍군이 끼어들 여지가 사라진 것이다. 태극기의 문양으로 비추어 볼 때 청군과 홍군으로 나누는 것도 가능할 것이나, 홍군을 사용하지 않는 것은 상징과 부정적 어감의 관련성이 영향을 미친 것이라고 본다.

(1) 신체

우리의 신체는 비유와 상징의 중요한 수단이다. 예를 들어 머리는 윗부분을, 허리는 중간 부분을, 다리는 아랫부분을 의미한다. '우두머리'라는 말에서 '머리'는 윗사람, 지도자 등을 비유적으로 표현함을 알 수 있다. 축구에서 '허리 부분이 강해야 한다'라고 말하는 것에서 허리가 중간 부분의 의미임을 알 수 있다. '한반도의 허리가 잘렸다'라는 표현도 금방 이해할 수 있다. '산허리'도 중간 부분을 의미한다. 머리는 사람 전체를 의미하기도 한다. '사람

수'를 '머릿수'라고 하는 것도 이러한 이유 때문이다. 동물의 수를 세는 〈마리〉라는 말도 원래의 의미는 '머리'였다. '다리'는 지탱하다의 의미도 갖는다. 사람의 다리와 강의 다리가 함께 유추되는 것은 지탱의 의미 때문이다.

한자어로 '수족'이 없다는 말의 의미는 일을 시킬 사람이 없다는 뜻이다. '손이 많이 가다'라는 말도 돌봐야 할 일이 많다는 의미다. 손은 〈손이 크다〉와 같이 관용어로 쓰여 씀씀이를 의미하기도 한다. 발은 〈발이 넓다〉라는 관용어로 쓰여 '아는 사람이 많다'는 의미로 사용된다. 발은 낮은 곳이라는 의미로도 사용된다. '발끝에도 못 미친다'는 말의 의미를 생각해 보면 알 수 있을 것이다. 발을 씻겨 주는 행위에도 낮은 곳이라는 상징이 함께 한다.

신체 부위 중 비유와 상징에 많이 쓰이는 부위는 머리 부분이다. 눈은 시각적인 행위의 기관으로 보는 것, 깨닫는 것 등과 관련이 된다. '눈을 뜨다'라는 말은 '알게 되다, 깨닫다' 등의 의미를 갖는다. 한국어에서는 특이하게 '눈에 밟힌다, 눈여겨보다' 등과 같이 공감각적인 표현으로 사용하기도 한다. '눈을 감는다'는 말은 죽음을 의미하기도 한다. 잠을 죽음에 비유하는 경우도 많다.[86]

코는 '스스로, 자신'을 의미하는 경우가 많다. 〈내 코가 석자〉라는 말에 왜 '코'가 사용되었을까? 한자의 자(自)는 원래 코(鼻)의 의미였다. 지금도 문화권에 따라서는 자신을 가리킬 때 손가락으로 코를 가리키기도 한다. 〈콧대가 높다〉는 말에서는 코가 자신감

---

86 '영원히 잠들었다'라는 말은 죽었다는 의미다.

을 의미한다는 것을 알 수 있다. 반대의 경우에는 '코가 죽었다'는 말도 한다.

입은 부위의 특성 상 '말'과 관련이 된다. '입을 다물다'라는 말은 '말을 하지 않다'의 의미로 사용된다. '입이 거칠다', '입이 싸다' 등도 비슷하게 적용할 수 있다. 또한 입은 먹는 것과도 관련이 된다. '입이 짧다'는 말은 '편식'의 의미로 쓰인다. 입은 비유적으로 '들어가는 곳'이라는 의미로도 사용된다. 입이 사람의 수를 나타내는 경우도 있다. '먹는 입을 줄이다'에서는 먹는 사람이라는 뜻이다. '식구(食口)'는 먹는 입이라는 뜻이다.

머리카락도 상징이 된다. 예를 들어 상투는 전통의 상징이기도 했다. '오두가단 차발불가단(吾頭可斷 此髮不可斷)'이라고 단발령에 대항하여 상소문을 올린 최익현 선생에게 머리카락은 전통, 성리학의 상징이라고 할 수 있다. 머리를 깎고 산으로 들어갔다는 말은 불교에 귀의하여 출가하였다는 의미이다. 군대에 가는 것도 머리카락이 상징으로 작용한다. 현재도 삭발은 항거, 결심 등을 나타낸다.

내장 기관도 비유와 상징에 중요하게 사용된다. '심장, 허파, 간, 쓸개, 애, 배알' 등이 비유로 사용되고, 관용 표현으로 남아있다. 생명과 직결되는 심장은 핵심적인 부분을 상징한다. '심장부'라는 표현에서 알 수 있다. 허파, 간, 쓸개 등은 기관의 작용과 관련하여 의미를 갖는다. 허파는 숨을 쉰다는 의미와 공기가 들어간다는 점에 착안하여 비유가 된다. 이러한 표현에는 '허파에 바람이 들어가다, 간이 콩알만 해지다, 간에 기별도 안 간다, 쓸개 빠지다,

간에 붙었다 쓸개에 붙었다 하다, 애간장이 타다' 등이 있다. 이러한 관용 표현이 재미있는 것은 실제 기관의 기능에 잘 맞는 경우가 많다는 점이다. 예를 들어 음식을 적게 먹으면 간에 저장을 하지 않고 에너지를 모두 소비한다고 한다.

(2) 동물

한국어의 언어 문화에서 동물의 비유와 상징은 12간지와 관련이 되는 경우가 많다. 일반적으로 동물은 비유와 상징 사이에서 차이가 큰 경우가 있다. 가장 대표적인 동물은 '개'이다. '개'는 충성스러움의 상징이다. 하지만 이런 충성스러움이 변질되어 비굴함으로 비유되기도 한다. 또한 '개 같다'는 말은 아주 좋지 않음을 나타내는 비유가 된다. '거북이'는 '장수(長壽)'를 상징하는 경우가 많다. '영년불사(永年不死)'의 동물로 생각하기도 한다. 하지만 비유할 때는 토끼와 대비되는 개념으로 '느리다'는 의미로 사용한다. '곰, 여우, 늑대' 등도 비유와 상징은 전혀 다르다. 곰은 한국에서 '조상'으로서 숭배의 대상으로 단군신화 속에 등장한다. 하지만 비유로 쓰일 때에는 미련하다는 의미로 전혀 다르게 사용된다.

곰은 단군신화에서 조상신의 역할을 한다. 곰에서 사람으로 변한 '웅녀(熊女)'가 한민족의 어머니인 셈이기 때문이다. 하지만 한국의 신앙에서 곰을 숭배하는 것은 찾아보기가 어렵다. 충남 공주의 '곰나루 전설'과 영남 지방의 '봉화산의 암곰 전설' 등이 있다.[87] 이러한 전설은 에벤키의 시조 신화와 닿아 있다. 조현설(2006:13-21)에서는 '수렵민이었던 이들에게 곰은 사냥감이면서 동시에 숭배의 대상이었고, 곰에 대한 신앙은 이들에게 곰과 자신들이 한 핏줄이라는 관념을 낳았다'고 한 바 있다. 한국의 단군신화와 관련지어 생각해 볼 수 있는 부분이다.

한편 단군신화에서는 패배자로 그려진 '호랑이'가 한국의 전통신앙에서는 중요하게 다루어짐은 고민해 봐야 할 문제이다. 조상신의 개념에서 제거되었던 호랑이가 오히려 중요한 신으로 여겨진다. 이러한 수수께끼는 조현설(2006:23-31)에서 실마리를 발견할 수 있다. 승려 설암(雪巖)이 지은 〈묘향산지(妙香山誌)〉에 나오는 또 다른 단군신화에는 '환웅이 백호(白虎)와 교통하여 단군을 낳았다'고 되어 있는 것이다. 이를 통해 호랑이를 조상신으로도 볼 수 있다. 아무르 강 하류 하바로프스크 유역의 아크스카라 족에는 호랑이 시조 신화가 있다.

'돼지'는 돈, 신에게 바치는 제물을 의미한다.[88] 지금도 고사를 지낼 때는 돼지머리를 바친다. 왜 고사에서 돼지를 제물로 사용할까?[89] 이는 돼지에 긍정적인 의미가 있음을 추론할 수 있게 한

---

87 고구려(高句麗)를 일본서기에서는 '高麗'라고도 한다. 그런데 이 고려를 'koma'로 읽고 있어서 흥미롭다. 왜냐하면 일본어에서 고마는 곰[熊]의 뜻이기 때문이다.

88 서양에서는 '양'이 제물로 쓰인다. '속죄양, 희생양' 등의 표현이 나타난다.

89 소설이기는 하지만 베르나르 베르베르는 『아버지들의 아버지』에서 '돼지'를 인류와 가장 가까운 동물로 보고 있어 흥미롭다.

다. 예를 들어 고구려와 고려는 돼지에 의해서 도읍지를 발견하게 된다.[90] 불국사에 가면 극락전 법당 현판 뒤에 돼지를 새겨 놓은 것이 있는데 이는 복을 비는 의미를 담고 있다. 반면에 돼지는 비유적으로는 뚱뚱하거나 더럽다는 의미로 사용된다.[91]

'두꺼비'는 달에 사는 동물로 알려져 있다. 옛 달 그림에는 두꺼비 그림이 있는 경우가 많다. 한국에서는 어린 남자 아기를 두꺼비에 비유하기도 하는데 이는 외국인들이 의아해 하는 비유이기도 하다. 두꺼비를 징그럽고 못생긴 것으로 보는 문화가 많기 때문이다.

'토끼'는 달을 상징하는 동물이다. 도교(道敎)에서 토끼는 신선에게 필요한 선단(仙丹)을 빻고 있는 동물로 표현된다. 비유적인 의미로 자식을 의미하는 경우도 있다. '토끼 같은 자식'이라는 표현이 대표적이다.

'기러기'는 주로 소식을 전해주는 새로 알려져 있다.[92] '까마귀'는 한국에서 대표적인 흉조(凶兆)이다. 하지만 삼족오(三足烏)는 태양을 상징하는 새이기도 하다. '까치'는 길조로서 소식을 전해 주는 새라고 생각한다. '나비'는 '기쁨, 남성(여성은 꽃으로 비

---

90 《삼국사기》 고구려 본기에 유리왕 19년, 21년에도 교사(郊祀) 즉, 천지신(天地神)에게 제사 지낼 때 쓸 돼지가 달아나는 사건이 일어난다. 리영순(2006:101-103) 참조

91 아랍에서는 못생긴 사람을 돼지에 비유한다고 한다.

92 전통적인 결혼식에서 기러기 한 쌍을 두는 것은 조상에게 결혼의 소식을 알리기 위함이라는 학설이 있다.

유함), 금실 좋은 부부'를 상징하기도 하였다. 따라서 한국 민화에 많이 등장하고, 혼수품에도 자주 나타난다. '원앙새'는 다정함이나 연인을 상징한다. 부부의 다정함을 나타내는 새로는 '잉꼬'도 있다. '잉꼬부부'라는 표현을 한다. '제비'는 흥부전에서도 알 수 있듯이 보은의 상징이다. 제비는 비유적으로는 '물찬제비'라고 하여 날렵한 사람을 의미하기도 하고, '강남제비'와 같이 여성을 유혹하는 바람둥이로 표현되기도 한다.

한편 '부엉이'는 불길함을 상징한다. 이는 밤에만 활동하고 울기 때문이다. 문화권에 따라서는 학자를 상징하는 곳도 있다. 부엉이의 모습에서 사각모를 쓰고 있는 것을 연상하기도 한다. '박쥐'는 행복을 상징한다. 박쥐에 긍정적인 상징이 있다고 하면 쉽게 수긍이 가지 않을 것이다. 하지만 중국에서는 박쥐를 나타내는 한자어 '편복(蝙蝠)'의 '복'을 행복의 '福'과 연계하여 해석하기도 한다. 한국의 전통 가구에서 박쥐 문양을 찾아볼 수 있는 것 또한 이와 무관하지 않을 것이다. 또한 낮에는 새, 밤에는 쥐인 박쥐의 특성에서 유추하여 기회주의의 상징으로 쓰기도 한다. '닭'은 새벽을 알리는 동물이지만 암탉으로 쓰일 때는 시끄러운 존재라는 비유가 된다.[93]

상상의 동물도 상징에서 중요한 위치를 차지하고 있다. '봉황'은 한국에서 대통령을 상징한다. 원래 '봉(鳳)'은 수컷을, '황(凰)'은

---

[93] 소크라테스의 『파이돈』에 보면 "아스클레피오스(의술의 신)에게 내가 닭 한 마리를 빚졌네. 기억해 두었다가 갚아 주게."라는 말이 나오는데 이는 병이 나으면 의술의 신에게 닭을 바치던 풍습을 반영한 것이다.

암컷을 의미한다. '용'은 왕이나 황제를 상징한다. 또한 용은 물[水神]의 개념이 있다. '미리내(은하수/龍川), 용왕' 등도 물과 관련된다. 허균(1995:33)에서는 민속에 나타난 용에는 '홍수와 가뭄을 주재하는 수신으로서의 용', '바다에서 항해와 조업을 주재하는 해신으로서의 용', '사악한 것을 물리치고 복을 가져다주는 벽사진경(辟邪進慶)의 능력을 지닌 용'이 있고, 불교에는 불법을 수호하는 '호법신으로서 용'이 있다고 한다. 이밖에도 정치적으로는 왕권과 나라를 수호하는 '호국신으로서 용'이 있다고 보고 있다. '해태, 해치, 기린' 등도 상상의 동물이지만 상징에 다양하게 사용된다.

동물 상징을 이야기할 때 빼놓을 수 없는 것은 띠와 관련된 열 두 동물이다. 앞에서도 일부 언급되었지만 한국인들은 띠에 해당하는 동물의 습성과 연계하여 사람의 성격을 설명하려고 하였다. 심지어 띠와 관련한 궁합도 존재한다고 믿었다.

(3) 식물

식물은 기본적으로 꽃말로 표현되는 상징을 지니지만, 우리는 일반적으로 꽃말보다는 상징을 기억하고 느낀다. 동양적인 상징으로는 사군자라고 일컬어지는 '매란국죽(梅蘭菊竹)'이 있다. 매화, 난초, 국화, 대나무는 각각 군자의 모습을 상징한다. 동양에서는 문인화(文人畵)의 주요 소재가 된다. 한국에서도 마찬가지로 중요한 상징이다.

'매화'는 이른 봄에 피는 꽃이다. 추운 겨울을 뚫고 피는 꽃이라는 점에서 절개를 의미한다. 이육사의 시 「광야」를 보면 매화의 느낌을 잘 알 수 있다. 매화는 선비 정신을 나타내기도 한다.[94] '난초'는 화려하지는 않지만 고결한 멋을 주는 식물이다. 깊고 그윽한 향기가 멀리까지 퍼지는 특색을 상징과 비유의 대상으로 삼았다. 난을 그리는 것을 '난을 친다'라고 하여 선비들의 자기 수행의 한 방법으로 보기도 하였다. 현재 한국 문화에서도 '난'을 선물로 주고받는 경우가 많다. '국화'는 다른 꽃들이 다 진 가을날에도 남아 있는 꽃이기 때문에 절개를 상징하게 되었다. 장례식에서 국화를 사용하면서 죽음이나 장례식을 상징하는 요소가 되기도 하였다. '대나무'는 '대쪽 같은 성격'이라는 비유에서도 알 수 있듯이 타협하지 않는 성격을 의미한다. 이는 잘 부러지지 않는 대나무의 특성에서 유추된 것으로 보인다. 대나무는 사철 변하지 않는 모습을 상징하기도 한다.

'진달래'와 '벚꽃'은 다른 의미의 상징을 갖는다. 진달래는 4.19 혁명과 관련되어 투쟁이나 그 과정에서 쓰러져간 사람들을 의미한다. 반면 벚꽃은 일본에서 좋아하는 꽃이라는 점에서 한국을 배신한 변절자의 비유를 갖게 되었다. 이 경우에는 벚꽃이라고 하는 대신 '사쿠라(sakura)'라는 일본어를 그대로 사용한다.

'연꽃'은 불교적인 상징으로 더러운 곳에서 피어난 고결함을 상징한다. 한국의 국화인 '무궁화'도 영원함을 나타내는 상징적인

---

94 매화는 고혹한 여성미를 나타내는 경우도 있어서 기생의 이름에 '매(梅)'가 들어가는 경우가 많았다.

꽃이다.

한국인에게 친숙한 상징으로는 '소나무'를 들 수 있다. 절개와 영원함을 상징하는 소나무는 애국가에서도 나타나듯 바람과 서리라는 외부의 나쁜 조건에도 변함이 없는 모습을 보여 준다.[95] 윤선도의 「오우가(五友歌)」에는 '수석송죽월(水石松竹月)'의 다섯 벗이 나온다. 여기에서도 소나무를 변함이 없는 중요한 벗으로 언급하고 있다.

'자작나무'는 '생명수(生命樹)'의 상징이다. 천마총의 천마도는 자작나무 껍질에 그린 그림이다. 나무를 신성하게 생각하는 경우도 있다. 성황당 나무가 대표적이다. 나무에 대한 비유 중에는 '사시나무 떨듯이'라는 비유도 있다. 사시나무는 백양나무라고도 하는데 잎이 계속 흔들리는 특성이 있다.

과일 중에 '복숭아'는 주로 여성의 상징이다. 태몽에도 복숭아가 나오면 딸을 가진다고 믿었다. 또한 복숭아는 도교에서 신선의 상징과 관련된다. '앵두'는 주로 붉은 입술의 비유에 쓰인다. 이원수 선생이 작사한 「고향의 봄」이라는 노래를 보면 고향을 상징하는 꽃으로 '복숭아꽃 살구꽃 아기 진달래'가 나온다. '포도'는 주로 다산(多産)의 상징으로 쓰인다. '사과'는 비유적으로 예쁜 것을 나타내기도 하였다. '사과 같은 내 얼굴 예쁘기도 하지요'라는 동요에 잘 나타난다. 하지만 최근에는 잘 사용하지 않는 비유가 되었다.

---

95 "남산 위에 저 소나무 철갑을 두른 듯 바람, 서리 불변함은 우리 기상일세." (「애국가」 2절 가사 중)

식물과 관련된 비유와 상징이 들어 있는 시를 보이면 다음과 같다.

> 지금 눈 내리고
> 매화 향기 홀로 아득하니
> 내 여기 가난한 노래의 씨를 뿌려라.
>
> — 이육사, 「광야」 중

> 연꽃 같은 발꿈치로 가이 없는 바다를 밟고 옥 같은 손으로 끝없는 하늘을 만지면서 떨어지는 날을 곱게 단장하는 저녁놀은 누구의 시입니까?
>
> — 한용운, 「알 수 없어요」 중

이와 같이 비유는 문학작품에 다양하게 나타나 그 빛을 발하는 경우가 많다.

(4) 색

색은 단순히 눈에 보이는 것만이 아니다. 색은 숨겨져 있는 느낌, 의미 등을 상징하기도 한다. 같은 색이라도 언어나 문화권에 따라 좋은 의미가 되기도 하고 금기의 색이 되기도 한다.

한국의 색 상징 중에서 대표적인 것은 흰색이다. 백의민족(白

衣民族)이라는 표현도 있듯이 한민족을 대표하는 색이기도 하다. 하지만 흰색은 죽음을 상징하기도 한다. 소복(素服)이 흰색이기 때문이다. 흰색은 아무것도 없다는 의미로 비유되기도 한다. '머릿속이 하얘졌다'라는 말은 아무것도 기억이 나지 않는다는 의미이다. '백지화'도 아무것도 없던 상태인 처음으로 돌아갔다는 의미다. 검은색 역시 죽음을 상징한다. 저승사자의 옷이 검은색이기 때문이다. 검은색은 '많다'는 것을 비유할 때에도 사용된다. '까맣게 몰려들다'는 말에서 알 수 있다.[96]

한국에서 삼월 삼짇날 처음 보는 노랑나비는 행운을 상징하고, 흰나비는 운이 좋지 않음을 상징한다. 노란색은 행운을 상징한다고 볼 수 있다. 반면 인도네시아에서는 나무나 기둥에 노란색 종이를 달면 누군가 세상을 떠났다는 의미가 된다. 어떤 나라에서는 나무에 달려 있는 노란 리본이 희망의 의미가 되기도 한다.

파란색은 청년(靑年)이라는 단어에서 알 수 있듯이 희망의 색이기도 하지만 반대로 문화권에 따라 우울한 색으로 생각하는 경우도 있다. 이 때 푸른빛은 한밤중의 음울한 빛으로 생각하기 때문에 일어나는 현상이라고 할 수 있다. 푸른색은 아직 부족한 상태를 비유적으로 표현할 때도 사용된다. '새파랗다, 풋내기, 풋사과' 등에서 알 수 있다. 푸른색은 간판 등의 표지에서 남자를 상징하기도 한다. 초록색은 오아시스를 희망으로 삼는 나라에서 희

---

96 영어에서 '검은색'은 일반적으로 흰색과 대비되어 매우 부정적인 의미가 많이 나타난다. 예를 들어 'blackmail'은 협박 편지가 된다. '흑백논리(黑白論理)'라는 말에서도 '흑'은 부정적이다.

망의 색, 이념의 색이 된다. 반대로 정글에 사는 이들에게는 금단의 색이 되기도 한다. 인도네시아에서는 금단의 색으로 간판 등에서 규제의 대상이 되기도 한다. 초록이 어떤 나라에서는 기분을 좋게 하는 색이지만 어떤 나라에서는 지겨운 색일 수 있다.

붉은색은 정열을 상징하기도 한다. 그러한 이유에서 성적인 것을 의미하기도 한다. 반면에 붉은색은 피와 연관이 있다고 여기기 때문에 죽음을 상징하기도 한다. 한국에서 붉은 글씨로 살아있는 사람의 이름을 쓰지 않는 것은 붉은색을 죽음과 연관 지어 생각하기 때문이다. 붉은색을 부정적으로 비유할 때는 '새빨간 거짓말'이라고 한다.[97] 붉은색은 금지의 상징이기도 하다. 대부분 금지에 해당하는 글씨는 빨간색으로 쓴다. 빨간불, 빨간딱지가 경고나 금지의 의미로 사용되기도 한다. 한국에서는 '빨갱이' 등의 표현에서도 볼 수 있듯이 부정적인 색으로 보기도 한다.

한국어에서 색에 해당하는 어휘를 보면 한국인이 색을 어떻게 생각하고 있는지를 알 수 있다. 다른 언어에 비해 한국어에서는 색을 매우 구체적으로 인식하고 있는 듯하다. 누가 "이게 무슨 색이냐?"라고 물어볼 때 가장 비슷한 답을 주는 방법은 주변 사물의 색을 이야기하는 것이다. 서로 알고 있는 사물의 색으로 답하는 것이다. 그런 의미에서 '하늘색'은 실제로는 다양한 색이지만 한국인에게는 공통적인 이미지로 인식된다. '밤(栗)색, 쑥색, 수박색,

---

97 아랍에서는 중요한 사람의 이름을 붉은색으로 쓴다고 한다.

살색' 등도 어떤 색인지 금방 떠오른다.[98]

한국어에서는 쓰임이 좀 차이가 나기는 하지만 색이라는 표현 대신에 '빛'이라는 말을 쓰기도 한다. 색을 빛으로 인식하고 있음을 알 수 있다. '흙빛, 잿빛, 구릿빛' 등의 표현이 있다. '색깔'이라는 말과 '빛깔'이라는 말은 유의어가 된다. '초록색과 초록빛'처럼 비슷하게 사용되는 것이다. 물론 '색'과 '빛'이라는 어휘는 의미와 사용에서 차이가 있다. 유의어라고 하는 것은 같다는 의미가 아니라 비슷하다는 의미이고, 비슷하다는 말은 같지 않다는 의미이다. '우유빛깔, 장밋빛깔'이라고 할 때의 느낌을 생각해 보라. 초록색과 초록빛의 느낌을 대조해 보라. '빛'이라는 단어가 들어 있으면 아무래도 '환한 느낌'이 든다.

한국어에서 색과 관련된 형용사를 살펴보면 색의 구체성을 좀 더 확인할 수 있다. 한국어에서 〈푸르다〉라는 말은 어떤 대상과 관련이 있을까? 한국어에서 〈붉다〉는 어떤 대상과 관련이 있을까? '푸르다'는 '풀'과 관련이 있는 말이다. '풀이 푸른 것'이다. '붉다'는 '불'과 관련이 있다. 한국인은 '풀색'을 푸르다고 생각했고, '불의 색'을 붉다고 생각한 것이다.

한국의 시 속에 나타나는 대표적인 색의 비유와 상징을 보이면 다음과 같다.

---

98 살색은 차별적인 느낌 때문에 '살구색'으로 부르기도 한다.

> 흰 수건이 검은 머리를 두르고 / 흰 고무신이 거친 발에 걸리우다.
> 흰 저고리 치마가 슬픈 몸집은 가리고 / 흰 띠가 가는 허리를 질끈 동이다.
>
> — 윤동주, 「슬픈 족속」 중

> 내가 바라는 손님은 고달픈 몸으로
> 청포를 입고 찾아 온다고 했으니
>
> — 이육사, 「청포도」 중

(5) 수(數)

언어권 혹은 문화권에 따라 기피하는 수가 있고 선호하는 수가 있다.[99] 이는 수가 상징하는 바가 있기 때문이다. 한국에서 선호하는 숫자로는 '3'이 있다. '3'은 일반적으로 부모와 나의 관계를 표현하는 수로 가장 안정적이고 기본적인 수이다. 《삼국유사》의

---

[99] 주강현(2004)에서 언급한 바, 한국에서 '3'이라는 숫자를 선호하는 데에는 홀수에 대한 선호도 있다고 할 수 있다. 셋째 딸에 대한 선호에서도 '3'을 좋아한다는 것을 알 수 있다. 삼세판도 마찬가지이다. 중국에서는 '8'의 선호가 나타난다. 원래 중국의 광동(廣東) 지역의 방언에서 '8'의 발음이 돈을 많이 번다는 '發財' 중 '發'의 발음과 똑같아 남부 지역의 사람들이 선호해 온 숫자인데, 90년대에 남부지방 경제의 발달과 더불어 '8'에 대한 선호도 온 중국으로 확대되었다. 중국에서 올림픽을 2008년 8월 8일에 개막한 것에서도 '8'에 대한 선호를 알 수 있다. 가격표에도 888원이라는 가격이 자주 보인다.

'환인, 환웅, 단군'의 구조도 '3'을 중심으로 이루어진다. 환웅이 하늘에서 가져온 것도 천부인(天符印) 세 개이며, '풍백(風伯), 우사(雨師), 운사(雲師)'가 함께 하였다. 《삼국사기》에 보면 주몽도 세 명의 벗(오이, 마리, 협보)과 함께 하며, 위험한 순간에 만난 이도 세 명(재사, 무골, 묵거)이다. 유리왕 이야기에도 세 명의 벗(옥지, 구추, 도조)이 나온다.

한국에서는 '4', '9'를 기피하는 경우가 있다. '4'는 한자 '사(死: 죽다)'의 영향이라고 할 수 있을 것이다. 이는 중국이나 일본의 경우도 마찬가지다. '9'는 가득 차 있는 수이기 때문에 더 이상 발전이 없는 수라고 생각하여 선호하지 않는다. '아홉수'라는 표현도 그래서 나온 것이다. 한국인의 관습 중 아홉수에 결혼을 하지 않는 것은 유명하다. 일본에서도 '9'는 기피하는 숫자이다. 이는 '괴로울 고(苦)'와 발음이 비슷해서 생긴 현상이라고 한다.

중국에서 '3'과 '7'은 그리 선호하는 수가 아니다. 장사를 지낼 때, 3일장 7일장을 지내고, 49재를 지낸다. 모두 죽음과 관계되는 수이다. 이 두 숫자가 함께 있는 것도 싫어한다. 7733하면 처량맞고 쓸쓸하다(凄凄慘慘)라는 말처럼 들려서 싫어한다고 한다. 중국어에서 7은 '화를 내다'라는 [氣]와 발음이 같아서 싫어하는 사람도 있다.[100]

---

[100] 요새 중국에서 특히 정치적으로 직위 높은 사람들 간에는 '7'을 좋아하는 경향도 나타난다. 중국에 '七上八下'라는 말이 있는데 '7'은 올라가고 '8'은 내려간다는 의미에서 '7'을 선호하는 이유가 된다.

서양에서는 '13'과 '666'에 대한 기피 현상이 있다.[101] 일반적으로 기독교에서 유래한 '13일의 금요일'은 불길한 날로 생각한다. 인도에서도 '13'이라는 숫자를 싫어하여 13일에는 물 한 모금도 먹지 않는 사람도 있다고 한다. 중국에서 13시 즉, 13점이라고 하면 나쁜 말이 된다. 한국에도 기독교의 영향으로 '666'이나 '13'을 기피하는 사람들이 많다.

베트남에서도 '3'과 '7'은 기피하는 수이다. 베트남에는 숫자에 대한 속담이 있다. '7일에 출발하지 말고 3일에 돌아오지 마라!'라는 속담이다. 베트남 사람의 관념에 3과 7은 운이 좋은 숫자가 아니다. 예로부터 유래한 속담이라 현재까지 베트남 사람들이 중요한 일을 하러 가거나 여행을 떠날 때 3일이나 7일에 가는 것을 피하려고 하며[102] 실제로 이러한 금기를 지키는 편이다. 같은 한자문화권이지만 '4'는 상관없다고 한다. '한 집에 아들 세 명이 있으면 부유할 수 없고 딸 네 명이 있으면 가난할 수 없다'라는 속담도 있다. 여기에 '3'과 '4'에 대한 선호 차이가 나타난다.

'100'의 순우리말은 '온'이다. 이는 '많다, 전부' 등의 의미를 갖는다. '온갖, 온 나라, 온누리' 등의 어휘에서 그 의미를 찾아볼 수

---

101 중국에는 옛날부터 '六六大順'라는 말이 있었는데 '6' 두 개가 같이 있으면 모든 일이 다 잘 된다는 뜻이다. 중국 학생이나 중국 관련 사업을 하는 사람들의 전화번호 끝자리가 666인 경우를 발견하게 되는데, 서양에서는 금기사항이 되지만 중국 사람들에게는 좋은 숫자이며 순조롭다는 의미가 된다.

102 한국에서는 이사와 관련하여 '손 있는 날'을 피하려는 경향이 있다. 손은 보통 손해나 손실, 귀신 등을 의미하며 날짜에 따라 이사를 가면 안 되는 방향이 정해진다.

있다. '1000'은 아주 많다는 의미로 쓰인다. '천 리' 길도 한 걸음부터', '발 없는 말이 천 리 간다', '말 한 마디에 천 냥 빚을 갚는다'에서 그 의미를 살필 수 있다.

(6) 천체

천체와 관련된 어휘는 중요한 비유나 상징에 사용된다. 예를 들어 '하늘같은 남편'이라는 표현에서 '하늘'은 단순히 천체의 의미가 아니다. 하늘은 높고 넓고 큰 존재를 비유한다. 모든 것을 다 알고, 모든 것을 다 덮는 존재이기도 하다. 〈하늘 무서운 줄 알아라!〉라는 표현이나 〈손바닥으로 하늘을 가린다〉라는 표현은 하늘의 상징성을 보여 준다. 한국의 신화에는 하늘에서 내려왔다는 표현이 자주 등장한다. 단군신화나 혁거세 신화, 김수로왕 신화 등이 모두 하늘에서 내려온 이야기를 바탕으로 한다.

하늘의 상징은 일반적으로 태양의 상징과 관련이 된다. 따라서 하늘은 주로 밝음의 상징이다. 단군신화에서 곰을 어두운 굴에 들어가게 하는 것과 대조된다. 하늘은 주로 밝음, 남성성의 상징이다. 땅은 주로 어두움, 여성성의 상징이다. 낮이 남성을 의미하고 밤이 여성을 상징하는 이유이기도 하다. 따라서 해는 남성을 의미하고, 달은 여성을 의미하는 경우도 많다. 밤은 더러움이나 악함을 상징하기도 한다. 한편 밤이 모든 것을 가리고 덮는 것으로 비유되기도 한다. 한편 빛은 주로 희망의 상징이고, 따뜻함의 상징이다. '한 줄기 빛'이라는 말은 희망을 나타낸다.

별자리에 관한 세계의 이야기에는 수많은 신화와 상징이 있다. 특히 서양에서는 별자리와 신화들을 연결해 놓았다. 한국에는 비교적 별자리에 관한 신화가 적은 편이다. '해와 달이 된 오누이'나 북두칠성 및 북극성과 관련된 신화가 대표적으로 남아 있다. 별은 주로 희망이나 도달할 수 없는 곳이라는 의미를 갖는다. 달은 '초승달, 보름달, 그믐달'로 나누어 비유로 사용된다. 이는 달이 생기고 차고 기우는 것의 이미지를 비유에 사용한 것이다.

자연 현상도 비유와 상징에 다양하게 사용된다. 무지개는 주로 고운 빛깔을 비유할 때 사용한다. 최근에는 '다문화'와 관련된 표현으로도 사용된다. 번개는 '빠르다'라는 의미를 나타내며, 우레는 큰 소리를 의미한다. 따라서 〈번갯불에 콩 구워 먹는다〉라는 속담은 급하다는 의미로 해석된다. '우레와 같은 박수 소리'는 소리가 크다는 의미를 과장해서 표현한 것이다. 비는 주로 은혜의 의미인 경우가 많다. 이럴 때는 〈단비〉라는 표현을 쓴다. 바람은 주로 시련을 의미한다. 비바람도 시련이나 고통을 의미한다. 구름은 주로 덧없음을 상징하거나 해를 가리는 방해물로 비유된다. 천체와 관련된 시를 소개하면 다음과 같다.

죽는 날까지 하늘을 우러러
한 점 부끄럼이 없기를,
잎새에 이는 바람에도
나는 괴로워했다.
별을 노래하는 마음으로,
모든 죽어가는 것을 사랑해야지
그리고 나한테 주어진 길을
걸어가야겠다.

오늘밤에도 별이 바람에 스치운다.

- 윤동주, 「서시」

어떤 어둠도 아름답게 껴안는
밤이 있다. 이제부터는 밤이
서울의 누더기인 마음들도 받아들이는 때다.

- 이성부, 「눈 뜬 밤」 중

그러나 당신과 내가 함께 받아들여야 할
남은 하루하루의 하늘은
끝없이 밀려오는 가득한 먹장구름입니다.

- 도종환, 「접시꽃 당신」 중

깊이 더하여 생각하기

01. 다른 언어에서 인물 묘사에 사용하는 비유 표현을 조사해 보십시오.

02. 한국을 상징하는 것에는 무엇이 있을지 논의해 보십시오.

7) 속담을 말하다

> 연희를 즐기는 사람에게는 잠시 동안의 해탈에 이를 겨를도 없다.
> 태양의 후예가 한 이 말을 명심하여, 무소의 뿔처럼 혼자서 가라.
>
> - 「숫타니파타」

속담(俗談)은 예로부터 전해오는 격언이며, 주로 교훈성을 띠고 있다. 속담이 민가에서 전승되어 오는 격언이라는 점에서 문화적인 요소가 강하게 들어 있는 언어 표현이라고 할 수 있다. 언어 표현을 보고 의미의 추론이 쉬운지 어려운지에 따라 '투명, 반투명, 불투명'이라는 용어를 사용할 수 있다. 보통 이러한 용어는 관용어에 대하여 논할 때 쓰이는 표현이다. 속담은 넓은 의미에서 관용 표현에 속한다. 반투명하거나 불투명한 속담은 외국인에게 의사소통의 장애가 될 수 있다.

(1) 속담의 해석

① 투명한 속담

속담의 의미를 완전히 유추할 수 있는 것은 아니지만 어휘의 조합만으로도 의미를 유추할 수 있는 속담이 많다. 이러한 속담은 문화의 영향을 비교적 덜 받은 속담이라고 할 수 있다. 물론 이러한 경우에도 속담 속의 개별 어휘는 문화적 요소를 담고 있는 경우가 많다.

〈믿는 도끼에 발등 찍힌다〉라는 속담은 개별 어휘의 의미를 설명해 주면 외국인도 쉽게 의미를 조합해 낸다. 믿는 사람에게 배신을 당할 수 있다는 의미 추론이 가능하다. 〈아니 땐 굴뚝에 연기 나랴?〉와 같은 경우는 약간의 설명이 더 추가되어야 한다. 우선 앞의 속담은 '믿는'이라는 말이 해석의 실마리가 될 수 있지만 이 속담은 이러한 실마리가 없다. 따라서 소문에 해당하는 속담임을 이야기해 주어야 한다. 또한 '아니 땐'은 현재의 문법 구조에서는 잘 사용하지 않는 표현이라는 것도 이해하고 있어야 한다. 현재는 주로 '때지 않은'으로 사용한다. 또한 외국인의 경우에는 '나랴?'와 같은 문어적 표현에 익숙하지 않으므로 추가 설명이 필요하다. 이 속담에서 볼 수 있듯이 속담은 한국어의 옛 모습을 담고 있기도 하다.[103]

〈가는 말이 고와야 오는 말이 곱다〉도 쉽게 의미 추론이 가능한 속담이다. 단, 말을 '오다, 가다'로 표현한 점은 설명이 필요한 부분이다. '하는 말이 고와야 듣는 말이 곱다'로 바꾸어 사용할 수도 있을 것처럼 보이지만 속담은 굳어진 형태이기 때문에 어휘나 표현의 교체가 어렵다.

추론이 어려운 속담으로는 〈서당 개 삼 년이면 풍월을 읊는다〉를 들 수 있다. 각각의 의미를 모두 설명하면 의미의 조합과 추론이 이루어지기는 하지만 한국어가 모어가 아닌 화자들에게 '서

---

103 속담에는 옛 어휘의 흔적이 남아있는 경우가 많다. 이를 '화석화'라고 할 수 있다. 조현용(1997)에서 '언어의 화석화'를 속담 자료를 중심으로 다룬 바 있다.

당, 풍월, 읊다'를 설명하는 것은 쉬운 일이 아니다. 이런 경우에는 한국의 문화적 배경도 설명해야 한다. 서당이라는 장소의 모습을 설명하고, 서당에서 훈장이 소리 내어 읽으면 학생들이 큰 소리로 따라 읽는 장면도 설명해 주어야 이 속담을 이해할 수 있을 것이다.

② 불투명한 속담

속담을 보고 그 의미를 금방 알아차리기 어려운 속담을 '불투명'하다고 할 수 있다. 이런 속담에는 문화적 배경이 들어 있는 경우가 많다. 따라서 속담을 이해하려면 반드시 문화적 배경이나 한국인의 사고에 대해서 알고 있어야 한다. 속담은 문화의 보고(寶庫)이다.

한국어 속담 중에 외국인이 가장 많이 혼동하고 재미있어 하는 것 중의 하나는 '아주 쉽다'는 것을 나타내는 표현이다. 여기에 해당하는 속담으로는 '누워서 떡 먹기, 식은 죽 먹기, 땅 짚고 헤엄치기'가 있다. 외국인은 이 속담들을 보고 모두 어려운 일이 아니냐고 묻는다. 한국인도 제대로 대답해 주는 경우가 적다. 왜냐하면 속담의 진술대로라면 오히려 어려워 보이는 상황이기 때문이다.

〈누워서 떡 먹기〉는 쉽다기보다는 위험하다는 생각이 든다. 누워서 떡을 먹는 상황을 떠올려 보면 더욱 그렇다. 특히 한국의 인절미나 찹쌀떡 같은 떡을 누워서 먹는다면 매우 위험할 수밖에 없다. 자칫하면 목숨을 잃을 수도 있다. '식은 죽 먹기'를 보고는 차별 대우를 받는 게 아닌지 이야기하기도 한다. 죽이 너무 뜨거운 것도 문제지만 차갑게 식은 것은 더 문제라는 의견이다. '땅 짚고 헤엄치기'는 수영을 해 본 사람이면 금방 알 수 있다. 수영을 할 때 바다을 짚으면 훨씬 어렵다. 따라서 이러한 속담들은 글자 그대로 해석하기에는 어려운 점이 있다. 문화적 배경이나 한국인의 사고 등 고려할 점이 많은 것이다.

'누워서 떡 먹기'는 한국 가옥 구조 및 한국인의 안방 생활을 생각하지 않으면 해석하기 어렵다. 한국은 방바닥이 온돌 구조로 되어 누워 있는 자세가 편한 자세가 된다. 하지만 천장을 바라보고 누워 있는 자세만 누워 있다고 하지 않는다. 옆으로 누운 자세도 '누워서'라고 표현할 수 있다. 와불(臥佛)의 경우를 생각해 보면 쉽게 이해가 될 것이다.[104] 특히 한국의 방에는 '보료'가 발달하였는데, 그중 베개 모양의 잠침에 기대어 옆으로 누운 자세는 매우 편한 자세이다. 이렇게 옆으로 누운 자세에서는 음식을 먹는 것도 충분히 가능하다. 이로써 매우 쉽고, 편하다는 의미로 해석이 가능한 것이다. 〈누워서 침 뱉기〉의 '누워서'와는 전혀 다른 자세이다. 누워서 침을 뱉을 때의 자세는 반듯이 천장을 보며 누워 있는 모습이다.

식은 죽 먹기를 해석할 때 핵심은 어떤 죽이 먹기가 좋은가에 대한 것이다. 아주 뜨거운 것이나 아주 차가운 것은 먹기 좋지 않다. 뜨거운 것은 입이 델 수가 있으며 차가운 것은 맛이 없다.

---

104 와불은 대부분 옆으로 누워 있는 자세이다. 화순 운주사의 와불은 위를 바라보고 있는 모습을 하고 있는데 사실은 앉아 있는 모습의 부처를 뉘어 놓은 것이라고 한다. 이 불상이 일어나면 세상이 바뀐다는 전설이 있다.

따라서 뜨거운 죽을 식혀서 먹어야 한다. 해석의 핵심은 '식다'에 있다. 식은 것은 원래 뜨거운 것을 먹기 좋게 온도를 낮추었다는 의미가 된다. 따라서 식은 죽 먹기는 적당히 식은 죽 먹기라는 의미가 된다. 적당히 식은 죽은 먹기도 좋고, 맛도 좋다.

〈땅 짚고 헤엄치기〉의 경우도 수영을 할 수 있는 사람에게는 오히려 쉽지 않은 영법(泳法)이다. 말 그대로라면 쉽다는 의미가 전혀 유추되지 않는다. 따라서 이 속담을 이해하기 위해서는 바닥에 손이 닿을 정도의 얕은 물에서 수영을 처음 배우는 사람이라는 등의 전제가 있어야 한다. 전혀 수영을 못하는 사람이 땅을 짚고 수영을 하는 경우라면 쉬울 수 있기 때문이다. 땅에 손이 닿으면 안도감이 생긴다.

한국어 속담 '누워서 떡 먹기, 식은 죽 먹기, 땅 짚고 헤엄치기'는 모두 매우 쉽고 편하다는 의미를 담고 있다. 그런데 속담을 단순히 의미의 조합으로 해석하면 의미 전달에 어려움을 겪게 된다. 즉, 속담 중에는 언어 표현을 그대로 해석하면 오해가 생기는 경우가 많다. 외국어로 속담을 배울 때 문화 배경을 이해하지 못하면 의사소통에 문제가 발생할 수 있다. 한국 속담을 공부하는 것은 한국인의 사고에 대해서도 이해하는 길이다.

③ 유추가 어려운 속담

외국인이나 재외 동포 학생에게 한국 속담의 의미를 물어봤을 때 전혀 예상치 못한 답이 나오는 경우가 있다. 예를 들어 〈사공이 많으면 배가 산으로 간다〉는 해당 단어의 뜻을 설명한 후에 뜻을 물으면 '여럿이 힘을 합치면 불가능이 없다'라고 해석하는 경우가 많은 것이다. 속담의 어휘 조합으로는 바른 해석을 하지 못하는 예이다. 오히려 어휘 의미를 조합하면 '불가능이 없다'는 추론이 더 쉬워 보인다.

〈번갯불에 콩 구워 먹는다〉는 속담을 외국인에게 제시하면 대부분 '매우 위험한 행동'이라는 답변이 나온다. 의미 조합으로 본다면 충분히 이해가 되는 답변이다. 번개가 치는데 콩을 구워 먹는 상황을 '성격이 급하다'로 해석할 가능성이 오히려 적다고 할 수 있는 것이다. 따라서 전혀 다른 해석이 나오는 예는 반드시 자세한 설명이 필요하다. 그렇지 않으면 이해와 표현에 있어 심각한 의사소통 문제를 야기할 수 있다.

〈가뭄에 콩 나듯〉이라는 표현도 '전혀 없다'는 식으로 해석하는 경우가 많다. 그래서 외국인은 '가뭄에 콩 나듯 연락한다'라는 말을 연락이 전혀 없다는 뜻으로 해석한다. 어휘 의미의 조합으로는 해석에 중대한 오류가 발생하는 것이다.

④ 문화가 담겨 있는 속담

넓은 의미에서 모든 속담에는 문화가 담겨 있다고 할 수 있다. 여기에서는 특별한 문화 요소가 분명히 드러나는 예를 살펴보기로 하겠다. 한국의 전통적인 주거 문화를 이해하지 못하면 〈얌전한 고양이 부뚜막에 먼저 오른다〉라는 속담을 이해할 수 없다.

'부뚜막'에 대한 이해가 필요하다. 마찬가지 관점에서 '부뚜막의 소금도 넣어야 짜다'라는 속담도 문화에 대한 이해가 절대적으로 필요하다. 〈미운 놈 떡 하나 더 준다〉나 〈떡 줄 사람 생각도 안 하는데 김칫국부터 마신다〉 등은 한국의 음식문화를 이해해야 이해가 쉽다. 이러한 속담을 제대로 이해하기 위해 한국 문화에서 '떡'이 차지하는 중요성을 알아야 하는 것이다.

〈찬물도 위아래가 있다〉라는 속담을 이해하기 위해서는 한국의 유교 문화, 장유유서(長幼有序) 문화를 먼저 알아야 한다. 한국은 서열을 중요하게 생각하는 문화를 갖고 있다.

한국어 속담 중에 동물과 관련된 주제가 많다는 점도 흥미롭다. 한국의 속담에는 호랑이에 대한 이야기가 많다. '호랑이도 제 말하면 온다'나 '호랑이에게 물려가도 정신만 차리면 산다', '호랑이는 죽어서 가죽을 남기고, 사람은 죽어서 이름을 남긴다' 등 호랑이 관련 속담이 많다는 것은 한국에 호랑이가 많았다는 증거가 되기도 한다. 개에 관한 속담은 '개'에 대한 우리의 태도를 엿볼 수 있게 한다. 한국어 속담에서 개는 주로 반려견으로서의 지위를 갖지 않는다. 비교적 '서당 개 삼 년이면 풍월을 읊는다'에서 개에 대한 비하의 감정이 적게 나타날 뿐, 많은 속담에서 좋지 않은 의미로 등장한다.

등장하는 동물로는 한국의 속담인지 구별하기 어려운 것도 있다. 예를 들어 〈원숭이도 나무에서 떨어질 때가 있다〉라는 속담을 옛 한국 사람이 이해하기에는 어려운 점이 있었을 것이다. 왜냐하면 한국인은 원숭이에 대한 개념이 불명확했을 것이기 때문이다. 〈장님 코끼리 만지기〉도 코끼리에 대한 개념이 한국인에게 없었다는 점에서 이해하기 어려운 속담이었을 것이다. 한편 '돼지 목에 진주목걸이'나 '고양이 목에 방울 달기' 등은 문화적인 측면을 볼 때 외래의 속담으로 보인다.

⑤ 오해하는 속담

속담을 오해하는 원인 중의 하나는 속담의 기능에 대해서 깊이 생각하지 않기 때문이다. 속담은 기본적으로 교훈성과 풍자성을 지닌다. 재미있으면서도 무언가 깨우치게 하려는 언어 표현인 것이다. 따라서 속담의 의미를 생각할 때나 사용할 때는 교훈성을 생각해야 한다. 그래서 '~라고 하더니'와 같이 해석을 붙일 필요가 있다.

예를 들어 '사촌이 땅을 사면 배가 아프다'나 '못 먹는 감 찔러나 본다'와 같은 속담을 인간의 본성으로 해석하는 경우가 있다. 누구나 가까운 사람이 잘 되는 것도 질투하게 마련이라든지, 자기가 못 가질 바에야 남도 못 가지게 하려는 본성이 있다는 의미로 사용하는 경향이 있다. 하지만 이 속담들의 교훈성을 생각해 보면 "사촌이 땅을 사면 배가 아프다더니 네가 그 꼴이구나", "못 먹는 감 찔러나 본다더니 네가 그런 놈이구나" 하고 사용해야 한다. 그러고 나서 "그렇게 하면 안 된다", "못 쓴다" 식으로 교훈을 주어야 하는 것이다. '긴 병에 효자 없다'는 말도 대표적으로 오해하는 속담이다. 긴 병이어서 효자 노릇을 안 한다면 문제가 아닐 수 없다. 긴 병이어도 당연히 효도를 해야 한다. 하지만 긴 병이어서 효도하기가 어려울 수 있으니 서로 도와야 하고 힘도 북돋아 주어야 한다. 본디 그런 의미의 속담인데, 변명의 도구로 속담이 이용된다면 문제다.

또한 속담 중에는 깊은 생각을 요하는 경우도 있다. 예를 들어 '맑은 물에는 고기가 놀지 않는다'는 속담은 '맑은' 것을 나무라는 것이 아니라, 지나치게 맑아서 다른 이를 용서하지 않는 태도를 나무라는 것이다. 맑되 덕이 있어야 함을 교훈으로 들려주고 있다.[105] '사흘 굶으면 남의 담 안 넘는 놈 없다'는 속담도 어려우면 누구나 나쁜 짓을 할 수 있다는 의미로 사용하며 자신을 변명해서는 안 된다. 다른 사람을 쉽게 용서하라는 의미만은 아닌 것으로 보인다. 오히려 누구라도 사흘을 굶으면 남의 담을 넘을 수도 있으니 잘 살피고 도와주라는 의미로도 해석이 가능하다.

(2) 속담의 주제

속담의 주제는 다양하게 나누어 볼 수 있다.[106] 앞서 언급했듯이 속담은 기본적으로 교훈성과 풍자성이라는 두 가지 성격을 띠고 있다. 따라서 주제는 교훈이라는 점과 닿아 있다. 가장 교훈적인

---

105 '덕불고 필유린(德不孤 必有隣)'은 논어(論語)에 나오는 말로 '덕이 있는 사람은 외롭지 않다'는 뜻이다. 이 말은 맑은 것뿐 아니라 덕이 중요함을 보여 준다.

106 연변인민출판사에서 나온 『조선족 속담사전』에서는 속담의 주제를 '분투, 사회, 수양, 사유, 심성, 생활, 삼가, 언어, 행위, 자연, 형상'으로 대분류하고 있다. 또한 이 대분류를 무려 103개 항목으로 다시 나누고 있다. 이 중 자연에 해당하는 항목만 봐도 '농사, 계절, 기후, 시간'의 네 항목이 들어가 있다.

것은 사람으로서 도리를 하는 것과 반대로 하면 안 되는 것에 관한 내용이다. 우리나라 속담의 주제로는 그런 점에서 가족과 관련된 내용이 많이 나타난다. '효도, 우애(友愛), 자애(慈愛)' 등이 대표적이라고 할 수 있다. '말'에 해당하는 주제도 중요하게 다루어지는데 '말'에서 실수가 잦기 때문으로 보인다. 농사와 같은 경제 활동과 관련된 속담도 많다. 속담은 주로 주변에서 비유의 대상을 찾는 경향이 있다. 따라서 예전의 속담에는 농사에 관한 비유가 많다. '호미로 막을 것을 가래로 막는다', '낫 놓고 기역자도 모른다' 등이 그 예이다. 주요한 주제에 따라 속담을 제시해 보면 다음과 같다.[107]

① 가족

가족에 관한 속담은 효도와 자식 키우는 일에 관한 내용이 많다. 이는 효도의 당연함과 자식 키우기의 어려움을 보여 주는 것이라 할 수 있다. '부모가 죽으면 산에 묻고 자식이 죽으면 가슴에 묻는다'는 속담이 부모의 자식 사랑을 가장 애절하게 보여 준다. '사랑은 내리사랑'이라는 말도 부모의 사랑을 자식이 갚기 어려움을 보여 준다.

반면 자식을 키우는 일이 쉬운 일이 아님을 '가지 많은 나무에 바람 잘 날 없다'라든지 '열 손가락 깨물어 안 아픈 손가락 없

---

[107] 여기에서 제시하는 속담은 주로 현실에서 자주 쓰는 것들이다. 외국인에게도 가르칠 수 있는 속담이라고 할 수 있다. 속담사전을 살펴보면 평소에 사용하지 않는 속담이 많아서 현재의 우리 의식 세계를 보여 준다고 말하기 어려운 점이 있다.

다'라는 말이 잘 보여 주고 있다. 오죽하면 '무자식이 상팔자'라는 속담이 나왔을까? 하지만 이 속담 역시 자식이 없음을 부러워하는 속담은 아니었을 것이다.

자식이 속을 썩여도 부모는 '미운 자식 떡 하나 더 준다'. 미운 자식을 미운 놈으로 바꾸어 사용하기도 하는데, 이는 사실상 놀라운 확대라고 할 수 있다. 자식에게 적용되는 말을 다른 사람에게까지 넓히는 것은 세상을 바라보는 태도를 다르게 만든다. 사실 부모는 자식의 거울이기도 하다. '콩 심은 데 콩 나고 팥 심은 데 팥 난다'는 속담은 이런 모습을 잘 보여 준다.

또한 어떤 속담은 실제의 모습을 보여 주기도 하고, 그래야 한다는 희망을 나타내기도 한다. '부부싸움은 칼로 물 베기'는 실제로 그렇다는 의미일 수도 있으나 그렇게 되어야 한다는 희망도 반영하고 있는 것으로 보인다. '피는 물보다 진하다'라는 속담도 실제로 그렇거나 희망 사항을 보여 주는 것이라고 할 수 있다. 형제간의 우애가 중요함을 보여 주는 속담으로 해석할 수도 있다.

이렇게 가족과 관련된 속담은 생활 속에서 삶의 지혜와 교훈을 주고 있다. 가족에 관한 속담으로는 다음과 같은 것이 있다.

가지 많은 나무에 바람 잘 날 없다.[107]
긴 병에 효자 없다.[108]
무자식이 상팔자
미운 자식 떡 하나 더 준다.
바늘 가는 데 실 간다.
부모가 죽으면 산에 묻고 자식이 죽으면 가슴에 묻는다.
부부싸움은 칼로 물 베기
불면 날아가고 쥐면 터질세라
사랑은 내리사랑
열 손가락 깨물어 안 아픈 손가락 없다.
집 떠나면 고생
짚신도 짝이 있다.
콩 심은 데 콩 나고 팥 심은 데 팥 난다.
피는 물보다 진하다.
형만 한 아우 없다.

② 친구와 사회

가족 다음으로 중요한 인간관계는 친구이다. 친구는 사회적

---

108 일본어에도 똑같은 속담이 있어서 영향관계를 살펴봐야 한다. 속담은 한, 중, 일 사이에 유사점이 많다. 우연한 일치도 있을 수 있지만 대부분 영향을 주고받은 것이라 할 수 있다.

109 이 속담도 중국어에 나타난다. '久病無孝子(구병무효자)'라고 한다.

관계의 시작이기도 하다. 한국어에도 친구의 중요성, 이웃의 중요성, 사회의 중요성에 대해서 교훈을 주는 속담이 많다. 친구와 관련된 대표적인 속담으로는 '친구 따라 강남 간다'가 있는데 이는 자신의 줏대가 없이 남이 하는 대로 따라하는 태도를 경계하고 있다. '먼 사촌보다는 가까운 이웃이 낫다'는 속담은 이웃의 중요성을 보여 준다.

사회와 관련된 속담으로는 겸손에 관한 '벼는 익을수록 고개를 숙인다', '개구리 올챙이 적 생각 못 한다', '뛰는 놈 위에 나는 놈 있다' 등이 있다. 협동을 강조한 속담으로는 '백지장도 맞들면 낫다', '콩 한 쪽이라도 나눠 먹어라' 등을 들 수 있다. 반대로 의견이 많으면 좋은 결과를 가져올 수 없다는 의미로 '사공이 많으면 배가 산으로 간다'는 속담을 사용한다.

이와 같이 친구와 사회에서의 인간관계를 보여 주는 속담으로는 다음의 속담을 예로 들 수 있다.

가재는 게 편
개구리 올챙이 적 생각 못한다.
개천에서 용 난다.
뛰는 놈 위에 나는 놈 있다.
먼 사촌보다 가까운 이웃이 낫다.
믿는 도끼에 발등 찍힌다.
백지장도 맞들면 낫다.
사공이 많으면 배가 산으로 간다.
스승의 그림자도 밟지 않는다.
친구 따라 강남 간다.
콩 한 쪽이라도 나눠 먹어라.
팔은 안으로 굽는다.

③ 언어

인간이 하는 실수 중에서 가장 잦은 것은 아마도 '말'과 관련된 일일 것이다. 따라서 속담에도 '말'에 관한 내용이 많다. 이는 말실수를 경계하거나 말의 중요성을 교훈으로 주기 위함이라고 할 수 있다. 말실수와 관련된 속담으로는 '엎지른 물은 주워 담지 못한다', '말이 씨가 된다' '혀 아래 도끼 들었다' '발 없는 말이 천 리 간다' 등이 있다. 이는 말이 소문이 될 수 있음도 경계하고 있다. '아니 땐 굴뚝에 연기 나랴'나 '낮말은 새가 듣고 밤말은 쥐가 듣는다' 등이 여기에 속한다. 말을 하되 잘 해야 한다는 의미의 속담도 있다. '가는 말이 고와야 오는 말이 곱다', '말 한 마디에 천 냥 빚을 갚는다', '아 다르고 어 다르다'가 여기에 속한다. 같은 의미의 말이라도 어떻게 표현하는가에 따라 전혀 다르게 전달될 수 있음을 보여 준다. 말에 해당하는 속담은 다음과 같다.

> 가는 말이 고와야 오는 말이 곱다.
> 꿀 먹은 벙어리
> 꿈보다 해몽이 좋다.
> 낮말은 새가 듣고 밤말은 쥐가 듣는다.
> 말 속에 뼈가 있다.
> 말 한 마디에 천 냥 빚을 갚는다.
> 말이 씨가 된다.
> 발 없는 말이 천 리 간다.
> 아 다르고 어 다르다.
> 아니 땐 굴뚝에 연기 나랴?
> 엎지른 물은 주워 담지 못한다.
> 한 귀로 듣고 한 귀로 흘린다.
> 혀 아래 도끼 들었다.
> 호랑이도 제 말하면 온다.

④ 생활

생활에 관한 속담에는 주로 실수와 관련된 내용이 많고, 의지에 관련된 내용도 많다. 이는 고난을 극복해야 한다는 생각이 담긴 것이라 할 수 있다. 우리가 자주 쓰는 속담 중에서 생활과 관련된 내용이 담긴 속담을 살펴보도록 하겠다.

가. 농사와 의식주

농사와 의식주에 관한 속담은 한국인의 생활에서 매우 친숙한 내용에 대한 속담이라고 할 수 있다. 따라서 다른 분류와 일부 겹치는 경우가 있다. 농사나 의식주에 관한 것이 소재이기는 하지만 전해 주려는 교훈은 다른 내용일 수 있기 때문이다. 농사에 대한 속담에는 호미, 가래, 낫, 도끼, 홍두깨 등 다양한 농기구가 등장하기도 한다. 또한 벼, 콩, 팥 등의 곡식도 자주 등장하게 된다. 관련 속담을 보이면 다음과 같다.

> 가뭄에 콩 나듯
> 금강산도 식후경
> 낫 놓고 기역자도 모른다.
> 다 된 밥에 코 빠뜨린다.
> 믿는 도끼에 발등 찍힌다.
> 벼는 익을수록 고개를 숙인다.
> 보기 좋은 떡이 먹기도 좋다.
> 아닌 밤중에 홍두깨
> 옷이 날개다.
> 이왕이면 다홍치마
> 콩 심은 데 콩 나고 팥 심은 데 팥 난다.
> 콩 한 쪽도 나누어 먹는다.
> 콩으로 메주를 쑨대도 안 믿는다.
> 호미로 막을 것을 가래로 막는다.

나. 병

인간에게 병은 매우 고통스러운 문제이고, 당연히 중요한 주제이기도 하다. 따라서 병과 관련된 속담도 다양하다. 그런데 한국인은 병을 부정적으로만 보지 않고, 대접해야 하는 대상으로도 본다는 점에서 특수성이 나타나기도 한다. 관련 속담을 보이면 다음과 같다.

> 병 주고 약 준다.
> 감기는 밥상머리에서 내려앉는다.
> 입에 쓴 약이 몸에 좋다.
> 아는 게 병이다.
> 모르는 게 약이다.
> 밥이 보약이다.

다. 행동

행동에 대한 속담은 주로 해서는 안 되는 행동에 대한 경계가 많다. 또한 끈기와 성실성 등을 강조하는 속담도 자주 나타난다. 시대 상황을 반영하는 것이기는 하지만 여성에게 차별적인 속담들도 있다. 관련 속담을 보이면 다음과 같다.

겉 다르고 속 다르다.
번갯불에 콩 구워 먹는다.
우물가에 가서 숭늉을 찾는다.
매도 먼저 맞는 놈이 낫다.
누워서 침 뱉기
세 살 버릇 여든까지 간다.
천 리 길도 한 걸음부터
고래 싸움에 새우등 터진다.
수박 겉핥기
벼는 익을수록 고개를 숙인다.
돌다리도 두드려 보고 건너라.
지성이면 감천이다.
암탉이 울면 집안이 망한다.

⑤ 묘사

속담 중에는 교훈보다는 풍자에 그 기능이 집중되는 속담도 있다. 특히 묘사가 쓰이는 속담은 풍자의 기능이 강하다. 대체로 과장법이 쓰이기도 한다. 묘사와 관련된 속담을 보이면 다음과 같다.

꿩 대신 닭
도둑이 제 발 저리다.
도토리 키 재기
땅 짚고 헤엄치기
밑 빠진 독에 물 붓기
배보다 배꼽이 더 크다.
산 넘어 산
새 발의 피
엎친 데 덮친 격
제 눈에 안경

같이 더하여 생각하기

01. 법과 관련된 한국 속담을 찾고 그 속담에 담긴 한국인의 사고와 문화에 대해 이야기해 보십시오.

02. 각국의 문화를 이해해야만 알 수 있는 속담의 예를 더 찾아보십시오.

8) 신체 언어를 말하다

> 사람은 예나 지금이나 동작을 하는 동물이다. (…) 철학과 공학은 동물적 활동을 대신하는 것이 아니라, 단지 인간의 동물적 활동에 추가되었을 뿐이다. 사람은 행복이라는 개념을 탄생시키고, 행복을 나타내는 말을 만들었다. 그러나 그것 때문에 입술을 벌려서 미소 짓는 동작까지 잃어버린 것은 아니다.
>
> — 데즈먼드 모리스, 『피플워칭』

신체 언어는 언어이면서 언어가 아니라는 특성이 있다.[110] 신체 언어를 '비언어적 행위'라고도 하는데 이때는 언어가 아니라는 점을 강조하고 있다.[111] 신체 언어는 언어문화의 관점에서 볼 때 매우 중요하다. 신체 언어가 어느 문화나 비슷한 경우도 있지만 이는 매우 드물고, 대부분의 경우에 약간 또는 매우 많이 차이가 난다. 예를 들어 일부 인디언 언어에서는 몸짓의 비중이 너무 커서 아라파호 족은 어둠 속에서는 거의 대화를 나누지 못했다고 한다.[112]

---

[110] Bonvillain, Nancy(2003:35)에서는 비언어적 행위를 '사람들은 음성 언어뿐 아니라 몸짓, 얼굴 표정, 몸의 자세, 그리고 공간 사용을 통해서도 의미를 전달한다. 의사소통의 이러한 측면은 단지 말할 때의 장식적 요소가 아닌 대화에 참여하는 사람이 전달하는 메시지의 중요한 구성 요소이다. 비언어적 의사소통은 동작학적(kinesic) 행위와 근접학적(proxemics) 행위를 모두 사용한다. 동작학은 몸짓, 얼굴 표정, 아이콘택트, 몸의 자세를 말한다. 근접학은 접촉과 개인 공간의 사용을 포함한다'고 설명하고 있다. 몸짓언어 외에 공간의 사용도 포함되는 것이다.

[111] 조현용(2009)에서는 한국인의 신체 언어를 분류하고 특징을 소개한 바 있다.

[112] Will Durant(1935), *The story of Civilization*, 왕수민·한상석 역(2011:185), 『문명

신체 언어는 '구어'에 비해 의사소통에서 오해로 작용하는 경우가 많다. 구어는 모르는 말이면 쉽게 모르는 말로 취급하지만 신체 언어는 해당 문화에도 있는 비슷한 신체 언어로 오해하거나 아예 이해를 못하는 상황에 맞닥뜨리게 된다.

Berko·Wolvin·Wolvin(1998:86)에서는 음성과 비음성의 관계, 음성적 의사소통과 비음성적 의사소통의 주요 관계는 대체하고 보완하며, 충돌하고 강조하는 것으로써 기술하고 있다. 각각에 대한 설명은 다음과 같다.

① 대체 관계 : 비음성적인 신호는 음성적 신호를 대체한다.
② 보충 관계 : 신체 언어는 음성적 메시지를 보충할 수 있다. 비음성적 메시지의 보충은 다른 차원의 의사소통에 도달하게 한다.
③ 충돌 관계 : 사람의 신체적인 움직임은 음성적 메시지와 충돌할 수 있다. 행동이 음성적 메시지와 충돌할 때, 우리는 비음성적인 것에 더 의존하는 경향을 보인다. 사실, 비음성적인 단서들은 음성적인 것들보다 위장하기가 더 어렵다.
④ 강조 관계 : 비음성적인 행위는 강조하고 싶은 글에 밑줄을 긋는 것처럼 음성적인 메시지를 강조할 수 있다.

이야기」 참조

한국어에는 신체 언어와 관련된 여러 표현이 있다.[113] 보통 신체 언어를 '몸짓'이라고 표현한다. 몸짓은 몸으로 하는 행동뿐만 아니라 모든 신체 언어를 아우르는 개념이다. 조금 더 구체적으로 이야기할 때는 '손짓, 발짓'이라는 표현을 쓴다. 물론 두 몸짓을 합쳐서 '손짓발짓을 하다'라는 표현을 쓰기도 한다. 눈으로 하는 의사소통은 '눈짓'이라는 표현을 쓰기도 한다. 어원적으로 보면 '-짓'은 '-질'과도 연관이 있다. 둘 다 행동을 나타낼 때 쓰는 접미사이다.[114] '발길질, 삿대질, 주먹질, 손가락질' 등도 모두 신체 언어의 종류라고 할 수 있다. 보통은 '-질'이 결합하면 강렬한 행위가 된다.

(1) 손가락으로 하는 행위

한국인의 신체 언어 중에는 다른 언어 문화권과는 명확히 차이가 나타나는 예들이 있다. '삿대질을 하다'의 경우는 매우 특

---

[113] Desmond Morris(1977:24)에서는 얼굴 표정의 중요성을 다음과 같이 설명하고 있다. '모든 영장류에는 얼굴에 표정이 있다. 특히 고등한 종(種)은 얼굴 근육이 잘 발달되어 있어서 광범위하고 미묘한 얼굴 신호를 할 수 있다. 인간에게는 그런 경향이 가장 현저하며, 대부분의 비(非)언어적인 신호는 얼굴의 표정으로 전달된다고 해도 과언이 아니다.' 한국인의 신체 언어에도 표정에 관한 것이 많으나 본 장에서는 주로 손과 관련된 내용을 주로 다루었다.

[114] '-짓'이나 '-질'은 '일, 직업'을 나타내기도 한다. 보통은 낮게 표현할 때 쓰는데 방언에 따라서는 비하의 느낌이 아닌 경우도 있다. '도둑질, 강도질, 계집질, 서방질' 등이 예이다. '선생질'이 가르치는 일을 한다는 의미로 쓰이기도 하는데 경상도 지역에서는 특별히 낮춤의 표현이 아니기도 하다.

이한 신체 언어라고 할 수 있다. 손가락으로 다른 사람을 가리키면서 비난하는 행위는 대부분의 문화에서 매우 일반적인 행위가 아니냐고 할 수 있을지 모른다. 하지만 '삿대질'의 경우는 정확하게 말해서 다른 사람을 가리키는 행위가 아니다. 손가락의 끝은 최종적으로 상대가 아니라 '하늘'을 향하고 있는 경우가 대부분이다. 다른 문화권의 신체 언어에서는 잘 나타나지 않는다. 다른 사람을 가리키는 행위로는 손가락질이 있다. 이는 삿대질과는 향하는 최종 방향이 다르다는 차이점이 있다.

수를 세는 행위도 문화권마다 다르다. 한국에서는 수를 셀 때 '손으로 꼽다'라고 하는데, 이는 손가락을 굽힌다는 의미이다. 문화권에서는 손가락을 펴면서 수를 세는 경우도 있고, 손가락을 굽히거나 펴는 순서가 다르게 나타나기도 한다. 중국인이 수를 세는 모양은 또 다르다.

손가락으로 귓불을 잡는 것은 뜨겁다는 것을 나타낼 때 하는 행위다. 이는 뜨거운 것을 만졌을 때 하는 행위로 모든 문화권에서 하는 행위처럼 보이지만 실제로 이런 행위를 하는 문화권은 거의 없다. 손가락으로 귀를 파면서 '누가 내 욕을 하나?'하고 말하는 경우가 있는데 이러한 행위도 한국 문화에서 나타나는 행위라고 할 수 있다.

(2) 손바닥이나 주먹으로 자신을 치는 행위

무릎을 치는 행위나 땅을 치는 행위도 다른 문화권에서는 거의 하지 않는 행위이다. 좋은 생각이 났다는 의미로 무릎을 치는 행위를 하는 문화권은 별로 없다. 다른 문화권에서는 엄지와 중지를 맞잡고 튕기는 행위를 하는 경우가 많다. 이마를 치는 경우는 갑자기 잊고 있던 생각이 날 때 하는 행위이다. 이것도 문화권에 따라서 행위가 약간 다르다. 한국에서는 손이 이마에 닿았다가 멈추는 행위임에 반해서 다른 문화권에서는 이마에 닿았다가 떨어지는 행위이기도 하다.

한국인이 땅을 치는 행위에는 대부분 통곡이 따른다. 하늘이 무너지는 슬픔을 땅을 치며 표현하는 것이다. 이런 행위도 다른 언어권에서는 거의 나타나지 않는다. 비슷한 의미의 행위로 가슴을 치는 것을 들 수 있다. 가슴을 치는 행위는 문화에 따라 의미가 달리 나타나기도 한다. 한국 문화에서는 주로 답답함이나 후회를 나타내지만 러시아 문화권에서는 자신이 있다는 의미로 사용하기도 한다.

비슷한 행위지만 손으로 치지 않고 쥐어뜯는 행위도 있다. 가슴을 쥐어뜯는 행위나 머리를 쥐어뜯는 행위가 여기에 속한다. 머리를 긁는 행위는 한국에서는 부끄러움의 의미를 나타내는 경우가 많은데, 어떤 문화권에서는 생각이 나지 않는다는 의미로 사용한다.

(3) 기거 행위나 예절

양반 다리를 하거나 양반집 여성이 앉는 모습 등은 온돌 문화와 관련이 있다고 할 수 있다. 한국인들이 방바닥에 앉아 있는 모습을 관찰해 보면 허벅지 부분이 넓게 바닥에 닿아 있는 것을 발견하게 된다. 이는 바닥의 온기를 더 많이 전달 받으려는 의도에서 비롯된 것으로 보인다. 인도의 가부좌 자세와는 차이가 있다.

인사를 하는 행위도 다른 문화권과는 차이가 있다.[115] 고개를 숙이는 행위도 하지 않는 문화권이 많다. 또한 인사할 때 고개를 숙이는 횟수도 문화권에 따라 차이가 있다. 한국은 보통 한 번 고개를 숙인다. 절을 하는 행위도 다른 문화와는 차이가 있다. 상가(喪家)에서 절을 하는 것과 제사를 지낼 때 절을 하는 것, 설날에 절을 하는 것은 다르다. 또한 절을 하며 손을 모으는 것을 공수(拱手)라고 하는데 이러한 행위도 남녀 간에 차이가 나타난다. 남자는 왼손이 위로 가고, 여자는 오른손이 위로 간다. 단, 예외적으로 장례에서는 남자가 오른손을 위로, 여자가 왼손을 위로 올리는 차이점이 있다.

기거 행위나 예절과 관련해서는 금기 사항도 많이 나타난다. 방석을 밟고 서면 안 되고, 문지방을 밟고 있어도 안 된다. 어른이 방에 들어왔을 때 누워 있어도 예의에 어긋나는 일이다. 앉아서 다리를 떠는 행위도 복이 나간다고 하여 금기시하였다.

---

115 Desmond Morris(1977:111)에서는 인사 표현은 누군가가 잘 되기를 바라는, 또는 적어도 무사하기를 바라는 마음의 표현이며, 우호적이거나 또는 적의(敵意)가 없다는 기분을 전하는 신호라고 설명하고 있다.

(4) 기원하는 행위

한국의 전통신앙에서는 천지신명께 비는 행위를 중요하게 생각했다. 천지신명은 때로 '칠성님'이 되기도 한다. 이때 두 손 바닥을 둥글게 비비면서 기원을 하는 모양을 띠게 되는데 다른 문화권에서는 찾기 어려운 독특한 행위이다. 고개를 숙였다 들었다 하면서 손을 비비는 것이다. 비비는 속도도 매우 느리다. 한편 잘못을 했을 경우에도 용서해 달라는 의미에서 손을 비비기도 하는데 이때는 두 손을 마주 대고 위아래로 비빈다는 점이 차이가 있다. 또한 비비는 속도도 매우 빠르다는 차이점도 나타난다.

논밭 등에서 새참을 먹을 때는 '고수레'를 한다. 표준국어대사전에서는 고수레를 '민간 신앙에서, 산이나 들에서 음식을 먹을 때나 무당이 굿을 할 때, 귀신에게 먼저 바친다는 뜻으로 음식을 조금 떼어 던지는 일. 고시(高矢)는 단군 때에 농사와 가축을 관장하던 신장(神將)의 이름으로, 그가 죽은 후에도 음식을 먹을 때는 그에게 먼저 음식을 바친 뒤에 먹게 된 데서 유래한다'라고 설명하고 있다. 현재도 음식을 자연에 먼저 떼어 드리거나 술을 약간 따라서 땅을 적시는 행위를 하는데, 이는 자연을 우선시하는 태도를 보여 주는 행위라고 할 수 있다.

어머니나 할머니가 아픈 아이나 손주의 배를 문질러 주는 행위도 있다. 이는 배를 둥글게 쓰다듬어서 온기를 전하는 효과가 있다. 이때 '내 손은 약손'이라는 표현을 하며 아이가 낫기를 기원한다. 천천히 손을 둥글게 돌리며 문지른다는 점에서 천지신명께

비는 행위와 유사점이 있다.

(5) 신체 관련 관용 표현

한국인의 신체 언어와 관련하여 특이한 점은 신체 언어와 관련한 관용 표현이 많이 발달하였다는 점이다. 다른 언어에서는 신체 언어는 있지만 이를 묘사하는 관용 표현이 없는 경우가 많다. 따라서 한국어 신체 관련 관용 표현을 이해하기 위해서는 한국인의 신체 언어에 대해서 먼저 이해해야 한다.

예를 들어 '머리를 긁적이다, 눈을 치켜뜨다, 발을 동동 구르다' 등은 행위의 의미를 알아야만 해석이 가능하다. 머리를 긁적이는 행위가 한국에서는 주로 부끄러움을 나타내는 경우가 많다. 하지만 문화권에 따라서는 '생각이 나지 않다'라는 의미인 곳도 많다. 이러한 신체 언어의 차이로 인해서 관용 표현의 해석에 차이가 생길 수 있다.

(6) 상황과 신체 언어

신체 언어가 또 다른 언어라는 점은 언어를 배울 때 두드러진다. 각 상황에 맞는 언어를 사용할 필요성이 나타나기 때문이다. 보통 모국어를 배울 때는 신체 언어도 자연스럽게 습득한다. 생각이 나지 않으면 왜 이마를 치는지, 좋은 생각이 나면 왜 무릎을 치는지 일일이 설명하기는 어렵다. 외국어를 배울 때는 모국어의 경우처럼 자연스럽게 신체 언어를 습득할 수 없기 때문에 어떤 상황에서 어떤 신체 언어를 사용하는지 배우고 연습하여야 한다.

외국어를 배울 때 중요한 것은 상황이다. 보통은 주제와 연관 지어서 상황을 제시하게 된다. 예를 들어 자기소개와 인사의 상황을 생각해 보자. 언어 표현을 아무리 잘 한다고 하여도 신체 언어를 모르면 정확하게 의사소통이 이루어졌다고 볼 수 없다. 인사를 할 때 고개를 숙여야 하는지, 악수를 해야 하는지, 포옹을 해야 하는지, 볼에 키스를 해야 하는지 문화마다 매우 복잡하다. 따라서 당연히 자기소개나 인사를 배울 때에는 신체 언어도 같이 학습해야 하는 것이다. 하지만 외국어 교육에서 신체 언어를 가르치는 경우는 거의 없다.

식사를 하는 상황에도 수많은 신체 언어가 관계된다. 이런 신체 언어는 주로 예의와 관련을 맺는다. 예를 들어 어른께 술을 따를 때 두 손으로 따른다든지, 어른 앞에서 술을 마실 때 고개를 돌리고 마셔야 한다든지 하는 것은 신체 언어이면서 동시에 예의이기도 하다. 먹을 때 소리를 내면서 먹으면 안 된다든지 하는 것도 모두 신체 언어이고 예의이다.

칭찬을 하거나 불평을 할 때, 사과를 하거나 감사를 표할 때도 관련된 신체 언어가 있다. 머리를 쓰다듬는 것이 모든 문화에서 허용되는 것이 아니다. 머리를 만지는 것 자체가 모욕이 되거나 위협이 되기도 한다. 태국 등지의 나라에서는 아이들의 머리도 만지지 못하게 하는 경우가 있다. 사과를 할 때 상대방의 눈을 쳐다볼 것인지도 쉬운 결정이 아니다. 동양의 문화에서는 눈을 똑바로 쳐다보는 것이 도전을 의미하는 경우가 많다. 따라서 잘못했을 때는 고개를 숙여야 한다. 하지만 서양 문화에서는 눈을 쳐다보지 않으면 진심이 아니라고 생각한다. 당연히 오해가 발생할 수 있다.

약속을 할 때 어느 나라나 새끼손가락을 거는 것도 아니다. 약속을 하자고 새끼손가락을 들어 보이는 행위가 오해의 원인이 되기도 한다. 인도에서는 새끼손가락을 들어 보이는 것이 소변이 마렵다는 의미이다. 승리의 브이(V)도 단순한 신체 언어가 아니다. 일본 사람들은 사진을 찍을 때 브이 자를 보이면서 '피스(peace)'라고 한다. 승리와 평화의 간격이 느껴진다. 요즘 연예인들을 보면 사진을 찍을 때 양 손을 브이 자 모양으로 하면서 손등 쪽을 남에게 보이는 경우가 많다. 그러나 브이 자를 나타낼 때 손등 쪽을 다른 사람에게 보이면 욕이 되는 문화도 많다.

머리 위에 두 팔로 크게 하트 모양을 만드는 것도 오해가 되는 행동이다. 동남아시아의 많은 국가에서는 그런 모양을 원숭이 흉내라고 생각한다. 사랑을 표현한 것이 오히려 놀림감이 될 수도 있다. 상황에 맞지 않는 신체 언어는 수많은 문제를 일으킨다. 엄지와 검지로 원을 만드는 'OK' 표시도 모욕이 되는 문화가 많다. 칭찬이나 격려 등도 문화에 맞는 신체 언어를 배워야 한다. 언어 교육에서 신체 언어 교육이 필요한 이유이기도 하다.

교실에 앉아 있는 모습, 질문할 때 손을 드는 모습도 문화에 따라 차이가 있다. 가만히 앉아 있기만 했는데도 오해가 발생할 수 있다. 신체 언어를 공부하다 보면 다른 사람의 모습과 행동에 관심을 갖게 된다. 신체 언어는 문화에 대한 관심의 시작이기도 하다.

같이 더하여 생각하기

01. 한국인의 신체 언어 중에서 외국인이 이해하기 어려워 하는 것에는 무엇이 있는지 조사해 보십시오.

02. 같은 행위인데 문화권마다 크게 차이가 나타나는 신체 언어를 조사해 보십시오.

9) 시대를 말하다

> 나는 이 거리에 폐품처럼 뒹굴고 있는 말들을 주워서 그 먼지를 털어낼 것이다. 그리고 갈고닦고 때로는 뿌리를 캐고 그 줄기를 가려낼 것이다. 그래서 새로운 역사를 찾아가는 작은 통로의 화살표를 삼으려고 한다. 말이 안 되는 사회를 말이 되는 사회로.
> — 이어령, 『뜻으로 읽는 한국어 사전』

언어는 사회의 산물이라고도 할 수 있으므로 대부분의 표현이 사회를 반영한다고 할 수도 있다. 그 중에서도 집중적으로 사회의 상황이나 모습을 표현하는 몇 가지 예를 들어 보도록 하겠다.

똑같은 내용에 대해서 어떻게 표현하는가에 따라 느낌이 전혀 달라지는 경우가 있다. 예를 들어 노무현 대통령을 따르는 사람들의 모임을 〈노사모〉라고 표현하는 것과 〈노빠〉라고 표현하는 것은 전혀 다른 느낌이 된다. 신문을 보면 같은 내용을 입장에 따라 다른 관점에서 다른 느낌으로 표현하는 예들이 많다. 이러한 표현 방법의 차이를 '으르렁 말, 가르랑 말'이라고도 한다.

언어가 시대에 따라 바뀌는 가장 대표적인 예는 아마 〈386 세대〉라는 말이 아닐까 한다. 60년대 생으로 80년대에 대학을 다닌 30대의 계층을 컴퓨터에 빗대어 '386 세대'라고 하였다. 한동안 '386'에는 부정적인 의미와 긍정적인 의미가 함께 담겨 있었다. 그런데 여기에서 간과하고 있는 것이 있다. 386 세대라는 말에는 대학이 포함되어 있다. 즉, 80년대 학번이라는 규정으로 대학을 나오지 못한 사람들 특히, 대학을 나오지 않은 노동자를 포함하지 않는 비민주적 요소를 내포하게 된다. 2010년도를 전후로 해서 '386'이라는 말은 '486 세대', '586 세대'라는 말로 바뀌었다. 최근에 방송에서는 앞의 숫자를 떼고, '86 세대'라고 부르기도 한다. 이러한 변화도 시대적인 흐름이 언어에 반영된 것이라 할 수 있다.

(1) 군대 용어

박정희 정권부터 노태우 정권까지의 시기를 일반적으로 군사 정권이라고 부른다. 김영삼 정부는 이러한 전 정권과의 차별화를 위해서 '문민정부'라는 용어를 사용하였다. 군사 정권의 시기는 언어 표현 및 문화에도 다양한 영향을 미쳤다. 특히 그 시기에 군대 용어와 군사 문화가 일반 사회에도 폭넓게 자리하게 되었다.

스포츠 용어를 자세히 보면 군사 용어가 매우 많다. '작전, 전략, 전술, 융단폭격, 방어진 구축, 잠수함, 집중포화' 등 전쟁과 관련된 용어를 은연중에 사용하고 있다. 이는 군사 문화가 우리의 삶 곳곳에 뿌리 깊게 자리하고 있음을 보여 준다. '계급장 떼고, 짬밥, 상명하복, 쫄따구, 고문관, 뺑뺑이' 등의 군대 표현 또는 은어들이 아무런 비판 의식 없이 사용되고 있다.

심지어 핵과 관련된 표현들도 거리낌 없이 사용되고 있다. '핵잠수함, 핵우산' 등에서 유추되어 '핵주먹, 핵폭탄급 위력' 등의 비유로 사용되기도 한다. 최근 유행어에서는 〈핵〉을 접두사처럼 사용하기도 한다. 지나친 자존심을 '핵존심'이라고 하고, 아주 재미없다는 의미로 '핵노잼'을 사용하기도 한다.

(2) 은어(隱語)

은어가 발달하는 집단으로는 군대, 깡패, 학생, 종교 집단 등을 들 수 있다. 일체감을 강조하거나 다른 집단으로부터 구별되고 싶어 하는 마음 혹은 비밀스러움이 주원인이 된다. 대학생들의 경우에 '학고(학사 경고), 학관(학생회관), 학식(학생식당), 중도(중앙 도서관), 메뚜기(도서관에 자리가 없어서 여기저기 옮겨 다니는 사람)' 등 외부의 사람들이 이해할 수 없는 은어들을 사용한다. 대학생의 은어는 시대를 반영하기도 한다. 1980년대 군사정권 시대에는 '피를 뿌리다(유인물을 돌리다/paper의 p임), 딸려가다(경찰에게 잡혀가다)'와 같은 표현들이 은어로 사용되기도 하였다. 최근에는 준말 형태가 발달하고 있다. 예를 들어 '자소서'는 '자기소개서'를 의미하는 표현이다.

자소서와 같은 준말은 일종의 두자어(頭字語)라고 할 수 있다. 단어의 경제성을 살리는 것으로 두 개 이상의 긴 단어를 두 문자(頭文字)를 이용하여 단어를 만들거나, 약어 형태로 이용하는 것을 두자어(頭字語)라고 한다.[116] 두자어에 의한 단어 형성법은 매우 생산적인 단어 형성 방법이라고 할 수 있다. 영어에서는 NIMBY[Not In My Back Yard] 현상 같은 것이 두자어에 의한 단

---

[116] 한국어의 경우는 대부분의 한자권과 마찬가지로 첫음절을 이용하여 새로운 단어를 형성한다. 예를 들어 한국에는 '전'이 들어간 단체가 많은데, '전경련'은 전국 경제인 연합회, '전교조'는 전국 교직원 노동조합을 줄여서 만든 단어이다. 건배할 때 농담으로 '개나발'이라고 외치는 경우도 있는데, 이것은 '개인과 나라의 발전을 위하여'라는 뜻이라고 한다. 이것도 두자어의 예로 볼 수 있다.

어 형성으로 볼 수 있다. UN[United Nations] 같은 단어는 약어 형태로 이용되는 것이다.

텔레비전 프로그램에도 준말이 일상화 되고 있다. 이러한 준말은 세대에 따라 은어로 작용하게 된다. '응답하라 1988'이라는 드라마는 '응팔'로 부른다. 예능 프로그램이나 드라마, 영화의 제목도 상시적으로 준말로 사용하고 있다. '너의 목소리가 보여'라는 예능 프로그램은 '너목보'라고 부른다.

(3) 유행어(流行語)

유행어는 시대와 사회의 영향을 가장 많이 받는 어휘이다. 따라서 사회성이 획득되면 신어가 되기도 하지만 그렇지 못하면 사라지게 된다. 물론 유행어는 원래 있는 어휘인 경우도 많다. 유행어를 주로 생산해 내는 층은 연예인이다. 특히 코미디언의 경우 유행어를 만들기 위해서 애를 쓴다. 따라서 유행어가 많은 연예인의 경우는 '유행어 제조기'라는 별칭이 생기기도 한다.

사회적으로 문제가 되면서 유행어처럼 사용되는 어휘들도 있다. '명예퇴직'을 줄여서 '명퇴'라고 하는 것이 대표적이다. '조기퇴직'을 줄여서 '조퇴'라고도 했었는데 이것은 사회성을 획득하지 못해서 사라졌다. '왕따'는 일본어 '이지메'에 대한 번역어로 사용되었는데 사회성을 획득하여 계속 사용되고 있다. '놀토(노는 토요일)'라는 어휘도 한동안 유행이 되었는데, 주 5일 근무가 정착되면서 어휘 표현도 사라지게 되었다. 유행하는 제도나 물건이 사라지면 어휘도 사라지게 되는 경우가 있는 것이다.

최근에 대학에서 생성된 유행어에는 '자소설, 인구론' 등 대학생의 현실을 보여 주는 어휘들이 많다. 하지만 이런 어휘들이 계속 사회성을 가질 수 있을지에 대해서는 의문이다.

또한 유행어는 정치권에서 생성되기도 한다. 정치인이 한 말이 언론에 의해 소개되고, 이것이 유행어가 되는 경우가 있다. 자주 사용하지 않던 한자성어가 유행어가 되는 경우도 있는데 '토사구팽'이 대표적이다. 정치인이 사용하기 전에는 토사구팽이라는 표현을 알거나 사용하는 사람은 매우 적었다. 정치권에서 유행어를 만드는 것은 프레임 짜기와 관련이 되기도 한다. '종북, 좌빨, 꼴보수' 등의 어휘는 진영을 나누어 상대편을 프레임 속에 가두는 역할을 한다. 이런 경우에 '종북 프레임'과 같은 용어를 쓰기도 한다.

(4) 속어(俗語), 욕

속어는 속된 말이다. 보통 저속한 말을 의미한다. 대표적으로 '욕'을 들 수 있다. 대표적인 인디언 여성작가이자 운동가였던 지트칼라사는 '인디언의 언어에는 욕설이 없다'라는 말을 한 바 있다.[117] 욕설도 언어마다 다르다. 실제로 일본어에는 욕설이 많지 않다. 인디언 말에 욕설이 없을 것이라는 지트칼라사의 말에 수긍할 수 있는 이유도 일본어와 같은 예에 기대고 있다.

---

117 류시화, 『나는 왜 너가 아니고 나인가?』 참조

욕은 다양하게 발달한다. 욕은 주로 상대가 기분 나빠할 만한 주제에 관해서 이야기하게 된다. 따라서 저주의 내용이 많다. 종교적인 어휘들이 들어가게 되는 이유이기도 하다(예: 천벌을 받다, 벼락을 맞다 등). 병에 관련된 표현도 욕으로 나타난다. 과거 사람들이 두려워하던 병 중 하나였던 '염병'도 욕에 자주 등장한다. 염병은 장티푸스를 의미한다. '지랄'은 간질을 속되게 이르는 말이다.

또한 가족에 대한 이야기나 성적인 내용이 욕에 포함되는 경우가 많다. 물론 가족에 대한 성적인 욕도 나타난다. 가족에 대한 욕으로는 '개자식' 같은 표현이 나타난다. 한국어의 욕에도 이러한 요소가 많이 나타나는데, 주로 성기명이나 성행위와 관련된 표현이 욕으로 나타난다. 한국의 욕 중에서 특이한 점으로는 형벌, 고문에 관한 내용도 많다는 것이다. '육시랄, 능지처참할' 등은 형벌과 관련된 표현이다.

한편 한국어에 욕이 발달한 것에 비해서 받아들일 때에는 그리 심각하지 않은 경우도 많다. 가장 대표적인 예로 '욕쟁이 할머니'를 들 수 있다. 손님들에게 함부로 욕을 하는 주인 할머니를 다른 문화권에서는 상상하기 어렵다. 욕이 때로는 친근함의 표시이기도 하다. 어린 시절의 친구를 만나면 자연스럽게 욕부터 하는 경우가 있는데 욕을 가까운 친구라는 증거로 사용하기도 하는 것이다.

욕을 상스러운 말이라고 하는데 이는 상민이나 평민이 자주 쓰는 표현이라는 의미이다. 하지만 연구에 따르면 욕은 오히려 상류층에서 더 많이 사용해 왔다고 한다. 상류층일수록 욕을 사용할 대상이 많아지기 때문이다. 노예나 하인, 아랫사람 등을 부리면서 욕을 사용하는 경우가 많은 것이다. 물론 같은 상류층 사람들끼리는 욕을 사용하는 경우가 적을 수 있다.

(5) 말의 타락

한국어는 남북이 대치하고 있는 현실 때문에 말의 가치 타락 현상이 두드러지게 나타난다. 또한 유교 사회이자 신분 사회인 조선시대를 지나면서 많은 어휘들이 본래의 의미와 달라져 사용된다.

① 인민, 동무

인민(人民)은 사람과 백성이라는 의미를 갖고 있다. 인민이 북한에서 주로 쓰이면서 남한에서는 이 말이 금기시되었다. 그러고 나서 주로 사용하게 된 말이 '국민(國民)'이다. 이는 나라를 강조하는 어휘로 인민에 비해서는 국가를 중시하는 태도를 보이고 있다. 앞에서 언급한 '동무'라는 표현도 북한에서 혁명과 관련하여 주로 사용한다는 이유로 '친구(親舊)'라는 표현으로 바뀌었고,[118] 남한어에서는 '어깨동무' 정도에만 살아남아 있을 뿐이다. 북한에서 주로 사용한다고 해서 남한에서 회피하거나 의미가 변질된 단

---

[118] '친구'라는 단어도 '저 친구는 왜 그래?'와 같은 경우에는 의미가 변질되어 사용되고 있다.

어가 적지 않다. '공작(工作)'이라는 단어도 '직업, 일'이라는 의미가 변질된 단어이다. '빨치산'이라는 단어는 외래어이지만 본래의 뜻을 알기 어려울 정도의 의미가 변화되었다. '파르티잔(partizan)'의 의미하고는 어감에서 차이를 갖고 있는 것이다. 또한 빨치산과 관련되어 '빨갱이'가 연상되는 것은 발음의 연관성도 있지만, 부정적인 어감과의 연관성 때문이기도 할 것이다.

이상의 어휘들은 정치적인 상황에 의해서 단어의 사용이 제한되고, 의미가 타락하게 되는 예라고 할 수 있다.

② 양반, 영감

'그 사람은 양반이다', '양반이 못 된다'와 같이 양반은 신분상의 개념이라기보다는 오히려 '성인(聖人)'의 개념으로 사용되었다. '그만하면 양반이다'라는 말도 양반의 긍정적인 측면을 보여 주는 것이라 할 수 있다. 하지만 '아니, 이 양반이?', '양반 다리를 하고 앉았다'라고 할 때의 양반은 우리가 일반적으로 지칭하는 조선시대의 일반적인 양반의 모습을 지칭하는 것은 아니다.[119] 양반 사회에 대한 경멸의 의미가 담겨 있다고도 할 수 있다. '바깥양반'도 양반을 의미하는 단어는 아니다. 남편을 의미하는 단어로서 양반

---

119 서정범(2005:51-64)에 보면 백정의 은어 중 승려와 관련된 부분이 나온다. 대부분 승려에 관한 은어는 좋지 않은 의미로만 나오는데, 반감이나 반항의식이 반영된 것이라고 할 수 있다. 따라서 양반에 대한 반항의식이 이러한 언어의 타락을 가져왔을 것으로 보인다.

이라는 어휘가 남용되면서 가치가 타락한 단어라고 할 수 있다.

영감은 일반적으로 '정승'을 호칭으로 부를 때 사용하는 어휘였다. 그러나 이 어휘 역시 보통 남자 노인을 가리키는 말로 바뀌었다. 현대의 은어로 '영감'라는 호칭이 '검사'를 대상으로 연령과 상관없이 쓰이는 경우가 있다. 이러한 호칭에는 권위적인 의식이 반영되어 있는 것이라고 볼 수 있다. 영감이라는 어휘에 대해 더 비하하는 표현으로 '영감탱이'가 생겨난 것도 흥미로운 현상이라고 하겠다. 즉, 언어의 타락을 강화하는 것이기 때문이다.

이상의 어휘들은 시대의 변화에 따라 제도가 달라지고, 제도의 변화에 따라 의미가 바뀌게 된 예들이라고 할 수 있다.

같이 더하여 생각하기

01. 사투리에 대한 태도에 대해 조사해 보십시오.
    (예: 특정 지방 사투리에 대한 호감도 등)

02. 최근 대학에서 유행하는 유행어를 조사해 보십시오.

03. 유행어의 변천과 사회상에 대해서 조사해 보십시오.

10) 가족을 말하다

> 맹무백이 효도에 대하여 물은즉 공자께서는 "부모는 그대의 병만 걱정하신다."고 답하셨다(孟武伯 問孝 子 曰父母 唯其疾之憂).
>
> - 공자, 「논어」

문화인류학에서 친족어의 지칭과 호칭은 중요한 역할을 한다. 사회 구성을 이해하는 실마리가 되기도 한다. 한국어의 가족과 친족의 명칭을 보면 한국 사회를 어느 정도는 이해할 수 있다. 한국어의 친족 명칭을 보면 크게 두 가지의 특징이 나타난다.

하나는 남녀의 구별 또는 차이가 명확하다는 것이다. 정확하게 말해서 남자에 해당하는 지칭이 발달하였다. 여자에 대한 또는 여자 쪽과 관련된 명칭은 두루뭉술하기까지 하다. 예를 들어 큰아버지와 작은아버지의 구별이 고모에서는 나타나지 않는다. 아버지의 누나인지 여동생인지를 알 수 없는 것이다.

같은 남자라고 하더라도 남자 쪽에 해당하는 어휘는 좀 더 복잡한 형태를 띠게 된다. 아버지 쪽은 큰아버지 작은아버지로 구별되지만 어머니 쪽은 외삼촌이라는 명칭으로만 사용된다. 외숙모도 마찬가지다. 아버지 쪽은 큰어머니와 작은어머니로 구별되는데, 어머니 쪽은 외숙모로만 사용된다. 사실 숙모(叔母)는 백모(伯母)[큰어머니]와 대립되는 개념이어서 의미가 부정확한 표현이 된다. 또한 남편의 형제들은 부인의 형제보다 복잡하다. '아주버님과 도련님, 서방님' 등의 호칭으로 나누어지는데 부인의 남자 형제 호

칭은 '처남'으로 하나이다.[120]

다른 하나는 위, 아래 개념의 차이가 분명하다는 것이다. 이것도 정확하게 말하면 위에 해당하는 지칭이 발달하였다고 해야 한다. 대표적으로 '형, 누나, 언니, 오빠'가 있다. 이렇게 위에 해당하는 지칭은 분화되어 있는데, 아래에 해당하는 것은 '동생'이다. 외국인이 가장 번역하기 어려운 어휘가 〈동생(同生)〉이라고 하는데 일리가 있는 말이다.[121]

물론 동생은 남동생, 여동생이라는 말로 구별해서 쓸 수 있다. 하지만 동생이라는 어휘로 묶어서 표현할 수 있는 언어는 거의 없다. '형, 누나, 언니, 오빠'를 통틀어서 부를 수 있는 호칭이 없는 것을 생각해 보면 이해할 수 있을 것이다.

이런 친족 명칭을 보고 알 수 있는 것은 한국인은 남자와 윗사람을 중요하게 생각한다는 것이다. 중요하게 생각하는 대상의 명칭은 분화하는 경향이 있기 때문이다. 영어의 형제, 자매에 관한 명칭을 살펴보면 위, 아래의 구별은 잘 이루어지지 않음을 알 수 있다. 중국어나 일본어에서 형제, 자매의 호칭은 위, 아래와 남녀의 구별이 모두 나타난다. 한국어의 가족, 친척에 해당하는 명칭을 좀 더 살펴보면 한국인의 문화와 사고를 알 수 있을 것이다.

---

120 물론 모든 것이 정확하게 이 원리에 맞는 것은 아니다. 예를 들어 남편의 여자 형제는 '아가씨'라고 부르는데, 부인의 여자 형제는 '처형, 처제'로 나누어서 부른다. 하지만 이 호칭 역시 '형부, 제부'와 연관되어 발달된 것이 아닐까 하는 생각도 든다.

121 '내 동생 곱슬머리 개구쟁이 내 동생'이라는 노래를 번역한다고 생각해 보라.

(1) 어머니와 아버지

한국어에는 수많은 어머니가 나타난다. 한국인은 자기의 어머니 말고도 어머니가 참 많다. 우선 친척 중에도 큰어머니, 작은 어머니, 할머니(한어머니가 변한 말)가 있다. 모든 언어에서 이렇게 어머니가 많은 것은 아니다. 영어를 생각해 보면 금방 알 수 있다. 영어에서 어머니라고 부를 수 있는 사람은 많지 않다. 일본어에서도 어머니라고 표현할 수 있는 사람은 적다.

그런데 한국어의 어머니는 거기에서 그치지 않는다. 친구의 어머니도 어머니라고 하는 경우가 많다. 드라마에서 친구 어머니를 '어머니'라고 부르는 장면이 나오면 외국 학생들은 무척 당황해 한다. 선생님이 학부모와 상담을 하는 장면도 언어적으로는 복잡한 장면이다. 학생의 어머니를 '어머니'라고 부른다. 자주 가는 식당의 주인에게도 어머니라고 부르는 사람들이 있다.

한국어에서 왜 이렇게 어머니라는 표현이 널리 사용될까? 아마 그 해답은 반대로 '우리 어머니'라는 표현에서 찾아볼 수 있을 것이다. 외아들이어도 '우리 엄마'라고 부르는 것에서 이미 '어머니'는 나만의 어머니가 아니라는 생각이 은연중에 표현되고 있다. 이렇게 표현하는 것은 단순히 어머니에 대한 인식이 희박해서가 아니라 오히려 어머니에 대한 생각이 넓어지고 깊어지고 있는 것을 의미한다. 친구 어머니를 어머니라고 부르면, 친구의 어머니는 나를 자식처럼 여기게 된다. 물론 나도 어머님처럼 생각해야 할 것이다. 식당의 아주머니를 어머니라고 부르면 마치 자기 자식에게 해

주듯이 음식을 차려줄 것 같다. 정이 살아나는 것이다.

    종교나 철학에서 공통되는 원리는 나와 남을 구별하지 않는 것이다. 남의 고통을 나의 고통으로 생각하고, 남의 기쁨을 나의 기쁨으로 여기는 것이다. 모든 중생이 부처라는 생각도, 모든 사람이 하나님의 아들이라는 생각도, 사람과 하늘이 하나라는 생각도 모두 나와 남을 구별하지 않는 태도에서 출발한다. 이러한 태도를 가장 잘 표현하는 어휘가 바로 '우리'인 것이다. '우리 엄마'이고, '우리 집'이고, '우리 마을'이고, '우리나라'가 된다. '우리'라는 말은 공동체 의식을 강조하는 말이 아니라 소유에 대한 집착이 없음을 나타내는 말이다. 즉, 내 것과 네 것을 구별하지 않음을 의미하는 것이다. 구별이 중요하지 않으면 모두 '우리 아들, 딸'이 되고, 모두 '우리 어머니, 아버지'가 되는 것이다. 이것이 한국에 어머니가 많은 이유이다. 한민족이 넓은 의미에서 가족처럼 지낼 수 있는 것도 다 이런 호칭 때문이다. 반면에 아버지는 어머니만큼 확대하여 사용하지는 않는다. 친구의 아버지를 부를 때도 아버지보다는 아버님이라는 호칭을 사용한다. 단골 가게에서 아버지, 아버님이라고 부르는 경우도 거의 없다. 한국어의 어머니, 아버지는 쓰임이 다른 어휘라고 볼 수 있다. 어머니는 엄마라고 부르지만 아버지는 그냥 아버지라고 부르는 경우도 많다. 이는 친밀도와도 연관이 있다고 할 수 있다.

(2) 며느리와 사위

    한국어에서는 시어머니나 시아버지가 며느리를 부를 때, '아가' 또는 '애기'라고 한다. 또 '새아가'라고도 한다. 다른 사람에게 며느리 이야기를 할 때도 '우리 며늘아기'라고 한다. 시집까지 온 다 큰 어른에게 아기라고 한다는 것은 흥미로운 일이다. 심지어는 아기까지 낳은 며느리를 '아가'라고 하는 것은 이상하면서도 재미있는 일이다.

사랑하는 사람이 생겼을 때 남자가 여자를 '애기'라고 부르는 경우도 있다. 영어에서도 사랑하는 사람을 'baby'라고 표현하기도 한다. 아직 무엇인가 익숙하지 않고, 보호해야만 할 것 같은 느낌이 들기 때문일 것이다. 아기는 미숙하지만 다 이해해 주어야 하는 사람이다. 아기의 잘못을 이해하지 못하고 나무라기 시작한다면 문제가 많아질 것이다.

한국어에서 며느리를 아가라고 부르는 것은 좋은 느낌이 든다. 우리 집에 새로 들어와 무엇에도 익숙하지 않은 이에게 따뜻한 마음을 보여 주어 안심시키는 것이기 때문이다. 그러기에 며느리에 대해서 말할 때, 우리 집에 익숙한 이들이 갖고 있는 잣대로 쉽게 평가해서는 안 될 것이다. 하지만 실제 상황에서는 며느리를 아가처럼 대하지 않는다는 문제가 나타난다. 정확히 말하면 언행이 불일치하는 것이다.

사위를 부를 때는 '서방'을 붙여서 부른다. 김 서방, 이 서방 등으로 부르는 것이다. 또는 '자네'로 지칭하기도 한다. 현대에서 상대 높임법의 등급 중에 '하게체'가 쓰이는 상황이 장인, 장모가 사위에게 말을 할 때라는 설명은 일리가 있다.

(3) 아내와 남편

아내를 가리키는 말 중에 〈가시〉가 있다. 부부의 순 우리말은 〈가시버시〉이다. 가시집은 처갓집을 의미한다. 시집에 대비되는 어휘이다. 가시아버지와 시아버지, 가시어머니와 시어머니가 대비된다. 남편에 대한 어휘는 찾기 어렵지만 '버시'가 남편을 가리키는 어휘가 아니었을까 추론할 수 있다.

다른 사람에게 자신의 아내나 남편을 가리켜 하는 말도 복잡하게 발달하였다. 여기에 해당하는 어휘에는 관점이 나타나기도 한다. '아내, 처, 마누라, 안사람, 집사람, 안식구, 집식구' 등이 주로 사용된다. 최근에는 자신의 아내를 가리키는 말로 '와이프'가 널리 쓰이고 있다.

'와이프'라는 호칭이 우리말에 들어온 지 꽤 되었다. 하지만 여전히 '와이프'는 우리말이 아니다. 외래어도 아니고 그저 외국어에 불과하다. 널리 사용되고 있는 현실에 비추어 본다면 특이한 일이다. 최근에는 '아내, 처, 부인'이라는 표현보다 '와이프'라는 표현이 훨씬 더 많이 쓰이고 있는 듯하다. 자신의 부인에 대해 이야기할 때 거의 대부분의 남편들이 '우리 와이프'라고 말한다. 종종 '내 마누라'라고 하는 사람도 있지만 그냥 과시 차원에서 하는 말투일 뿐이다.

몇십 년 전만 하여도 '와이프'라는 말은 잘 사용되지 않았고, 초기에는 비교적 부인을 세련되게 부르려는 태도를 반영하고 있었다. 왠지 '와이프'라고 부르면 자기까지 고상해지는 느낌을 받았을 것이다. 하지만 시간이 지나면서 너 나 할 것 없이 '와이프'라는 말을 사용하게 되었고, 세련됨과는 거리가 먼 말이 되었다. '와이프'라는 표현이 특이한 점은 '허즈번드'라는 표현은 사용하지 않는다는 것이다. 남편을 '허즈번드'라고 하는 사람은 거의 없다. 농담으로나 부를까 자기 남편을 남에게 소개할 때 '내 허즈번드'라고 이야기하는 경우는 없다. 보통 반대말이 있으면 같이 사용되는 경우가 많은데 '와이프'의 경우는 예외인 셈이다.

자기의 아내를 다른 사람 앞에서 이야기할 때 지칭이 좀 복잡하다. 부인이라는 말은 남의 아내를 지칭할 때 쓰는 말이지 자기의 아내에게는 안 쓴다. 즉, 자기의 아내를 '내 부인'이라고 말하면 예의에 맞지 않는 표현이다. '아내'라고 해야 한다. '처(妻)'라고 표현하는 경우도 있다. '안사람'이나 '집사람'이라는 말도 자주 쓰는 표현이다. 안사람이라는 말이나 집사람이라는 말을 여성에 대한 차별적 의미로 받아들이는 경우도 있다. 아내의 역할을 집 안으로 한정한다고 보는 입장이다.

옛사람들은 주로 아내라는 표현보다는 〈안식구〉라는 말을 즐겨 썼다. 이 말도 좀 특이한 점이 있다. 왜냐하면 '바깥식구'라는 말을 잘 안 쓰기 때문이다. '바깥식구'라는 말 대신 '바깥양반'이라는 표현을 주로 쓴다. '안식구'라는 말 대신에 '집식구'라는 말을 쓰기도 한다. 이 말들에서 알 수 있는 것은 식구 중에서 대표적인 지위를 갖는 사람이 아내라는 점이다. 사실 식구는 여러 명이 있지만 아내가 식구의 대표가 된다.

아내를 부르는 또 다른 말로는 '안주인'이 있다. 이 말도 널리 쓰이는 말은 아닌 듯싶다. 보통 안주인은 '집안의 여자 주인'을 나타내는 말로 쓰이는데 종종 자신의 부인을 가리키는 말로 쓰이는 것이다. 안주인의 상대가 되는 '바깥주인'이라는 말이 '집안의 남자 주인'이라는 의미와 '남편'을 가리키는 말로 굳어져 사용되는 것에 비하면 '안주인'이 완전히 아내의 의미로 굳어져 있다고 보기에는 어려운 점이 있다. 하지만 바깥주인과 상대가 되는 표현이라는 점에서 안주인이라는 말도 흥미로운 표현이라고 할 수 있다.

'남편'을 부를 때는 '여보, 자기야' 정도의 표현을 사용하고, 가리킬 때는 '남편, 바깥양반, 바깥주인, 그이, 누구 아빠' 등을 사용한다. 물론 '오빠'라는 표현도 널리 쓰인다. '오빠'야말로 특정인이라고 보기 어렵다. '친오빠'도 오빠고 '동네 오빠'도 오빠고, '학교 선배'도 오빠라고 한다. 남편을 다른 사람을 부르는 표현으로 부르는 것은 어쩐지 특별함이 없는 느낌이다.

(4) 서방님과 도련님

호칭이나 지칭은 명확할 필요가 있다. 누구를 부르는지, 누구를 가리키는지 모른다면 복잡할 수밖에 없다. 물론 지나치게 복잡한 호칭과 지칭도 익히고 사용하려면 힘이 든다. 너무 단순하지도 너무 복잡하지도 않은 적당한 정도의 구별이 필요하다. 언어는 사회적 산물이므로 쉽사리 바꾸기는 어렵겠지만 여러 사람의 뜻을 모아 보면 해결책이 나올 수 있다.

한국어에서는 '서방님'이라는 호칭이 참 어렵다. 명절 때만 되면 사람들이 지칭과 호칭에 애를 먹는다. 그 중 최고 난도는 아무래도 서방님이 아닐까 한다. 서방님은 누구인가? 누구에게 서방님이라고 불러야 하는가? 실제로 서방님이라는 호칭을 쓰기는 하는가? '서방님'을 표준국어대사전에서 찾아보면 '남편(男便)의 높임말, 결혼한 시동생을 이르거나 부르는 말, 손아래 시누이의 남편을 이르거나 부르는 말' 등의 풀이가 나온다.

여기에서 문제가 되는 것은 남편을 '서방님'이라고 부르는데, 시동생이나 시누이 남편을 서방님이라고 부른다는 점이다. 남편을 부르는 호칭을 다른 사람에게 부른다는 것은 쉬운 일이 아니다.

남편의 동생은 결혼 전에는 '도련님'이라고 부르다가 결혼 후에는 '서방님'이라고 부른다. 지금은 '도련님'이라는 호칭은 쓰는 경우가 있으나 '서방님'은 거의 안 쓰는 듯하다. 엄격한 전통의 집안에서는 서방님이라고 부르라고 하는데 부르는 이나 듣는 이나 어색해 한다. 호칭이나 지칭이라고 하는 것이 정확하게 대상을 가리키는 것이어야 하는데 대상이 이렇게 불분명하면 계속 지속되기 어렵다. 서방님을 세분화해서 '큰 서방님, 작은 서방님'으로 부르는 것도 지시 대상을 나누기 위함으로 보인다.

같이 더하여 생각하기

01. 한국어의 친족 지칭과 호칭에 대해서 조사해 보십시오.

02. 한국어 호칭의 변화에 대해서 조사해 보십시오.

03. 다른 언어에서의 가족에 대한 지칭, 호칭을 찾아보고, 한국어와의 공통점과 차이점에 대해 더 이야기해 보십시오.

11) 생각과 감정을 말하다

> 싫다는 건 나쁜 게 있다는 말이 아니라 공부할 때가 됐다고 알려 주는 감정입니다.
>
> — 전헌, 『다 좋은 세상』

한국어는 한국인의 사고를 나타낸다. 한국어를 통해서 한국인이 세상을 어떻게 보고, 어떻게 판단하는지 알 수 있다. 따라서 한국어 전체가 한국인의 생각과 관련된다고 할 수 있다. 여기에서는 몇 가지 어휘를 통해 한국인이 세상을 인식하는 방식을 살펴보도록 하겠다.

(1) 마음

한국인은 생각과 관련된 표현으로 〈마음〉이라는 말을 쓴다. 생각이 담겨 있는 곳이 마음이기도 하다. 한국어 '마음'은 한국인의 다양한 삶의 모습을 보여 준다. 마음은 '넉넉하기'도 하고, '편안하기'도 하다. '마음껏' 하고 싶은 일을 하고, '마음대로' 가고 싶은 곳을 향할 수도 있다. '마음'은 눈에 보이지도 않고, 잡을 수도 없다. 하지만 한국인은 '마음'을 늘 구체적인 것으로 생각한다. 왜냐하면 마음은 아프기도 하고, 쓰리기도 하니 직접적으로 느낄 수 있는 대상인 것이다. 언어적으로 볼 때 마음은 극히 추상적이면서도 구체적이다.

한국어에는 '마음'에 대한 다양한 표현이 있다.[122] 앞에서 언급한 감정과 관련된 표현도 있고, '마음을 놓다, 마음을 두다, 마음을 잡다'처럼 구체성을 띤 물건처럼 다루는 경우도 있다. 마치 마음을 잡을 수도 있고, 놓아버릴 수도 있고, 가만히 둘 수도 있는 것처럼 표현한다. 어떤 경우에는 그저 '마음을 내려놓았다'라고 이야기하기도 한다. 마음은 쥐어짜면 '짜증'이 되고, 한 곳에 가두어 두면 '집착'이 된다.

'마음을 둘 데가 없다'라는 표현도 한다. 마음은 쓸 수도 있다. 내가 갖고 있는 마음을 다른 사람을 위해서 쓰기도 한다. 그래서 '마음 씀씀이'라는 표현도 있고, '마음이 자꾸 쓰인다'라는 표현도 있다. 마음을 쓰는 것은 좋은 일이다. 누구를 위해서 생각하고 있다는 의미가 되기 때문이다. 마음은 줄 수도 있다. 누군가에게 내가 갖고 있는 마음을 주는 것이다. 내 마음을 준다는 것도 참 좋은 의미다. 특이하기는 하지만 마음은 상하기도 한다. 주로는 외부의 요인 때문에 마음이 '망가지고, 썩어가는' 것이다. 이럴 때 마음이 쓰리고 아프다. 마음은 다치기도 한다.

(2) 사랑

한국인은 고맥락 문화 속에 있기 때문에 자신의 생각을 잘

---

122 태국어에서는 슬프다, 기쁘다와 같은 감정에 해당하는 어휘를 말할 때 '마음'이 들어간 합성어를 사용한다. 슬프다는 마음을 잃다, 기쁘다는 마음이 좋다고 표현한다.

표현하지 않는 특성을 가지고 있다.[123] 특히 감정에 해당하는 표현을 잘 안 하는 경향이 있다. 감정은 이야기하지 않아도 서로 알 수 있고, 말을 하면 오히려 감정이 그대로 전달되기 어렵다고 본다. 이러한 태도는 저맥락적 사고를 하는 외국인과의 만남에서 오해를 불러온다. 저맥락적인 문화에서는 표현하지 않으면 그런 마음도 없다고 보는 경향이 있다. 한국인의 경우 특히 '사랑하다, 고맙다, 미안하다' 등을 말로 잘 표현하지 않는다. 말로 표현하지 않아도 서로 알 수 있는 감정이라고 생각하는 것이다.

〈사랑하다〉라고 표현하는 것은 최근에 생긴 문화이다. 부모, 자식 간이나 선생님과 학생 간에 사랑한다고 표현하는 것은 매우 어색한 일이었다. '사랑하다'의 경우는 다른 외국어에서도 표현을 잘 하지 않는 경향이 나타난다. 여기에는 남녀의 차이도 있다. 주로 남자의 경우 사랑한다는 표현을 잘 하지 않는다. 지금 사용하는 '사랑하다'라는 말도 원래의 의미는 '사랑[愛]'이 아니었다. 한국어의 '사랑하다'는 원래 '생각하다'의 의미였다. 누구를 깊이 생각하는 것을 사랑하는 것이라 보았음을 알 수 있다.

---

[123] 이기동 선생은 이에 대해 한마음 사상을 주장하기도 하였다. 한국인은 몸은 분리되어 있지만 마음은 연결되어 있다고 생각하여 마음을 특별히 표현하지 않아도 서로 알 것이라고 본다는 것이다(권수영 외(2016), 『한국인, 우리는 누구인가』 참조).

(3) '나다'와 '들다'

한국어 〈나다〉와 〈들다〉를 보면 한국인의 사고를 알 수 있는 경우가 많다. '나다'는 '나가다'의 의미와 '생기다'의 의미가 있다. '들다'는 '들어오다'의 의미이다. 나다와 들다가 합쳐진 단어로는 '나들이'가 있다. 주로 외출이나 소풍을 의미할 때 쓰는 말이다. 외출이라고 할 때 한자로는 '나가다'의 '출(出)'만 있는데, 나들이의 경우에는 '나갔다가 들어온다'고 표현하는 것이 흥미롭다.

한국인은 늘 나갈 때 들어올 것을 염두에 둔다. 이미 논의된 바가 있지만, '다녀오겠습니다, 다녀오세요, 갔다 올게, 잘 갔다 와' 등의 표현도 마찬가지로 설명이 가능하다. 다른 언어에는 이와 같은 인사표현이 있는 경우가 드물다.

'나다'와 '들다'의 쓰임을 잘 들여다보면 한국인의 사고를 알 수 있는 경우가 많다. 나다와 들다가 쓰이는 예로는 '생각이 나다'와 '생각이 들다'가 있다. 단어의 의미를 생각해 보면 '나는 것'은 내 속에서 나오는 것이고, '드는 것'은 밖에서 들어오는 것이다. 잊어버리고 있었던 일들은 '생각이 나게' 되는데, '좋은 생각이 났다'라고 표현하는 것도 그러한 이유 때문일 것이다. 다른 사람의 말이나 행동을 보고 나서 느낌이 생기는 것은 '생각이 드는' 것이다. '왠지 그런 생각이 들어'라는 표현에서는 외부의 영향이 느껴진다.

'나다'와 '들다'가 정확한 느낌으로 다가오는 것은 '병'에 관한 표현이다. 병은 나기도 하고, 들기도 한다. 병이 나는 것은 어떤 경우인가? 병이 드는 것은 어떤 경우인가? '향수병'이나 '상사병'은 병이 나는 것이다. 누구를 너무 그리워하여 내 속에서 생기는 병이 상사병이다. 어떤 일을 고되게 했을 때, 자기 능력 이상으로 일을 했을 때 '병이 났다'고 한다. 병이 나는 것은 어찌 보면 자기의 책임이다. 자기 몸의 한계를 지키지 못해 생기는 병이기 때문이다. '저러다 병 나겠네!'하고 걱정하는 말은 항상 지나치지 말아야 한다고 경계하는 것이다. 한편 '전염병'이나 '감기'는 병이 드는 것이다. 병이 드는 것은 외부의 요인이지만, 병이 들어오지 못하도록 막는 일은 나에게 달린 것이기도 하다는 말이다.

생각해 보면 〈들다〉가 쓰이는 상황이 참 많은데, 우리의 사고를 알 수 있는 부분이 많아서 흥미롭다. 우리는 〈물이 들다〉라고 표현하고, 〈철이 들다〉라고 표현한다. '단풍이 물들었다'고 하는데 이것은 나뭇잎이 스스로의 힘만으로 색이 바뀌는 것이 아니라 햇살과 바람과 비를 만나면서 서서히 바뀌게 되었음을 의미한다.

철이 드는 것은 어떤 의미일까? 모름지기 사람은 계절이 바뀌면 계절이 바뀌는 대로, 그 순리대로 살아야 하는데 그리 살지 않으면 철을 모르는 것이다. 어찌 보면 병이 나고 드는 것도 철을 모르고 한 일 때문일 것이다. 철모르고 하는 행동들은 다 후회가 되는 법이다. '철'은 순리대로 사는 법을 알게 되면서 자연스럽게 내 몸 안에 들어온다. 철이 드는 것이다. 이와 같이 '나다'와 '들다'가 쓰인 어휘나 표현을 살펴보면 한국인의 사고를 알 수 있게 된다.

(4) '아름답다'와 '값어치가 있다'

'아름답다'의 기준은 무엇일까? 이 질문에 대해서 답을 하기는 어렵다. 하지만 한국어의 경우에는 〈아름답다〉라는 말 속에 힌트가 들어 있다. '아름답다'라는 말의 구조는 '아름'과 '-답다'로 나누어 볼 수 있다. '-답다'의 앞에는 일반적으로 명사가 오고 그 명사는 사람에 해당하는 경우가 많다. '학생, 선생, 군인, 남자, 여자'라는 말이 '-답다' 앞에 올 수 있다. '아름'을 중세국어에서 찾아보면 '아름' 즉, '자기', '사(私)'의 의미로 쓰이고 있다. 따라서 '아름답다'는 '자기 자신답다'는 의미의 해석이 가능하다. '아름답다'는 다른 사람처럼 사는 것이 아니라 자기의 뜻대로 모습대로 사는 것을 의미한다.

〈값어치가 있다〉도 비슷한 사고에서 출발한 표현이라고 할 수 있다. '값어치가 있다'는 말을 '비싸다', '귀하다'의 의미처럼 사용하고 있지만 실제로 '값어치가 있다'는 말은 '그 값의 가치가 있다'는 의미이다. 즉, 1000원이면 1000원의 값어치가 있고, 1억이면 1억의 값어치가 있다는 말이다. 그래서 만 원어치 야채를 샀다는 말은 만 원에 해당하는 야채를 샀다는 의미이다. 하지만 '값어치가 있다'는 말은 자신의 값에 해당하는 가치를 가지고 있으면 훌륭하다는 의미도 된다. 즉, '값어치 있는 삶'이라는 말은 자신의 가치를 귀하게 생각하고, 자신의 가치를 지키는 삶을 말한다.

'아름답다'와 '값어치가 있다'는 말은 자신의 가치를 소중하게 생각해야 한다는 한국인의 사고를 담고 있다. 학생은 학생다울 때 아름답고, 값어치가 있는 삶을 사는 것이고, 선생은 선생다울 때 아름답고, 값어치가 있는 삶을 산다고 본 것이다.

(5) '고맙다'와 '미안하다'

한국인은 고마움과 미안함이라는 감정을 잘 표현하는 문화가 아니다. 외국인에게 한국인이 가장 오해를 받는 부분은 '미안하다'는 말을 잘 하지 않는다는 점이다. 한국에서 고맙다는 말에 해당하는 말로는 '감사하다'가 있다. 두 표현은 고유어와 한자어라는 차이가 있다. 고유어인 〈고맙다〉는 비교적 친근감이 있다. 그러한 이유인지 '고마워'와 같이 반말에서도 자연스럽게 사용이 가능하다. 반면에 '감사하다'는 공식적인 느낌이 있으며 반말로 사용할 수가 없다. '고맙다'의 어원을 중세국어의 '고마[敬]'에서 찾기도 한다. '고맙다'는 말을 '공경하다'의 의미와 연관 지어 생각한 것이다.

〈미안하다〉의 유의어로 '죄송하다'를 들 수 있다. 둘 다 한자어라는 공통점이 있다. '미안하다'는 잘못을 해서 '마음이 편하지 않다'는 의미 정도로 해석이 가능하다. '죄송하다'는 '죄송(罪悚)'이라는 표현에서 볼 수 있듯이 '죄를 저질러 당황스럽다'는 정도의 의미로 해석이 가능하다. 따라서 '죄송하다'의 의미가 훨씬 강함을 알 수 있다. '미안하다'는 '미안해'로 반말이 가능하지만 '죄송하다'는 반말로 사용할 수가 없음도 이러한 이유 때문으로 보인다. 외국어에서는 '미안하다'에 해당하는 표현은 다양한 상황에서 사용한다. 영어에서는 '문상(問喪)'의 경우에 쓰기도 한다.

한국어에서는 '문상'에 해당하는 표현도 발달하지 않았는데, 말로 하는 것이 감정을 전달하는 데는 오히려 장애 요소가 될 수 있다고 생각한 듯하다. 한국어에서는 아예 말을 하지 않거나 '뭐라고 드릴 말씀이 없다'라고 표현하는 것이 가장 미안하다는 표현이 되고, 조의(弔意)의 표현이 되기도 한다.

(6) 바람직하다

한국인이 바라는 것은 무엇일까? 어떤 세상을 바라고 있을까? 여기에 대한 답을 〈바람직하다〉라는 어휘를 통해서 살펴볼 수 있다. 한국어에서 '-(으)ㅁ직하다'라는 표현은 주로 '할 만한 가치가 있다'는 의미를 갖고 있다. 〈믿음직하다〉라는 말은 믿을 만하다는 의미이고, 〈먹음직하다〉라는 말은 먹고 싶을 만한 가치가 있다는 의미이다. 따라서 〈바람직하다〉라는 말의 원래 의미는 바랄만한 가치가 있다는 의미가 된다. 그런데 이 말은 '좋다, 훌륭하다'라는 의미로도 쓰인다. 인간이 바랄 만하다는 것이 왜 좋다는 의미가 되었을까? 이것은 근본적으로 한국인이 인간에 대한 신뢰를 갖고 있음을 보여 준다. 인간이 바라는 것이라면 좋은 것이라는 생각이 담겨 있다.

인간의 바람이나 욕망을 살펴보면 부정적인 측면도 많이 나타난다. 그래서 사람들은 인간을 죄가 많다고 보기도 한다. 그런데 한국인은 근본적으로 인간을 긍정적으로 보고 있다. '사람이 되라'라는 표현이나 '사람도 아니다'라는 표현은 인간에 대한 긍정적인 태도를 보여 준다. 마찬가지 관점에서 인간이 바랄 만한 가치가 있는 것은 인간을 좋고 훌륭한 대상으로 보는 것이다.

또한 인간의 바람은 개인의 바람이 아니다. 공감을 바탕으로 해야 한다. 누구나 바랄 만한 가치가 있는 것으로 생각해야 한다. 한국어의 '바람직하다'라는 말은 한국인의 삶에 대한 태도를 보여 준다. 한국인은 공통적으로 무엇이 옳은 일인지에 대해서 서로의 소리를 듣고 이를 바탕으로 공감을 이루려고 한다.

(7) '머리'와 '가슴'

한국인은 복잡한 일이 있으면 머리가 아프다고 한다. 무언가 꼬여 있는 일을 대하고 있노라면 머리가 지끈거리고 아프다. 심한 경우에는 머리가 깨질 것처럼 아프다는 말도 한다. 시험 문제를 앞에 두고 있으면 머리가 아프다. 그래서 논리적이고 이성적인 문제들은 머리로 풀어야 하는 것 같다. 그렇기 때문에 '머리'는 '이성'의 상징처럼 되어 있는 것이다. 냉철한 이성은 머리에서 나온다. 머리가 좋다는 말에서는 따뜻함이 느껴지지 않는다.

하지만 사랑하는 이가 떠나가거나 불쌍한 사람들을 바라보고 있노라면 머리가 아픈 것이 아니라 가슴이 아프다. 만약 불쌍한 이를 보고 머리가 아픈 사람이 있다면 그들은 아마도 가난을 해결해야 하는 정치인이나 관리가 아닐까 한다. 사랑을 하면서 머리가 아픈 경우는 두 사람을 동시에 좋아하거나 돈이나 지위를 먼저 생각할 때가 아닐까 한다. 가슴이 아프다는 말은 심장과 관련이 된다. 그래서 우리는 심장이 터질 것 같다고 한다. 사랑 앞에서 우리는 저절로 심장이 두근거린다. 다른 이의 고통을 보면 저절로 가슴이 아려 온다. 자동적이고 즉각적인 반응이다. '가슴'은 저절로 일어나는 반응이기에 '따뜻함'의 상징이다. 머리에서 가슴으로 생각을 옮기는 것이 참 어렵다는 말이 있다. 이성과 감성의 차이를 보여 주는 비유라는 생각이 든다.

(8) '눈에 밟히다'와 '눈여겨보다'

눈으로 하는 행위는 뜨는 것과 감는 것, 그리고 보는 것이 있다. 눈을 뜨는 것은 잠에서 깨어난다는 의미이고 새로운 세상을 만난다는 의미가 된다. '이제 눈이 뜨이기 시작했다'라는 말은 무엇에 대해 참 모습을 발견하게 되었다는 의미도 된다. '눈을 감다'라는 말은 눈을 뜨고 있다는 사실을 전제로 하여 이루어지는 행위이다. 눈을 감았다는 말이 더 이상 보지 않는다는 의미가 되기 때문에 무시했다는 의미도 될 수 있고 용서했다는 의미도 되는 것이다. 모든 것을 자세히 보고 있는 상황에서 용서는 어려울 것이다. 물론 세상을 떠난다는 의미도 된다. 다시는 이 세상을 보지 못한다는 의미도 되는 것이다. 눈이 스르르 감기는 것은 밀려오는 졸음 때문일 것이다. 허나 잠시 눈을 감고 있는 것은 내 눈앞의 광경과 나를 단절시켜 생각을 깊게 하는 것이고, 혹은 내 생각을 비워 내는 것이 된다. 이 세상을 더 이상 못 보게 될 때, 깊은 잠에 들게 될 때 눈을 감는다, 눈을 감았다는 말을 하게 된다. '죽음'이라는 말을 입에 담기 싫어하는 사람들에게 '눈을 감는 것'은 어찌 보면 '깊게 잠드는 것' 같아 좀 편안할 것 같다.

눈은 걸어 다닐 수 없다. 보는 기관이지 돌아다니는 기관이 아니기 때문이다. 그럼에도 우리는 〈눈길〉이라고 한다. 눈이 다니는 '길'이 되는 것이다. 눈은 그 길로 다니면서, 마음에 드는 것이 있으면 머물기도 한다. '눈길이 머물다'라는 말도 거기에서 나온 말이다. 그런데 어떤 곳을 떠나 왔는데도 계속해서 생각은 그곳에서 떠나지 못할 때, 우리는 〈눈에 밟힌다〉라는 표현을 한다. 눈이 발이 아님에도 밟힌다고 표현하는 것은 모습을 시각이 아니라 촉각으로 느끼는 것이다. 자식을 남겨 두고 떠나올 때, 부모님을 찾아 뵙고 떠날 때, 떨어지지 않는 발걸음을 떼어 놓았을 때 눈에 밟힌다고 한다. 시각을 촉각으로 바꾼 표현이 언중의 마음을 아프게 만든다. 사랑하는 사람, 그리운 사람들의 모습을 눈으로 밟고 있는 것처럼 아파하는 것이다. 한편 눈을 생각하는 기관으로 비유하는 경우도 있다. 여기에 해당하는 표현이 〈눈여겨보다〉이다. 이 말은 눈으로 생각하면서 본다는 의미이다. 한국어에서 공감각적 표현은 자연스럽게 사용된다.

(9) '있다, 없다'와 '알다, 모르다'

'하늘'의 반대말은 무엇인가? '아버지'의 반대말은 무엇인가? 쉽게 머릿속에 답이 떠오를 것이다. 하지만 모든 어휘가 반대말이 있는 것도 아니고, 어느 언어나 똑같이 반대말이 있는 것도 아니다. 반대말을 찾다 보면 언어의 신비를 발견하게 되는 경우도 많다.

특이하게도 한국어의 반대말에는 재미있는 어휘들이 많다. 그 중 가장 눈길을 끄는 것은 〈알다〉이다. '알다'의 반대말은 무엇인가? 금방 〈모르다〉가 생각날 것이다. 그런데 '모르다'라는 어휘가 있는 언어는 거의 없다. '알다'의 반대가 되는 표현은 '알지 않다'인 경우가 많다. 아는 언어 중에 '알다'의 반대말이 있는 언어가 있는가? 우리가 잘 안다고 이야기하는 영어, 중국어, 일본어 등에는 '모르다'라는 어휘가 없다. 언어유희로 말하자면 '한국어는 모르는 것을 아는 언어'이다. 흥미로운 일이다.

〈있다〉의 반대말이 없는 언어도 많다. 〈없다〉가 없는 언어는 우리에게는 희한할 따름이다. '없다'라는 말이 없이 어떻게 언어 표현이 가능할까 하는 생각이 들 것이다. 영어에도 '없다'에 해당하는 어휘가 특별히 없다. 부정 표현이 존재할 뿐이다. 일본어의 'nai'라는 말도 '없다'의 의미처럼 보이지만 '-지 않다'의 의미로 사용되는 경우도 많아서 '없다'인지 '-지 않다'인지 불분명하다. 중국어에서도 없다는 말은 '沒有'라고 표현한다. 많은 언어에 '없다'라는 표현이 없다.

없는 것이 있다면 있는 것도 있어야 한다. 말이 좀 복잡해 보이지만 간단히 이야기하자면 '없다'가 포함된 말에는 반대말도 있어야 한다는 것이다. '재미없다'와 '재미있다', '맛없다'와 '맛있다'에서처럼 쌍을 이루게 된다. 우리말에는 이처럼 '있다'와 '없다' 계통의 반의어가 잘 이루어져 있다. 다시 말하지만 다른 언어에서는 발견하기 힘든 현상이다.

그런데 우리말을 살펴보면 '없는 것은 있는데 있는 것은 없는' 말이 많아서 궁금증을 자아낸다. 예를 들어 다음과 같은 어휘들을 생각해 보라. '어처구니없다, 실없다, 터무니없다, 덧없다, 느닷없다, 어이없다, 하릴없다, 하염없다, 부질없다'의 반대말은 무엇인가? 우리는 '어처구니가 있다'는 말을 하지 않고, '덧있다'는 표현을 하지 않는다. '터무니, 느닷, 어이, 하릴, 하염, 부질' 등의 의미가 무엇인지 쉽게 찾아낼 수조차 없다. 단지 뭔가가 없는 것이라는 느낌만 갖고 있을 뿐이다. 이런 경우를 유일 형태소라는 개념으로 설명하기도 한다.[124]

〈어처구니〉에는 여러 가지 설이 있지만 보통 '맷돌의 나무 손잡이'를 어원으로 이야기한다. 맷돌은 있는데, 손잡이가 없다면 정말 황당한 일이라는 생각이 든다. 어처구니없는 일이 아닐 수 없다. 어처구니가 있는 것은 당연하므로 표현조차 만들어지지 않았을 것이다. '실없다'의 '실'은 한자 '實'로 볼 수 있다. 가득 차 있고, 열매가 달려 있는 것이 실 있는 것일 텐데, 뭔가 알맹이 없는 모습이라면 '실'이 없다고 하였을 듯하다. '터무니'에서는 '터의 무늬' 즉, 흔적이라는 의미를 유추해 볼 수 있다. 흔적도 남아 있지 않으니 믿을 수 없는 이야기라는 뜻이 담겨 있는 것이다. '덧없다'에서 '덧'은 '시간, 세월'의 의미로 볼 수 있다. 시간이 너무 빨리 지나가고 없다는 한탄의 느낌을 보여 주는 어휘라 할 수 있다.[125]

---

124 그런 말은 없지만, '터무니있게, 느닷있이, 어이있게, 하염있이, 부질있이'라는 말이 있다면 어떤 의미일까 궁금해진다. 세월이 좀 더 지나면 이런 말들도 새로운 어휘가 되어 우리 삶 속에서 살아 있을 수도 있겠다. 우리말이 들려주는 수수께끼라고 할 수 있다.

125 여기에 설명한 어휘들의 어원은 일단 추론하거나 다른 학자들의 의견을 따른 것이므로 추후에 더 연구해 봐야 할 것이다.

깊이 더하여 생각하기

01. 한국어에서 감정을 나타내는 어휘의 어원을 조사해 보십시오.

(예: 기쁘다. 슬프다, 좋다, 나쁘다 등)

02. 한국인의 긍정적 태도를 나타내는 언어 표현을 찾아보십시오.

03. '사랑', '미움', '마음' 등에 관한 각국의 표현을 찾아보고, 거기에 반영된 사고방식에 대해 더 이야기해 보십시오.

12) 철학, 종교를 말하다

> 사람들은 열반의 즐거움을 얻기 위해서 괴로움을 없애려고 무진 애를 쓴다. 그렇지만 몸의 언어에 통달한 사람은 괴로움이 곧 즐거움임을 안다.
>
> — 박성배, 『미국에서 강의한 화엄경 보현행원품』

한국어를 살펴보면 한국인의 사고가 현세적임을 알 수 있다. 가장 대표적인 표현이 〈개똥밭에 굴러도 이승이 낫다〉는 속담이다. 아무리 힘들어도 살아 있는 현재가 더 좋다는 말로 현세적인 태도를 보여 준다.

〈빈손으로 왔다가 빈손으로 간다〉,[126] 〈죽으면 끝〉이라는 표현에서도 현세적인 태도를 볼 수 있다. 한국어에는 '내일(來日)'에 해당하는 순우리말이 없는데, 이것도 현세적 태도의 증거로 보는 사람도 있다.

또한 한국어에는 철학이나 종교의 차원에서 해석할 수 있는 말들도 많다. 하지만 말은 종교적인 현장을 떠나면서 본래의 의미를 잃어버리는 경우가 많다. 물론 언어는 사회성이 있는 것이어서 원래의 의미로 돌이키자고 해서 되돌릴 수 있는 것은 아니다. 단지 본래의 의미와 가치를 알고 사용한다면 언어 속에 담겨 있는 지혜를 발견할 수 있을 것으로 보는 것이다. 특히 종교적인 현장에서

---

[126] 한자어로는 '공수래공수거(空手來空手去)'이다. 기원전 3세기 서양의 철학자 비온은 '인간은 무에서 태어나고 무로 돌아간다'고 하였다.

사용되었던 표현들은 우리 인류의 정신사적 단면을 보여 주는 것들이기도 하다. 한국어에서 종교적인 의미가 사라진 후 타락하게 된 표현들을 살펴보면 다음과 같다.[127]

(1) 지는 것이 이기는 것

〈지는 것이 이기는 것〉이라는 말을 들으면 어떤 생각을 하게 되는가? 아마 지는 척, 양보하는 척하고, 더 큰 승리를 준비하는 것이라고 생각하게 될 것이다. 여기에서도 말의 타락을 찾을 수 있다. 박성배(2008a:10)에서는 큰 승리를 위해서 일단 지는 척 한 발 물러서는 지혜를 지는 게 이기는 것임을 표현한 것 같지만 사실 이는 화목을 위해서 양보해야 함을 강조하는 것이고 결국은 우리가 한 몸임을 이야기하는 것이라고 풀이했다. 따라서 누가 이기든 간에 내가 이기는 것이고, 결과적으로 이기고 지는 것도 없는 것이 된다. 그러나 이 말을 '이기고 지는 것'의 구별을 중시하는 입장에서 바라보면 승리를 위한 하나의 방편을 표현한 것이 되는 것이다. 이것은 원래의 의미가 변질된 말의 타락이다. 화목의 입장에서 보는 것과 경쟁의 입장에서 바라보는 것은 말의 의미를 전혀 다른 관점에서 접근하게 하는 것이다.

---

[127] 여기 제시하는 어휘와 표현은 뉴욕 주립대학에 계신 박성배 선생님의 가르침에 기댄 내용이 많다.

(2) 좋은 게 좋은 것

〈좋은 게 좋은 것〉이라는 말의 의미는 원래 모두에게 좋은 것이 정말로 좋은 것이라는 의미인데, 야합의 현장에서 사용하는 말처럼 변질되어 있다. 즉, 옳지 않은 수단이지만 서로에게 좋은 것으로 결정하자는 의미가 되는 것이다. 한편 박성배(2008a:13)에서는 원래 이 말은 매우 엄격한 말이었던 것 같다고 한다. 좋은 것이 아닌 것을 좋은 것이라 말하지 말라는 어른들의 불호령이 그 속에서 들려오기 때문이라는 것이다. 박성배(2008a:14)에서의 다음과 같은 언급은 이 말의 의미를 분명하게 보여 준다.

> 우리 가족 모두에게 다 좋은 것이라야 한 가족 안의 너에게도 나에게도 좋은 것이라는 뜻이 이 말 속에 담겨 있기 때문이다. (…) 전 우주, 만백성, 일체중생에게 다 좋아야 그게 보잘 것 없는 나에게도 좋은 것이란 말이 되는 것이다.

(3) 우리가 남이가?

〈우리가 남이가?〉라는 표현은 원래는 우리는 한 몸임을 강조하는 좋은 표현이었다. 나와 남을 구별하지 않는 불이적(不二的)인 태도가 담겨 있는 한국어 표현이라고 할 수 있는 것이다. 박성배(2008a:15)에서도 이 표현과 관련하여 "이기는 것보다는 모두를 위해서 차라리 지는 쪽을 택하겠다는 아량이 넘쳐나고 (…) 그러나 그것이 대통령 선거에서 한 정당이 딴 정당을 따돌리기 위해서 쓰여졌다면 그것도 분명한 타락이라고 말하지 않을 수 없다."고 하며 이 표현의 타락에 대해 밝힌 바 있다.

(4) 먼저 사람이 되라

〈사람이 되라〉라는 말은 '사람'의 중요성을 담고 있다. 신이 되는 것이 아니라 '사람'이 되면 되기 때문이다. '사람이 되었다'라는 표현에도 그런 의미가 담겨 있다. 그러나 이 말은 누가 사용하는가에 따라서 전혀 의미가 달라진다. 사람이 된 사람이 그렇지 않은 사람을 일깨우려고 할 때는 본 의미가 살아 있다고 할 것이나, 본인도 그렇지 않은 사람이 사용할 때는 '비난'의 수단으로 사용하는 것이 되기 때문이다. 〈됨됨이〉라는 말도 사람과 관련이 되는 말이다. 한국어에서 사람이 되었다는 말이 칭찬인 것은 사람에 대한 한국인의 태도를 보여 준다. '사람이 덜 되었다, 인간이 틀렸다'는 말이 비판이 되는 것도 같은 이유로 볼 수 있다. 박성배 (2007:114)에서도 언급한 바, 〈사람답게 산다〉라는 말도 사람의 의미를 좋게 보고 있음을 나타내는 말이다.

또한 한국어의 〈열 길 물속은 알아도 한 길 사람 속은 모른다〉라는 속담은 현대 사회에서는 사람은 알 수 없기 때문에 믿을 수 없다는 의미로 사용되고 있다. 하지만 사람은 그 깊이와 가능성이 무궁무진하기 때문에 알기가 어렵다는 의미로 해석할 수도 있을 것이다. 이 표현들을 통해서 유추해 볼 수 있는 것은 한국인들이 '사람'의 개념을 좋은 의미로 보고 있다는 것이다. 서양에서는 신의 개념에 대비하여 인간을 주로 불완전한 존재로 표현한다.

(5) 야단법석

야단법석이라는 어휘는 종교적인 의미가 퇴색해 버린 대표적 어휘라고 할 수 있다. 실제로 불교의 많은 어휘와 표현들이 유교를 숭상하고 불교를 배척하는 조선 시대에 와서 타락되었다. 야단법석에 대한 다음 설명은 이 어휘가 어떻게 타락하였는지를 보여 주는 설명이 될 것이다.

> 한국에서 고려시대(10-14c)에 매년 실시되는 매우 대중적인 행사가 있었다. 불교 수행자들은 절이나 암자가 아니라 넓은 들판에 모여들었다. 그곳에서 그들은 부처님의 가르침을 함께 토론하고 수행하였다. 누구나 참석할 수 있었고, 아무런 경계도 없었다. 그러한 모임을 '야단법석'이라고 하였다. 이것은 '들판에서 달마의 자리'라는 뜻이었다. 후에 고려왕조가 조선왕조로 바뀌고 신유학이 등장하고 이 대중적인 수행은 사라졌다. 오늘날까지 이 '야단법석'이라는 용어는 계속해서 사용되고 있지만, 화두와 마찬가지로 그 의미는 대단히 훼손되었다. 즉, 지금은 사람들이 이 개념을 '시끄럽다'는 의미로 사용한다. 이것은 사람들이 그것을 사용하며 살아갈 능력이 없기 때문에 신성한 개념이 본래의 의미를 잃어버린 또 다른 예이다(박성배, 2009).

(6) 화두(話頭)

불교의 용어인 '화두'는 선불교에서 가장 중요한 개념이라고 할 수 있다. 특히 우리나라 불교에서는 화두 참선이 깨달음에 이르는 가장 중요한 수단이기도 하다. 화두가 본래의 의미에서 얼마나 변질된 것인지에 대한 의견을 살펴보자.

> '화두'라는 개념이 오늘날 한국에서 살고 있는 대부분의 사람들에게 항상 정확하게 이해되는 것은 아니다. 내 생각에 그들은 '화두'의 개념을 '훔쳐서' 완전히 잘못된 의미, 즉 영어로 번역하면 '추구해야 할 아젠다나 명백해져야 할 이슈(an agenda to be pursued or an issue to be clarified)'로 사용하고 있다. 한국의 기자, 정치가 등은 그들의 글이나 연설에서 자유롭게 이 '화두'라는 단어를 사용하고 있다. 예를 들어 '이 상황에서 대통령의 화두는' 또는 '여기에서 논의되어야 할 화두는 무엇인가?' 이러한 개념으로 '화두'를 사용하는 것은 완전히 그릇된 것이다. 즉, 이 '화두'라는 단어는 세속적인 방식으로 계속 표현되고 있는 것이다. 그러나 이것은 처음 이것을 가르치던 선사들의 본래인 의도는 아니었다(박성배, 2009).

여기에서 볼 수 있듯이 '화두'의 본래적인 의미는 현대에 완전히 상실된 것으로 보인다. 화두의 본래 의미에 대해서 박성배(2009)에서는 "내가 이해하기로는 화두는 우리가 부처께로 즉, '몸'의 세계로 돌아가는 것을 도와준다. 화두는 우리가 원천으로 돌아가는 여정에 안내자 역할을 하곤 한다."라고 언급하고 있다. 종교적으로 중요한 개념을 사회적인 현장에서 가볍게 사용하여 본 의미가 변질된 모습을 보여 주고 있는 것이다.

(7) 허무(虛無)

'허무하다'나 '허무주의'라는 말은 본래의 텅 비어 있다는 의미에서 멀어져 부정적인 의미로 사용되고 있다. 하지만 허무는 도교의 가장 중요한 개념이다. 다음의 글을 통해 그 변화 과정에 대한 견해를 살펴보자.

> 노자에서 비롯되었다고 하는 도교는 인간의 본질을 텅 비어 아무것도 없는 '허(虛)'와 '무(無)'에서 찾았습니다. 본래 텅 비어 있으니 밖의 어떤 상황도 포용 못할 것이 없다는 이론입니다. 도교의 허무를 종래엔 너무 부정적으로만 본 잘못이 없지 않습니다만 그것은 모두 교파 대립의 산물이 아닌가 생각합니다(박성배, 2007).

여기서 '허무'의 의미가 타락하게 된 것을 교파 대립의 산물로 본 것은 흥미로운 일이다. 즉, 종교적인 입장의 차이에 따라 기존의 주요한 개념을 낮게 취급할 수 있음을 보여 주는 것이다. 한국어 '무당'의 경우도 그런 어휘라고 볼 수 있다. 《삼국유사》에 보면 신라 제2대 임금 남해왕을 남해차차웅이라고 하는데, '차차웅

(次次雄)'은 '무당'이라는 뜻이었다.[128] 즉, 무당이 왕의 의미로 사용되었던 것이다. 하지만 불교가 들어오고, 유교 사회로 넘어오면서 의미 및 가치가 타락한 것으로 보인다.

(8) 언어도단(言語道斷)

언어도단이라는 말은 '말이 안 되는 소리', '이치에 맞지 않는 말' 정도의 의미로 변질되어 사용되고 있다. 말할 길이 없다는 의미로 쓰이게 된 것이다.[129] 그러나 박성배(2007:69)에서는 언어도단이라는 말을 '상식적으로도 언어에는 도가 있다, 언어의 도에는 한계가 있다, 언어의 한계를 박차고 나가면 또 다른 세계가 분명히 있다 등등의 무궁무진한 뜻이 끝없이 우러나오는 것'으로 보고 있다. 또한 언어도단이란 원래 인간 수업의 과정에서 매우 높은 경지를 드러내는 말이나 요즘은 그 말이 인간 생활의 가장 낮은 차원을 나타내는 말로 전락한 것이라고 하여, 말이 타락하는 모습의 전형으로 파악하고 있다.

---

128 일연 지음, 리상호 옮김(1999:76)에 次次雄의 의미에 대해서 나와 있다. 국어학자들은 차차웅을 '스승'과 어원이 같은 어휘로 보는 입장이 많다. 스승의 의미도 무당(巫)의 의미로 쓰였기 때문이다.
'녯 님그미 스승 스로몰 삼가시고(前聖愼焚巫)' (유창돈(1964:486), 『이조어사전』에서 재인용)

129 한국어의 표현 속에는 '말로 표현할 수 없다, 말이 필요 없다, 이루 말할 수 없다'와 같이 말의 한계를 나타내는 표현들이 발달하였다.

(9) 무아지경(無我之境)

무아지경은 '내가 없는 경지'라는 의미가 된다. 그런데 지금은 '나를 잃어버린 경지'라는 의미로 주로 사용된다. 나를 잃어버렸다는 말이 말초적인 상태가 강조되어 환상적이라든지, 정신을 차릴 수 없다는 의미로 사용되고 있는 것이다. 하지만 '무아(無我)'는 '나'와 '나 아닌 것'의 경계가 사라진 것을 의미한다. 즉, 나와 나 아닌 것의 구별이 사라진 '불이(不二)'의 경지가 되는 것이다. 이것은 종교적인 경지가 되는 것을 의미한다. 불교의 '모든 중생이 부처'라는 말이나 천도교의 '인내천(人乃天)'은 모두 '무아지경'이 확대된 것으로 볼 수 있다.

(10) 가위, 도깨비

가위와 도깨비는 한국인의 민간신앙을 알 수 있는 어휘이다. 〈가위에 눌렸다〉는 말의 '가위'를 물건을 자르는 가위로 생각하는 경우도 있다. 물론 여기서 '가위'는 그 가위가 아니다. 그러면 가위는 무엇일까? 가위의 어원에 대해서 여러 학자들의 의견을 찾아보아도 명확하게 나타나 있지 않다.

가위의 어원에 대한 실마리를 한가위의 어원 재구 방법에서 찾을 수 있다. '한가위'의 가위와 '가위에 눌리다'의 가위는 의미상 전혀 관계가 없지만 형태상 유사성이 나타나기 때문에 어원을 찾는 데 도움이 된다. 한가위의 가위는 '가배(嘉俳)'에서 온 말이다.

보통 '가운데'라는 의미와 관련이 있다고 한다. '가배'가 '가위'로 변한 것이다. 가위에 눌렸다고 할 때 가위도 '가배, 가비' 등의 형태를 어원으로 생각해 볼 수 있다. 그렇다면 '가배'나 '가비'는 어떤 의미의 말일까?

'가위'가 가배나 가비와 관련이 있다고 할 때 제일 먼저 떠올릴 수 있는 어휘는 '허깨비'이다. 허깨비는 '헛'과 '개비'로 나누어진다. '가비'가 '개비'로 되는 현상은 한국어에서 흔한 현상이다. 우리는 이러한 현상을 'ㅣ'모음 역행동화라고 한다. 아비를 '애비', 어미를 '에미', 왼손잡이를 '왼손잽이'라고 발음하는 경우가 대표적인 예이다. 허깨비는 '개비'가 헛것으로 보이는 것이라고 할 수 있다. 꿈에 보아도 무서운 '가위, 개비'가 현실에서도 나타나니 무서울 수밖에 없다. 한편 허깨비는 '헛애비'가 변한 말이라고 보는 입장도 있는데 '가위에 눌리다'라는 표현과의 연관성을 생각해 볼 때 '애비'보다는 '개비'가 개연성이 높다. '헛애비'는 방언에서 '허재비'로 나타나는데 이는 '허수아비'를 의미한다. 즉, '가짜 사람'이라는 의미이다.

'개비'를 찾아볼 수 있는 또 다른 어휘로는 '도깨비'를 들 수 있다. 도깨비는 중세국어에는 '돗가비〈석보상절〉', '독갑이〈역어유해〉'로 나타난다. 이 표현도 '돗'과 '개비'로 나누어 볼 수 있다. 도깨비의 어원도 학자마다 의견이 다르다. 김민수 편(1997)『우리말 어원사전』에서는 어원 미상으로 나온다. 명확한 어원을 찾기 어렵다는 반증이다. 서정범(1989)에서는 '돗'을 중세국어에 나타나는 '도섭[幻]' 즉, 변화와 요술의 의미로 보고, '가비'는 '아비'로 본다. 변화를 부리는 사람으로 해석한 것이다. 하지만 이 역시 '가위'와의 연관성을 생각해 보면 요술을 부리는 '기운', '귀신' 등으로 보아야 할 듯하다. '가위'는 꿈에서 나를 누르고, 조여 오는 '귀신같은 기운'이기 때문이다. 도깨비와 관련해서는 한국에서는 다양한 이야기가 나타난다. 도깨비 방망이라는 이야기가 대표적이다. 비교적 한국의 도깨비는 장난스러운 특징이 있다.

가위, 개비의 어원과 관련하여 더 생각해 볼 수 있는 어휘로는 '방아깨비, 땅개비, 갈개비(개구리의 제주 방언), 두꺼비(둗 + 개비)' 등이 있다. 주로 이상하거나 징그러운 모양을 하고 있는 동물이다. '갈개비'에서 '갈'은 물을 의미하고, '두꺼비'의 '둗'은 땅을 의미한다. '두더지'는 '땅쥐'라는 의미다. 어원적으로 명확하게 가위와 연관되는지는 연구가 더 필요하다. 우연한 형태의 일치일 수도 있기 때문이다.

가위는 주로 '눌렸다'라고도 하고 '들렸다'라고도 하는 경우도 있다. 즉, 가위는 나를 누르는 것이기도 하고, 내 속으로 들어오기도 하는 것이다. 가위에 들리면 뭔지 스멀스멀한 기운이 나를 꼼짝달싹하지 못하게 만든다. 숨도 쉬기 어렵고 온몸을 부르르 떨게 된다. 소리를 지르려고 해도 목에서 소리가 나지 않는다. 꿈속에서는 크게 소리를 지르고 있지만 밖으로 소리가 나오지 않는 것이다. 가위가 들린 순간은 꿈과 현실의 경계에 있다. 소리가 터지고 나서야 가위에서 벗어난다.

이러한 경험은 무언가에 눌린 느낌인 경우가 많아서 가위에 '눌리다'라는 표현을 썼을 것으로 본다. 무언가에 쫓기기도 하지만 무언가에 눌린 경험이 표현을 '눌리다'로 고정화한 것이라 할 수 있다.

같이 더하여 생각하기

01. 한국의 무속 신화에 나타나는 한국인의 사고를 조사해 보십시오.

02. 한국의 철학과 종교에 중요한 영향을 끼친 인물에는 누가 있는지 조사해 보십시오.

03. 다른 언어에 반영된 철학적, 종교적 배경을 찾아보고 더 이야기해 보십시오.

13) 한민족을 말하다

> 우리말의 뿌리를 캐고 어원을 캐는 것은 곧 우리 민족의 뿌리를 캐고 우리 민족의 사상과 정신사(精神史)를 추구하는 작업이 된다.
>
> — 서정범, 『우리말의 뿌리』

어휘의 측면에서 보면 '한국인'이라는 표현은 매우 모호하다. 왜냐하면 한국인은 국적과 민족을 동시에 의미하고 있기 때문이다. 즉, 한국인이면서 한민족이 아닌 경우도 많고, 한민족이면서 한국인이 아닌 경우도 엄청나게 많다. 북한(북조선) 사람은 한국인인가?[130] 한국에 온 결혼이민자들은 한민족인가? 한민족, 재외 동포, 혼혈인, 해외 입양인 등 한국인에 대해서 이야기할 때는 다루어야 할 주제들이 많다. 엄밀하게 구별하여 사용한다면 한민족은 민족적인 개념으로, 한국인은 국가적인 개념으로 사용해야 할 것이다.

재외 동포는 '재외 동포'라는 단어에서부터 혼란을 준다. 재외 동포가 맞는가, 아니면 해외 동포가 맞는가? 한국인은 해외로 취업을 가고, 해외로 이민을 갔었기 때문에 당연히 해외 동포라는 말에 익숙하여 왔다. 하지만 88 서울올림픽과 동구권 국가들의 몰락, 소련의 붕괴 등을 거치면서 한국인에게 다른 동포가 있음을 깨닫게 되었다. 바로 조선족이라 부르는 '재중 동포'와 고려인이라

---

[130] 북한을 조선이라고 불러야 한다는 입장도 있다. 북측이나 북쪽으로 부르는 경우도 각각의 입장을 반영한 것이다. 외국에서는 한국어과를 조선어과라고 하는 경우도 있다.

부르는 '재러시아 동포, 재우즈벡 동포, 재카자흐 동포' 등이 있었던 것이다. 그들은 우리가 대륙으로 이어진 반도에 살고 있음을 느끼게 하였고, 따라서 바다를 건너지 않고도 만날 수 있는 '재외 동포'임을 알게 하였다. '해외'라는 말은 바다를 전제로 사용하는 말이기 때문이다.

그러나 여전히 현실적으로 한국에는 해외 동포만이 존재한다. 휴전선은 하나의 해안선이다. 바다를 통하지 않고, 중국이나 러시아로 갈 방법이 없는 것이다. 재외 동포 학생을 만나보면 각각의 재외 동포 학생이 서로 너무나 다르게 살고 있음에 놀라게 된다. 한민족이라는 핏줄은 그들을 하나의 민족으로 엮어 주지만, 언어는 그들을 너무 멀게 만들어 놓는다. 각국의 재외 동포는 전혀 다른 모습을 하고 있다.

재외 동포들은 스스로를 부르는 이름도 다양하다. 미주 지역의 경우는 주로 '한인'이라는 명칭을 쓴다. 이는 주로 해방 이후에 이주했기 때문에 남한에 정체성을 두는 것으로 보인다. 중국 지역은 '조선족'이라고 부른다. 이는 중국에서의 공식적인 명칭이기도 하다. 현재 한국 사회에서는 '조선족'에 비하의 느낌이 있어 이를 피하기 위해 '재중 동포'로 부르려는 경향이 있다. 구소련 지역의 동포는 '고려인'이라고 부르는데 이는 러시아어의 영향도 있다고 하겠다. 한국을 '까레이'라고 부르기 때문이다. 단, '사할린' 지역의 경우는 '사할린 한인'이라고 부르는 경우가 있어 흥미롭다. 이는 사할린 동포들의 고향이 주로 남한에 있는 경우가 많고, 남한과의 교류가 많기 때문으로 보인다. 일본 지역의 경우는 '재일 교포'라고 하고 줄여서 '자이니치(在日)'라고도 한다. 일본은 '자이니치'와 '뉴커머(new comer)'의 구별도 있는 지역이다. 최근에는 중국 등지에서도 뉴커머를 구별하고 있다. 이주의 역사에 따라 동포의 분류가 달라지는 것이다.

해외 입양인의 경우도 어려운 문제이다. 일단 용어 자체도 '해외'라고 되어 있는데 이를 특별한 고민 없이 사용하고 있다. 한민족에 대한 의식이 전혀 없는 경우도 많아서 한국어 학습에 대한 동기가 부족할 수밖에 없다. 언어와 민족의 문제도 단순한 게 아니다. 해외 입양인의 경우에는 이미 2세, 3세로 세대가 내려간 경우도 많다. 또한 많은 경우 현지인들과 결혼을 하였기 때문에 2, 3세의 경우에 동포의 범주에 포함시켜야 하는가 하는 어려운 문제들이 있다.

국제결혼자녀들의 경우에도 한민족의 범주에서는 어려운 문제이다. 광의의 개념으로 보자면 모두 한민족의 범위에 포함시켜야 하지만 그 범주를 정하는 게 쉬운 일은 아니다. 언어의 문제, 사는 지역의 문제, 몇 세대인가의 문제 등 해결해야 할 문제들이 많다. 또한 현재 외국인이 한국으로 이민, 귀화하는 경향도 계속 증가하고 있는데 이때 국가와 민족의 개념을 어떻게 정할 것인가에 대해서도 논의가 필요하다.

(1) 중국 지역

중국 동포의 경우는 문화적으로 보면 한국보다 더 한국적인 요소들을 잘 간직하고 있기도 하다. 한국의 외래어 사용을 격

정할 정도로, 순우리말의 보존이 더 뛰어난 경우도 있다. 중국 동포에게 필요한 한국어 교육은 남한의 표준어 교육이 되는 경향이 있다. 한국과 중국의 무역이 활발해지면서, 재중 동포의 한국어를 어색하게 여기고 사용하고자 하는 언어를 남한의 표준어처럼 바꾸려는 움직임들이 있는 것이다. 중국의 조선족 학교에서 남한의 언어와 교과 과정에 대한 관심이 늘어나고 있는 것도 이러한 현상의 하나라 할 수 있다. 중국의 한국어 관련 학회에서는 '중국 조선어, 한국어, 조선어' 세 개의 언어를 연구의 대상으로 구별하여 다룬다.[131] 향후 중국 동포에게 어떤 언어를 가르쳐야 할지 복잡하다. 통일이 되기 전까지는 어떤 한 언어를 표준어로 강조하기에는 어려운 점이 많다. 하지만 현실적으로는 남한어로 표준어화 할 수밖에 없을 것이라는 생각도 든다. 중국에 빠른 속도로 늘어나고 있는 '조선어과'도 대부분 남한의 표준어를 학습 언어로 삼고 있다. 교수진도 재중 동포에서 남한어 구사자, 한국 유학파로 조금씩 바뀌어 가고 있다.

언어 연구의 측면에서 본다면, 중국 동포의 언어에 대한 면밀한 연구가 선행되어야 한다. 중국 조선어의 특징에 대하여 연구하고, 이것을 남한의 표준어와 비교 검토하는 작업이 이루어져야 한다. 어휘나 발음의 측면에서 나타나는 차이점을 분명하게 정리하는 것이 필요하다. 재중 동포의 어휘에는 중국어의 요소가 많아졌으며,

---

[131] 언어의 연구 차원에서 본다면, 중국 동포의 조선어는 하나의 방언으로 다루어질 수 있을 것이다. 중국 동포의 언어도 거주 지역, 이주 시기 등에 따라 다양한 방언이 존재한다.

한국과 수교를 맺기 전까지는 북한어의 영향도 깊게 받아왔다.

한중 수교 이후에 중국으로 간 한국인의 수도 급속도로 늘었다. 또한 2세, 3세의 수도 증가하고 있다. 이들을 위한 한국어 교육이 새로운 문제가 되고 있다. 또한 재중 동포가 동북 3성을 벗어나 생활하게 되면서 한국어를 모르는 재중 동포 자녀들도 급속히 증가하고 있다. 이들을 위한 한국어 교육도 중요한 과제가 된다. 현재 중국에는 조선족 학교를 다니는 경우와 조선족 학교를 다니지 않는 경우, 새로 이주한 한국인의 자녀 등 다양한 양상으로 학습자 층이 분화되고 있다.

(2) 미주 지역

재미 동포들은 한글학교를 설립하여 2세, 3세들에게 한국어 교육을 실시하여 왔다. 미주 지역에만 1000여 곳의 한글학교가 설립되어 있는데, 이를 통해 한국어 교육의 열기를 알 수 있다. 재미 한국학교협의회(NAKS)의 학술대회에 700-800명 정도가 참여한다는 사실 또한 교사들의 대단한 열기를 보여 준다. 하지만 재미 동포 아이들 중에 한글학교에 다니는 비율이 20% 정도라는 것은 재미 동포의 한국어 교육에 아직 노력할 부분이 많음을 알게 한다. 미국의 대학 입학시험인 SAT2에 한국어가 포함된 이후에 한국어 학습의 동기가 좀 더 마련된 것은 다행스러운 일이다. 또한 성인이 된 후 한국인 커뮤니티에서 교류하기 위해 한국어를 학습하고자 하는 이들이 증가하고 있다고 하니 이 또한 반길 일이라 하겠다.

집에서 한국어를 사용하는 경우에는 비교적 한국어에 익숙해지게 된다. 하지만 한국어를 이해는 하는데, 표현하지 않으려고 하는 문제가 발생하기도 한다. 조금만 표현할 수 있게 도와준다면 충분히 이중 언어를 구사할 수 있는데 그 부분이 해결되지 못하여 단지 한국어를 화석처럼 지니고 있게 되는 문제가 생긴다. 또한 한국어를 말하기만 가르치고 쓰기는 가르치지 않는 경우도 있는데, 많은 연구 결과에서 쓰기를 같이 가르친 경우가 훨씬 기억에 오래 남는다고 하니 쓰기 교육도 함께 진행해야 할 것이다. 재미 동포 학생들의 한국어 습득에 관해서 앞으로도 많은 연구가 필요하다.

미주 지역의 경우에는 외래어도 문제가 된다. 외래어가 문제가 되는 이유는 크게 두 가지로 나누어 볼 수 있다. 우선 발음의 문제이다. '컴퓨터, 엘리베이터, 초콜릿' 등의 발음이 영어의 발음과 차이가 나서 학생들이 거부감을 가질 수 있다. 이 경우에 외래어 교육을 회피하지 말고 적극적으로 대할 필요가 있다. 외래어 발음은 나라마다 다르다고 이야기해 줘야 한다. 사실 외래어는 한국어이지 영어가 아니다. 또 다른 문제로는 다른 외래어 사용을 들 수 있다. 미주 지역에서 실제로 사용하는 어휘와 한국어의 외래어가 다른 경우가 상당수 있다. 예를 들어서 미주 지역에서는 차에 기름을 넣는다고 할 때, '가스(gas)'를 넣는다고 한다. 주유소도 '가스 스테이션(gas station)'이라고 한다. 또한 미국의 한국인 사회는 영어권인 관계로 한국보다 외래어의 숫자가 훨씬 많다. '디포짓, 집 코드, 시 푸드, 그로서리' 등 다양하게 나타난다. 그러나 아이들은 이것이 한국에서는 외래어가 아님을 모르고 사용하게 된다. 이러한 외래어에 대한 조사가 선행되어야 하고, 이를 한국과 비교하여 설명하려는 노력도 필요하다.

(3) 일본 지역

일본 지역은 중국이나 미국과는 이주의 과정이 전혀 다르다. 일제 강점기에 중국으로 밀려나가 자치주를 형성한 중국 동포는 한국어를 잊지 않고 살 수 있었다. 미주 지역은 비교적 이주의 역사가 짧아서 3세, 4세까지 많이 내려가 있지는 않다. 그러나 재일 동포는 한국 국적을 간직하며 한국인으로 살아가고 있지만, 언어적으로는 한국어를 잘 할 수 있는 경우가 적다. 그 이유로는 일단 한국인에 대한 차별을 들 수 있을 것이다. 한국 학교를 다니지 않는 이상 한국어를 학교에서 접할 기회가 적었다. 또한 미주 지역처럼 한글학교를 세워 한국어를 가르치기도 어려웠다. 미국의 경우에는 교회를 중심으로 한글학교가 세워졌지만, 재일 동포 사회에는 그러한 사회적 구심점이 적었다고 할 수 있다.

일본인 학교를 다니고, 일본인들과 교우관계를 형성하면서 재일 동포 3세, 4세는 대부분 한국어를 구사할 수 없게 된다. 한류의 영향으로 한국어의 열기가 점점 높아지고 있지만, 재일 동포의 한국어 교육에 대해서는 구체적인 연구가 없는 형편이다.[132] 한류

---

[132] 일본 NHK 한국어 강좌 교재가 20만 부 이상 판매되었는데, 이는 영어를 제외하고는 가장 많은 숫자이다.

가 재일 동포에게 미치는 영향은 클 것이며, 다른 지역보다 일본의 동포들이 한류를 바라보는 감회는 남다를 것이다.

재일 동포의 경우, 중국이나 미국과는 달리 다수가 한국 국적을 보유하고 있다는 점에서 한국어 교육의 발전 가능성도 모색해 볼 수 있다. 더욱 적극적으로 한국어 교육을 실시할 방안에 대한 모색이 필요하다. 현재 교육부에서 설치한 한국 교육원과 한국 학교도 일본 지역에 많은데, 실질적인 한국어 교육을 위해서 다양한 연구가 필요하다. 재일 동포가 어릴 때부터 한국어를 배울 수 있도록 체계적인 지원 방안이 마련되어야 한다.

(4) 구소련 지역

구소련 지역은 러시아어를 사용한다는 점에서 크게 하나의 지역으로 묶을 수 있다. 여기에 속하는 국가로는 러시아와 우즈베키스탄, 카자흐스탄, 키르기스스탄, 타지키스탄, 우크라이나 등을 들 수 있는데, 각각의 국가가 한국어 교육에서는 사정이 다르다고 할 수 있다. 공통점으로 러시아어를 알지만 해당 국가의 언어는 모르는 경우가 많다는 점도 들 수 있다. 이는 향후 심각한 문제로 작용할 수도 있다. 예를 들어서 우즈벡어를 모르면 우즈베키스탄에서 생활하는 것도 점점 어려워지는 시대가 되고 있는 것이다. 공식적인 언어를 우즈벡어로 하고 있기 때문에 고려인들은 은연중에 언어로 인한 차별을 받을 수도 있다. 현재 4세, 5세로 세대가 내려가고 있는데, 부모의 세대도 거의 한국어를 구사하지 못하기 때문에 이들이 자연스럽게 한국어를 배울 가능성도 극히 낮다.

한편 카자흐스탄의 경우에는 카자흐어를 할 수 있는 고려인이 그렇지 않은 고려인에 비해서 한국어를 훨씬 잘 습득한다. 그 이유는 카자흐어가 알타이어에 속해서 한국어와 구조가 비슷하기 때문이다.[133] 구소련 지역의 동포들은 앞으로 러시아어와 함께 거주국의 언어를 배워야 하는 부담이 더 생기게 되었다. 이러한 경우에 한국어는 제3 언어나 제4 언어로 자리하게 되어 중요성이 더 낮아질 수밖에 없다. 한국교육원에서 한국어 교육이 확대되고 있고, 방문취업제 등을 통해서 한국어에 대한 관심이 높아지고 있음은 희망적이라고 할 수 있다. 그야말로 구소련 지역의 재외 동포에게 한국어 교육은 중요한 기로에 있다.

(5) 유럽, 남미, 동남아 지역 등

기타 지역으로 구분된 지역은 한국어 교육에서 중요도가 덜 하다기보다는 재외 동포의 수가 적은 지역이다. 기타 지역으로는 유럽과 남미, 동남아 지역 등을 들 수 있다.

유럽의 대표적인 지역으로는 독일을 들 수 있다. 70년대 초에 광부와 간호사로 대표되는 해외 취업이 재독 동포로 남아 있는 것이다. 다른 지역에 비해서 비슷한 연령대가 집중되는 것도 이러

---

133 카자흐스탄에서 한국어를 잘 하고 한국인과 비슷한 모습을 한 사람 중에는 고려인이 아니라 카자흐 민족인 경우도 있는데, 그 이유는 카자흐 민족이 몽골 계통이기 때문이다.

한 이유 때문인 것으로 보인다. 또한 국제결혼에 의한 2세들이 있는 것도 특징적인 현상이라고 할 수 있다. 이 경우 2세들의 대부분은 한국어를 구사하지 못하는 경우가 많다. 한류의 영향도 아직은 적어서 한국어가 폭넓게 교육되기는 어려운 점이 많다. 현재 각국에 한국어학과가 생기고, 한국교육원, 세종학당, 한글학교를 통해서 한국어를 배울 기회가 늘어 감은 다행스러운 일이라 할 수 있다.

남미 지역의 재외 동포 한국어 교육은 특수한 형태를 띠고 있는 경우가 있다. 예를 들어 파라과이의 경우는 주말 한글학교가 아니라 주중 한글학교도 활성화되어 있다. 파라과이의 학교를 마치고 다시 한글학교에 와서 수업을 듣는 방식이다. 따라서 한국어 구사의 수준도 매우 높다. 교재도 재외 동포용 교재가 아니라 한국의 교과서를 그대로 사용하기도 한다.

동남아 지역은 새로운 형태의 교포 사회라고 할 수 있다. 완전히 이민 사회라기보다는 취업을 통한 이주 사회라고 할 수 있을 것이다. 따라서 자녀들은 한국으로 다시 돌아와서 대학 진학을 하게 되는 경우가 많으며, 대부분 한국어 구사가 완벽한 상태라고 할 수 있다. 단지 이주 시기에 따라, 한국어나 한국 사회, 한국 문화에 대한 지식이 낮은 단계에 머물러 있다는 문제가 발견된다. 이러한 동포들은 중동 지역이나 아프리카 지역 등에 폭넓게 분포하고 있으며, 중국의 북경이나 청도 지역에 거주하는 한국인의 경우도 비슷한 상황으로 볼 수 있다. 하지만 이민의 역사가 오래된 지역과 마찬가지로 향후 한국어 구사 능력이 점점 낮아질 가능성이 많은 지역이므로 오히려 지금 단계의 대비책이 마련되어야 할 것으로 보인다. 고급 한국어에 대한 교육이 필요한 지역이라고 할 수 있다.

같이 더하여 생각하기

01. 한민족의 범위에 대해서 생각해 보십시오.

02. 언어와 민족의 관계에 대해서 생각해 보십시오.

03. 민족의 분류 기준에 대해서 생각해 보십시오.

14) 인권을 말하다

> 흰 수건이 검은 머리를 두르고
> 흰 고무신이 거츤 발에 걸리우다.
>
> 흰 저고리 치마가 슬픈 몸집을 가리고
> 흰 띠가 가는 허리를 질끈 동이다.
>
> - 윤동주, 『슬픈 族屬』

언어의 사용에서 차별받는 경우가 있는가? 컴퓨터, 이메일, 스마트폰의 사용에서 언어로 인한 소외의 폭이 점점 커지고 있다. 특히 노인에 대한 소외, 장애인에 대한 소외는 심각할 정도이다. 언어 사용자에 대한 복지에 더 큰 관심을 기울여야 할 것이다. 외국어 교육도 문제가 된다. 모든 사람에게 외국어 교육이 필요한 것인가에 대한 근본적인 질문을 던져야 한다. 필요하지도 않은 외국어 때문에 많은 이들이 괴로워한다면 문제가 아닐 수 없다.

조선시대를 생각해 보면 모두가 한자를 알아야 하는 것은 아니었다. 공직에 나가려고 하는 사람이나 옛글을 읽으려고 하는 선비 등 일부만이 한문 교육을 받아야 하는 사람들이었다. 당연히 농사를 짓고 장사를 하는 사람에게 한문 교육의 필요성은 낮았다. 이런 사람들은 한자보다는 자신의 의사를 우리말식으로 간단히 표현하는 체계가 필요하였던 것이다. 그러한 의미에서 세종은 한글을 창제한 것이고, 여기에 언어 복지의 개념이 사용된다. 하지만 모든 백성에게 한자 대신 한글을 사용하게 했을 것이라는 논의는 세종의 본뜻은 아니었을 것으로 보인다. '어린 백성' 즉, 한문을 모르는 백성을 '어엿비' 즉, 가엾게 여겨서 한글을 만든 것이니 한문을 잘 아는 양반들은 그 대상이 아니라 할 수 있다.

예전에 미국 여자 프로골프협회(LPGA)에서 영어를 잘하지 못하는 선수들은 경기에 출전하지 못하도록 하는 규정이 발표된 적이 있다. 스포츠와 언어가 만나서 문제를 일으키는 특이한 경우여서인지 언론을 통해서 논란이 확산되었다. 영어를 못하기 때문에 스포츠 경기에서 뛸 수 없다는 것은 상상하기 어려운 일이다. LPGA의 발표는 두 가지 측면에서 차별과 관련된다. 하나는 한국인을 비롯한 동양인에 대한 차별이요, 다른 하나는 여성에 대한 차별이다. 왜냐하면 남자 프로골프에서는 이러한 발표가 없었기 때문이다.

이렇듯 언어의 문제는 종종 인권의 문제와 연결이 된다. 특히 우월적인 언어에 대한 강요나 모국어 사용 금지는 심각한 인권의 문제가 된다. 일제강점기를 돌아보면 금방 알 수 있을 것이다. 세종대왕이 한글을 창제하게 된 동기도 자세히 보면 문자와 인권이라는 문제가 관련되어 있다. 백성들이 문자를 알게 하는 것이 좋은가, 백성들이 문자를 모르는 것이 좋은가에 대한 정치적인 입장이 다르기 때문에 한글 창제를 찬성하기도 하고 반대하기도 한 것이다.

한국이 다문화 사회로 바뀌어 가면서, 한국어의 세계화가 강조되면서 한국어도 인권의 문제와 깊은 연관을 맺게 되었다. 한국어에 관심이 있는 사람은 한국어와 인권에 대해서 깊은 고민이 있어야 한다. 언어는 배울 권리와 함께 배우지 않을 권리도 있다.

언어와 인권에 관한 주제는 계층, 지역, 인종, 성별, 나이, 학력 등 다양하게 나타날 수 있다. 본 장에서는 그 중에서 주로 언어를 배울 권리와 배우지 않을 권리에 대해서 논의하고자 한다. 한국어를 세계화한다는 말에도 이러한 인권의 위험성이 담겨 있다. 대상에 따라 한국어를 반드시 배워야 하는지 그 필요성을 살펴보도록 하겠다.

(1) 이주 노동자와 한국어

이주 노동자는 한국어를 알아야 하는가? 이주 노동자는 한국어를 알고 싶어 하는가? 이 문제는 배울 권리와 배우지 않을 권리 양쪽의 관점 모두에 해당하는 사례이다. 현재 태국, 필리핀, 몽골, 인도네시아, 스리랑카 등의 외국인 노동자가 한국에 들어오기 위해서는 고용허가제에 의한 한국어 시험을 통과해야 한다. 따라서 한국에 오려면 반드시 한국어를 배워야 하는 것이다. 나라마다 한국어 시험 준비가 붐을 이루고 있다. 반면 외국인 노동자를 고용하고 있는 업체들에서는 일반적으로 외국인 노동자들이 한국어를 배우는 것을 좋아하지 않는다고 한다. 그 이유는 한국어를 배우면 쉽게 직장을 옮기고, 자신의 요구를 직접적으로 표현하기 때문이다.

한국어를 알아야만 한국에서 일을 할 수 있다는 생각이나 한국어를 알면 문제가 발생할 것이라는 생각 모두 대상이 되는 이주 노동자의 생각에 기초하지는 않았다. 고용자의 입장이 아니라 노동자의 입장에서 한국어의 문제를 살펴볼 필요가 있다. 고용허가제 때문에 한국어를 배우는 외국인들이 급증한다는 것은 한국어 교육자에게는 반가운 일일 수 있다. 하지만 과거 우리가 중동에 파견되어 일을 할 때, 아랍어 능력을 요구하였다면 어땠을까 생각해 보자. 한국에서 일을 하려면 한국어가 필수적일 것이라는 생각이 편견일 수도 있다. 귀국 후에 한국어가 계속 필요할까에 대해서도 생각해 보아야 한다.

(2) 결혼이민자와 한국어

결혼이민자의 경우는 이주 노동자와는 다른 차원에서 접근해야 한다. 이주 노동자는 돌아가는 삶을 전제로 하고 있는 사람이지만, 결혼이민자는 한국에서의 영속적인 삶이 전제된 사람이기 때문이다. 따라서 이주 노동자에 비해서 결혼이민자의 한국어 교육 문제는 절박한 문제가 된다. 각 지방 자치단체나 정부에서 결혼이민자를 위한 한국어 교육에 관심을 기울이는 것도 이러한 이유 때문이다. 그런데 일부 이주 여성의 남편이나 시집 식구들이 한국어 학습에 비협조적인 문제도 나타난다고 한다. 이 역시 이주 노동자의 경우와 마찬가지로 한국어를 잘하게 되면 문제가 될 수 있다는 생각이 있기 때문이다. 하지만 이주 여성의 한국 적응을 위해서 더 적절한 노력이 필요하다. 물론 한국인과의 결혼을 위해서 한국어 공부나 한국어 시험 통과를 의무 규정으로 하는 것에 대해서는 인권의 차원에서 고민이 필요하다. 모든 지역의 국제결혼에 똑같은 잣대가 적용되지 않는다는 점도 생각해 봐야 한다. 주로 농촌 지역이나 지방에 거주하는 결혼이민자에게 사투리가 아닌 표준어 교육만 실시하는 것은 또 다른 인권 문제로 남게 된다.

그리고 또 하나 간과하지 말아야 할 것은 이주 여성이 모국어를 접할 환경을 마련해 주어야 한다는 것이다. 한국어에 대한 적응이 필요할 것이라는 강박관념 때문에 이주 여성에게도 모국어가 있다는 것을 잊고 있다. 이주 여성도 모국어로 된 책을 보고, 라디오를 듣고, 드라마를 볼 수 있는 환경을 제공해 주어야 할 것이다. 최근 이주 여성의 모국 노래를 들려주는 방송이 생기고, 모국어로 된 책을 구해 주는 노력들이 이어지고 있다고 하는데, 이렇게 모국어를 접할 수 있게 도와주는 다양한 방안을 고민하여야 한다. 이주 여성이 자신의 언어와 문화를 주변의 사람들에게 소개할 수 있는 기회를 제공할 필요가 있다.

(3) 아이들과 모국어

이주 노동자의 아이들은 한국에서 자라며, 당연히 한국어를 배우게 된다. 많은 인권운동가들이 한국어가 서투른 아이들을 안타까워하며, 한국어를 어찌 가르칠까 고민한다. 그리고 한국어 교실들을 마련한다. 하지만 그 아이들이 부모를 따라 자신들의 모국으로 돌아갈 때를 생각한다면, 그리고 부모와의 의사소통을 생각해 본다면, 모국어 사용을 어떻게 도와줄 것인가에 대한 고민도 필요할 것이다. 아이들이 모국어를 배울 권리가 있다는 것은 이러한 점에서 중요하다. 아이들이 모국어를 배울 수 있는 권리를 박탈해서는 안 된다.

결혼이민자의 아이들, 즉 다문화 가정의 아이들에게는 한국어의 문제와 함께 어머니의 언어에 대한 문제가 나타난다. 한국어가 불편한 어머니에게서 자라나므로 일상생활과 학업에서 어려움을 겪는 문제는 이미 많이 알려져 있다. 그러나 정체성의 문제와 관련지어 본다면, 어머니의 언어인 베트남어나 중국어, 러시아어 등을 배울 필요성에 대해서 고민해야 한다. 다문화 가정이라고 이야기하지만 실제로 어머니의 언어와 문화에 대해서는 학습할 기회가 거의 제공되지 않는다. 이것은 향후 정체성의 문제로 이어질 수 있다. 진정한 의미의 다문화 가정이 되어 정체성 문제를 해결할 수 있도록 다문화 가정의 언어 문제를 심각히 살펴보아야 한다.

(4) 재외 동포와 해외 입양인

한국어 보급이라는 측면이 아니라 한국어를 배울 권리라는 관점에서 생각해 보면 간과해서는 안 될 사람들이 있다. 재외 동포와 해외 입양인이 바로 그들이다. 700만 재외 동포들이 반드시 한국어를 배워야 하는지, 아니면 거주국에 충실해야 하는지를 판단하기에는 어려운 문제들이 많다. 하지만 구소련 지역의 동포들이나 재중 동포, 재일 동포 등이 한국어를 필요로 한다면 도와주어야 할 것이다. 또한 본인의 의도와 상관없이 한국어 환경에서 멀어진 사람들인 해외 입양인이 한국어를 배우고자 한다면 국가의 차원에서 적극적으로 도와주어야 한다. 현재는 예산의 문제로 한국어 학습의 기회를 제대로 제공하지 못하고 있는데, 해외 입양인은 충분히 배울 권리가 있는 사람들이다.

한국어 보급이나 한국어 세계화가 또 다른 제국주의의 모습이라는 의견도 있다. 한국어 교육자들이 항상 조심해야 하는 부분이다. 당연히 한국어 교육자는 학습자의 언어와 문화에 대해 관심을 가지고 다가가야 한다. 언어 교육은 소통과 상호 이해라는 측면에서 아름다운 가치를 나누는 것이다. 아직까지 한국어 교육은 주로 배우지 않을 권리보다는 배울 권리와 관계가 있다. 새로운 문화와 언어를 배우는 일이 아름다울 수 있도록 한국어를 배우는 사람들의 권리를 생각해 보아야 한다.

깊이 더하여 생각하기

01. 다른 언어에도 나이, 성별, 장애 등에 대한 차별어가 있는지 더 조사해 보고, 차별을 극복하기 위해 대체하고 있는 어휘가 있는지도 더 찾아보십시오.

02. 약자를 위한 언어 인권 개선 방안을 생각해 보십시오.

03. 언어 복지에 대해서 생각해 보십시오.

15) 번역을 말하다

번역이 새로운 창작이라는 말은
문화의 숨결을 불어 넣어야 한다는 의미도 담고 있다.

 언어와 문화의 문제가 가장 첨예하게 나타나는 장면은 아마도 번역일 것이다. 이 말은 번역을 할 때 문화에 대한 것을 직역해야 할지, 의역해야 할지 아니면 설명을 달아야 할지 고민이 생기는 순간이 많다는 의미이다. 번역에 나타나는 언어와 문화의 문제에 대하여 몇 가지 차원에서 살펴보도록 하겠다.

(1) 어휘와 번역

 어휘 번역은 쉬운 일이 아니다. 특히 양쪽 언어에 존재하는 어휘의 양이 다른 경우에는 일대일 대응이 되지 않기 때문에 문제가 발생할 수밖에 없다.
 구체명사는 해당 어휘가 없으면 보통 설명을 붙이거나 사진, 그림을 넣어 이해하기 쉽게 한다. 번역에 부차적인 설명이 필요한 예이다.
 조선시대의 도자기 중 코끼리를 그려 넣은 작품이 있다. 이 그림에서 번역의 어려움을 유추할 수 있다. 그 그림은 코끼리와 전혀 닮지 않았다. 실제로 보지 않고 설명만으로 대상을 이해하는 것은 쉬운 일이 아니다. 코끼리의 모습을 이야기로 듣고 그림을 그릴 수 있을까? 상상(想像)이라는 말의 한자에는 코끼리를 뜻하는 한자가 담겨 있다. 중국에서도 코끼리를 상상하는 게 쉬운 일이 아니었던 것이다.

악어나 공룡 등의 어휘를 번역하는 경우를 생각해 보자. 공룡은 명칭 상으로는 용의 한 종류로 볼 수 있다. 하지만 번역을 할 때 동양과 서양에서 용의 개념이 전혀 다르다는 점에 유의해야 한다. 서양의 용은 주로 선한 존재가 아니라 퇴치해야 할 존재인 경우가 많다. 반면에 동양에서의 용은 신비하고 귀한 존재이다. '용꿈'이라는 표현을 번역할 때 문화를 고려하지 않으면 완전히 엉뚱한 번역이 될 수 있다.

구체명사라고 하더라도 함의·비유·상징 등이 다른 경우에 심각한 오역이 될 수 있다. 이런 예는 무수히 많다. 영어의 'stone head'를 '돌 머리'로 번역하여 문제가 되었다는 이야기도 있다.

개념어를 번역하는 것은 훨씬 복잡하다. 현재 우리가 쓰는 한자어가 모두 중국에서 들어온 것이라고 아는 경우가 많은데 이는 틀린 말이다. 개념이나 새로운 문물에 해당하는 많은 어휘가 서양에서 일본을 거쳐 들어온 말이기 때문이다. 많은 한자어가 이렇게 일본에서 번역되어 동아시아에서 사용된다.

가장 대표적인 어휘는 '사회(社會)', '개인(個人)' 등이다. 현대 학문에서 쓰이는 수많은 어휘가 일본에서 번역되었다.

직접 번역하는 것과 번역된 어휘를 들여오는 것에는 많은 차이가 있다. 가장 큰 차이는 직접 번역한 어휘에는 고민이 담겨 있다는 점이다. 일본에서 'society'를 '사회'로 번역하기까지 수많은 논의와 시도가 있었다. 서양철학에서 '사회'라는 개념에는 매우 중요한 의미가 있었기 때문이다. '인간은 사회적 동물'이라는 말의 의미는 무엇인가? '사회적 동물' 또한 번역이 쉽지 않다. 사회는 집단이나 단체가 아니며, 단순히 사람들이 모여 있는 집합도 아니다. 따라서 '인간은 사회적 동물'이라는 말을 이해할 때에는 서로 조화를 이루고 돕는 존재여야 한다는 점이 고려되어야 한다.

한편 원효대사가 주로 쓰던 표현 중에 '거체(擧體)'라는 말이 있다. 최근에는 이 말을 '전체'로 번역한다. 한자 어휘라는 점은 같지만 현재 쓰이지 않는 말을 현대어로 고친 것이기에 번역이라는 용어를 사용했다. 그런데 '거체'와 '전체'는 전혀 다른 개념이라고 한다. '전체'의 반대는 '부분'이지만 '거체'의 반대는 '부분'이라고 할 수 없다. 왜냐하면 '거체'는 그를 이루고 있는 부분들이 각각의 역할을 하면서도 전체와 유기적으로 연결되는 역동적인 힘을 의미하기 때문이다. 뉘앙스를 이해하자면 '거국적(擧國的)'과 '전국적(全國的)'의 차이점을 비교해 볼 수 있겠다.

국어학에서 쓰는 수많은 용어들도 일본 학자들의 번역을 가져왔다. 그런데 어휘를 번역할 때도 문제가 발생하지만 이렇게 남이 해 놓은 번역을 가져와 쓰는 것도 문제가 될 수 있으므로, 용어를 공부할 때에는 이를 반드시 고려해야 할 것이다.

(2) 문법과 번역

어휘는 문화를 담고 있는 것이 분명하지만 문법도 문화를 담고 있는지에 대해서는 의문이 들 수도 있다. 그러나 문법 요소도 분명히 문화를 나타낸다.[134] 한국어에서 가장 대표적인 것이 상대 높임법이다.

한국어에서는 상대 높임법을 통해 화자와 청자의 관계를 추론하고 이해할 수 있다. 내용어가 아니라 문법적 요소만으로도 문화를 이해할 수 있다는 의미이다. 상대 높임법을 청자 높임법이라고도 하는데 이는 화자가 청자를 대하는 태도가 담겨 있음을 의미한다. 그런데 이런 문법이 사용된 문장을 상대 높임법이 없는 다른 언어로 번역할 때 종종 곤란한 상황에 처하게 된다. 대화 참여자의 관계를 알기가 어려워지기 때문이다. 누가 윗사람인지, 둘은 얼마나 친밀한 관계인지 파악할 수 있는 단서를 잃어버리게 되는 것이다.

역으로 어려움을 겪는 경우도 있다. 즉 다른 언어를 한국어로 번역하는 경우인데, 한국어 교재에서 대화 참여자를 '가', '나' 또는 'A', 'B'로 대화상대자를 표현하는 경우가 있다. 이것은 특별한 인물이 아니라는 의미를 담고 있다. 하지만 이렇게 표현하면 번역이 불가능한 언어도 있다. 베트남어 등에서는 남녀의 차이에 따라

---

[134] James Pennebaker(2011)에서는 문화를 암시하는 기능어에 대해서 논의하고 있다. 김아영 역(2016:65-67) 참조

인칭대명사의 사용이 달라진다. '가', '나', 'A', 'B'에는 성별 정보가 나타나지 않기 때문에 번역이 불가능한 것이다. 따라서 반드시 성별의 정보를 주어야 한다.

이는 한국어 화자가 영어 대화문에 나타난 'A', 'B'의 관계를 제대로 옮기지 못하는 것과 같은 것이다. 'A'와 'B' 사이의 나이, 지위, 친소 관계를 알지 못하면 상황에 적확한 상대 높임법을 쓰지 못한다.

이런 상황이 내용을 통해 해결되면 그나마 다행이다. 또한 등장인물에 대한 소개가 본문에 나타나면 번역에 힌트가 된다. 그러나 끝내 인물 소개가 나오지 않는 경우도 많다.

한국어 화자는 한국어로 된 대화를 통해 그것이 아동의 말투인지 나이 든 사람의 말투인지 구별할 수 있다. 남자인지 여자인지도 어느 정도 구별이 가능하다. 화자의 출신 지역에 대한 추측도 가능하다. 뿐만 아니라 거만한 말투인지 위협적이 말투인지도 문법 요소를 통해 추론할 수 있다. 이렇게 문법 요소에도 문화적 요소가 담겨 있기 때문에 번역을 할 때 반드시 이를 고려해야 한다.

깊이 더하여 생각하기

01. 번역에서 문화의 차이 때문에 오역된 예를 찾아보십시오.

02. 관용 표현의 번역은 문화와 깊은 연관성을 갖고 있습니다. 관용 표현 번역의 어려움을 예를 들어서 설명해 보십시오.

03. 문화가 번역에서 문제가 될 수 있는 부분을 찾아서 직접 번역해 보십시오.

책을 맺으며

1. 언어를 공부하는 이유

언어는 사람과 사람이 아닌 생물을 구별하는 기준이기도 합니다. 언어를 사용하면서 많은 일들이 일어났습니다. 보통 언어의 발달은 직립보행과 관련이 있다고 이야기합니다. 직립보행으로 발음기관의 구조가 언어를 발달시키기에 알맞게 변화하였다는 의견입니다. 또한 직립보행을 함으로써 두 팔의 사용이 자유로워졌고, 그에 따라 도구의 사용도 가능하게 되었습니다. 이는 두뇌가 발달하게 됨을 의미합니다. 언어의 발달은 두뇌의 발달 없이는 가능하지 않습니다.

제가 좋아하는 명제 중에 '개체의 발생은 계통의 발생을 되풀이한다'는 말이 있습니다. 이 말은 생물학에서 사용하는 말인데 어떤 생물이 태어나서 자라고 죽는 과정을 보면 그 생물이 어떤 과정을 거쳐 발달해 왔는지를 알 수 있다는 뜻입니다. 예를 들어 개구리가 알에서 올챙이가 되고, 개구리가 되는 과정이 개구리라는 생명체에 대한 계통의 역사를 보여 준다는 의미입니다.

인간의 경우도 여러 측면에서 이러한 명제를 확인할 수 있습니다. 그 중에서도 아이가 언어를 습득하는 과정을 보면 언어가 어떻게 발달했을지에 대한 많은 실마리를 찾게 됩니다. 앞에서 말한 직립보행과 언어의 발달도 여기에 해당합니다. 정확한 과학적 근거를 대기는 어렵지만 아이가 걷는 것과 아이가 말을 하는 것은 관계가 있어 보입니다. 주로 아이가 걷기 시작할 때 말을 시작하기 때문입니다. 아이가 말을 배우는 방식도 많은 시사점을 줍니다. 아이들은 충분히 듣고 나서 말을 시작합니다. 아이들은 한 어휘, 두 어휘, 세 어휘로 조금씩 문장을 만들어 갑니다. 그러한 단계를 지나가면 점점 질문이 많아집니다.

인간은 질문을 하는 존재입니다. 인간의 가장 큰 특징은 질문에 있다고 봅니다. 인간은 알고 싶은 게 많습니다. 절대로 알지 못할 것 같은 것에도 관심이 많습니다. 우주의 끝을 알고 싶어 하고, 인간의 시작에 대해서도 알고 싶어 합니다. 본인의 삶과는 아무런 관계가 없어 보이는 일에도 골몰하는 경우가 많습니다. 질문이 인간을 인간답게 합니다. 그래서 학문(學問)이라는 어휘에는 배우고 묻는다는 의미가 담겨 있습니다. 알고 싶어 하고 모르면 묻는 게 학문이고 삶입니다. 이러한 질문의 시작에는 언어가 있습니다.

아이들의 질문도 생활에 꼭 필요한 것이 아닙니다. 내 눈앞에 펼쳐진 모든 세상이 궁금합니다. 그래서 묻습니다. 하늘은 왜 파란가? 비는 어떻게 오는가? 아이는 어떻게 생기는가? 남자와 여자는 왜 다른가? 왜 어떤 것은 먹어도 되고 어떤 것은 먹으면 안 되는가? 질문이 끝이 없습니다. 아이들의 질문이라고 단순한 게 아닙니다.

　인간의 언어는 발달뿐 아니라 내용의 측면에서도 과거와 현재와 미래를 담고 있습니다. 오랜 선조의 언어가 그대로 또는 변화하며 현재의 언어 속에 담겨 있습니다. 우리가 사용하고 있는 언어는 곧 미래 세대의 언어 속에 반영이 됩니다. 내가 지금 사용하는 언어는 곧 미래의 언어이기도 하다는 의미입니다. 우리가 사용하는 언어만큼 우리가 영원한 존재임을 확인시켜 주는 예는 없는 듯합니다.

　언어를 공부하는 것은 사람을 공부하는 것입니다. 언어의 발달이 곧 사람의 발달이기 때문입니다. 또한 언어를 공부하는 것은 나의 뿌리와 나의 미래를 공부하는 것입니다. 나의 몸은 과거의 역사이기도 합니다. 조상들의 유전자는 끊임없이 전해져 왔고, 그 과정이자 결과가 현재의 나입니다. 마찬가지 의미에서 나의 몸은 미래의 흔적이기도 합니다. 나는 나로 끝나는 것이 아니요, 나의 언어는 나의 세대로 끝나는 것이 아닙니다.

　과거의 언어를 공부하고, 나와 연결된 수많은 언어를 공부하고, 내가 사용하는 현재의 언어를 공부하고, 나를 둘러싼 사람들의 언어를 공부합니다. 언어의 미래가 어떻게 될지 공부하고, 언어의 과거와 현재와 미래가 다른 것이 아님을 공부합니다. 인간의 전 생애를 통해 흘러온 언어와 우리 마음이 꿈꾸고 그리는 세상이 다른 것이 아님을 확인합니다.

2. 문화를 공부하는 이유

문화는 평화입니다. 문화는 글자 그대로 말로 하자는 것이고, 글로 하자는 것입니다. 힘으로 남을 억누르는 것은 문화가 아니라 폭력입니다. 그러한 의미에서 폭력 문화라는 말은 모순적 표현입니다. 전쟁 문화라는 말도 이상한 표현입니다. 문화는 싸우지 말자고 하는 것이기 때문입니다.

문화를 공부하면 싸울 일이 줄어듭니다. 문화 중에서 가장 대표적인 것이 예술입니다. 예전부터 인간은 누가 시키지 않아도 아름답게 꾸미려고 했습니다. 물론 이러한 미적 추구에도 다양한 원인이 있습니다. 왜 그렇게 꾸몄을까를 공부하는 것도 문화 공부입니다. 음악을 듣다 보면 분노가 가라앉습니다. 그림을 그리면서 좀 더 차분해진 스스로를 발견하게 됩니다.

종종은 싸움을 문화로 바꾸기도 합니다. 가장 대표적인 것이 놀이입니다. 싸움도 놀이가 되면 즐겁습니다. 전쟁놀이는 전쟁 연습이 아닙니다. 전쟁이란 게 얼마나 허무한지를 깨닫게 하는 놀이입니다. 전쟁놀이가 끝나고 나면 금방 원래대로 친구가 됩니다. 놀이를 하다가 누구라도 다치면 깜짝 놀라서 달려옵니다. 서로가 서로를 걱정합니다. 다치는 게 싫은 게 전쟁놀이입니다. 누구라도 슬프지 않았으면 하는 게 전쟁놀이입니다. 그래서 놀이는 마냥 즐겁습니다. 언제나 즐거운 결말이 됩니다.

놀이를 좀 더 구체화하면 경기가 됩니다. 체육이 중요한 문화인 것은 체육을 통해서 경쟁은 하지만 남을 이기는 목적보다는 스스로 강해지는 데 더 큰 목적을 두기 때문입니다. 남을 꺾는 게 주목적이라면 체육을 문화로 하는 것이 아니라 전쟁으로 하는 것입니다. 종종 이러한 오해가 경기를 싸움으로 끝나게 합니다. 놀이는 아주 즐거운 문화입니다.

사람의 모든 것이 문화라고 할 정도로 문화의 폭은 넓습니다. 그래서 문화에 대한 기준이 더 필요한지도 모르겠습니다. 남을 다치게 하고, 싸움을 부추기는 것이 아니라 서로의 이로움을 생각하는 것이 문화라는 생각이 필요합니다. 문화를 공부하는 것은 서로 싸우지 말자고 하는 것입니다.

서로의 문화가 다른 것은 당연합니다. 사람마다 문화가 다르고, 집안마다 문화가 다릅니다. 지역이나 민족, 국가의 경우는 말할 것도 없습니다. 문화가 다른 것은 좋은 겁니다. 다 똑같다면 얼마나 재미없을까요? 지루하기 짝이 없는 세상일 겁니다. 사람마다 생긴 것이 똑같고, 똑같이 치장을 하고, 똑같은 말투로 똑같이 행동한다면 얼마나 밋밋합니까?

그런데 종종 문화가 다툼의 원인이 됩니다. 다른 것을 틀린 것이라 우깁니다. 내 문화가 너의 문화보다 낫다고 싸움을 걸어옵니다. 이것은 전부 문화를 잘못 보아서 생긴 일입니다. 문화가 다른 것은 재미있는 일이고, 흥미로운 일입니다. 그래서 공부를 해야 합니다. 서로의 문화를 알고 싶어 하고, 달라서 즐거운 웃음이 나야 합니다. 문화는 즐거움의 원인입니다. 문화가 다툼의 이유가 될 때는 무조건 공부를 해야 합니다.

모르면 오해할 수 있습니다. 우리 문화에서는 그렇게 하는 것이 기분 나쁜 일인데, 어떤 문화에서는 기분 좋은 일이 되기도 합니다. 이런 경우에 모르면 싸웁니다. 모욕으로 느끼기도 합니다. 그래서 모르면 공부를 해야 한다고 말한 것입니다. 화가 나면 싸우는 것이 아니라 공부를 해야 합니다. 분명 내가 몰라서 싸움이 일어난 것이기 때문입니다. 이것은 민족이나 국가 간의 문제만이 아닙니다. 개인과 개인의 문화에서도 얼마든지 일어나는 일입니다. 꼭 기억해야 합니다. 문화는 곧 평화입니다.

참고 문헌

강길운(2010), 『비교언어학적 어원사전』, 한국문화사.
강주헌(2003), 『나는 여성보다 여자가 좋다』, 황소걸음.
고려언어연구원 편(2005), 『조선말 어휘표현사전』, 흑룡강 조선민족 출판사.
고려언어연구원 편(2005), 『조선말 성구속담사전』, 흑룡강 조선민족 출판사.
고려언어연구원 편(2006), 『조선말 고어사전』, 흑룡강 조선민족 출판사.
국립중앙박물관(1993), 『韓國의 先, 原史土器』, 국립중앙박물관.
권수영 외(2016), 『한국인, 우리는 누구인가』, 21세기북스.
김건환(2003), 『언어접촉, 문화교류 그리고 언어차용과 시대정신』, 한국문화사.
김계곤(1994), 『우리말 글은 우리 얼을 담는 그릇이니』, 어문각.
김귀순(2011), 『젠더와 언어』, 한국문화사.
김낭예(2011), 「상징을 통한 한국 문화 교육 연구」, 『한국어 교육』, 제22권 2호, 국제한국어교육학회.
김민수 편(1997), 『우리말 語源辭典』, 태학사.
김선희(2001), 『우리 사회 속의 우리말』, 한국문화사.
김성도(2002), 「언어상대성 원칙의 역사 인식론적 토대-문화 언어학을 위한 서설」, 『인문언어』, 3권, 국제언어인문학회.

김숙현 외(2001), 『한국인과 문화 간 커뮤니케이션』, 커뮤니케이션북스.

김열규(1997), 『한국의 문화코드 열다섯 가지』, 도서출판 마루.

김영철 엮음(1998), 『조선말 속담 분류 사전』, 연변인민출판사.

김완진(1996), 『음운과 문자』, 신구문화사.

김용 편(2010), 『조선족 속담사전』, 연변인민출판사.

김정숙(1997), 「한국어 숙달도 배양을 위한 한국 문화 교육 방안」, 『교육한글』, 10호, 한글학회.

김주관(2010), 「문화의 개념과 문화 교육 - 언어교육과 관련하여」, 『언어와 문화』, 6권 3호, 한국언어문화교육학회.

김중섭(2014), 『한국어 교육의 이해』, 하우.

김중순(2010), 『문화의 이해와 다문화 교육』, 소통.

김태곤(1985), 『한국무속신화』, 집문당.

김태나(2011), 「한국어 발화에서의 무례 연구」, 『한국어 교육』, 제22권 3호, 국제한국어교육학회.

김태식(2002), 『미완의 문명 7백년 가야사』, 푸른 역사.

김하수(2008), 「언어와 문화 교육에 대한 화용론적 해석」, 『외국어로서의 한국어 교육』, 33호, 연세대학교 한국어학당.

김혜숙(1991), 『현대 국어의 사회언어학적 연구』, 태학사.

김혜숙(2000), 『현대 국어의 사회적 모습과 쓰임』, 월인.

류시화(2003), 『나는 왜 너가 아니고 나인가』, 김영사.

리영순(2006), 『동물과 수로 본 우리 문화의 상징 세계』, 훈민.

문용(1999), 『한국어의 발상 영어의 발상』, 서울대학교 출판부.

민현식(1996), 「국제 한국어 교육을 위한 국어 문화론의 내용 구성 연구」,「한국말교육」, 7호, 국제한국어교육학회.

민현식·박재현(2006),「문화 간 의사소통 능력과 한국어 교육」, 국제한국언어문화학회 제3차 국제학술대회.

박문기(1999),『숟가락』, 정신세계사.

박선희(2014),『동아시아 전통 인테리어 장식과 미』, 서해문집.

박성배(2002),『깨침과 깨달음』, 윤원철 역, 예문선원.

박성배(2007),『몸과 몸짓의 논리』, 민음사.

박성배(2008a),『재미 불교학 교수의 고뇌』, 혜안.

박성배(2008b),『미국에서 강의한 화엄경 보현행원품』, 도피안사.

박성배(2009),『One Korean's Approach to Buddhism』, SUNY Press.

박성봉·고경식 역(1985),『역해 삼국유사』, 서문문화사.

박영순(2001),『한국어의 사회언어학』, 한국문화사.

박영준·시정곤·정주리·최경봉(2002),『우리말의 수수께끼』, 김영사.

박용숙(2015),『샤먼 문명』, 소동.

박은용(1970),「중국어가 한국어에 미친 영향」,『효성여대 논문집』.

박재양(2006),「추녀와 처마의 어원」,『인문과학』, 제38집, 성균관대학교 인문과학연구소.

박창범(2002),『하늘에 새긴 우리 역사』, 김영사.

서정범(1989),『우리말의 뿌리』, 고려원.

서정범(2000),『국어어원사전』, 보고사.

서정범(2005),『한국특수어연구』, 유씨엘.

성기철(2001),「한국어 교육과 문화 교육」,『한국어 교육』, 제12권 2호, 국제한국어교육학회.

신난다(1993),『재미있는 어원이야기1』, 서광학술자료사.

심재기(1981), 『국어어휘론』, 집문당.
심재기(1994), 「숨어있던 복합어에 대하여」, 『우리말 연구의 샘터』, 연산 도수희 선생 화갑기념논집.
양지선(2011), 「의사소통의 민족지학 방법론을 활용한 한국어 문화 교육」, 『한국어 교육』, 제22권 3호, 국제한국어교육학회.
오수연(2004), 『색의 유혹』, 살림.
오정란·교지연(2011), 『외국어로서의 한·중 언어문화 비교』, 박이정.
오주석(2003), 『한국의 美 특강』, 솔.
왕문용(2008), 『국어와 의사소통』, 한국문화사.
유수연(2008), 『문화 간 의사소통의 이해』, 한국문화사.
유창돈(1964), 『이조어사전』, 연세대학교 출판부.
유창돈(1964), 『이조국어사연구』, 宣明文化社.
유창돈(1971), 『어휘사연구』, 宣明文化社.
윤여탁(2013), 『문화 교육이란 무엇인가?』, 태학사.
이광표(2006), 『손 안의 박물관』, 효형출판.
이기문·김진우·이상억(2000), 『국어음운론』, 학연사.
이기봉(2006), 「문화와 사회 : 개념 정의에 대한 하나의 검토」, 『문화역사지리』, 18권 3호, 한국문화역사지리학회.
이석주(2002), 「한국어 문화의 내용별 단계별 목록 작성 시고」, 『이중언어학』, 21호, 이중언어학회.
이성희(2015), 『한국문화 어떻게 가르칠 것인가』, 박이정.
이어령(2002), 『뜻으로 읽는 한국어 사전』, 문학사상사.
이영숙(2012), 『식탁 위의 세계사』, 창비.
이이화(2012), 『처음 만나는 우리 문화』, 김영사.

이익섭(2000), 『사회언어학』, 민음사.
이장섭(2006), 「지식정보사회와 문화 개념의 패러다임 변화」, 『한국언어문화』, 31집, 한국언어문화학회.
이정복·양명희·박호관(2006), 『인터넷 통신언어와 청소년 언어문화』, 한국문화사.
이을호 역(2011), 『한글논어』, 올재.
이해영(2002), 「비교문화적 화용론에 기초한 한국어의 화용 교육」, 『이중언어학』, 21호, 이중언어학회.
일연 지음, 리상호 옮김(1999), 『사진과 함께 읽는 삼국유사』, 까치.
임석재(2011), 『우리 건축 서양 건축 함께 읽기』, 컬처그라피.
임영주(2004), 『한국의 전통 문양』, 대원사.
장영준(2005), 『언어 속으로』, 태학사.
장한업(2011), 「한국 이민자 자녀와 관련된 용어 사용상의 문제점」, 『이중언어학』, 46호, 이중언어학회.
전헌(2016), 『다 좋은 세상』, 어떤 책.
정대현(1985), 『한국어와 철학적 분석』, 이화여대 출판부.
정혜경(2007), 『한국 음식 오디세이』, 생각의 나무.
조세용(1986), 「한자어에서 개주된 귀화어 연구」, 한양대학교 박사논문.
조세용(1991), 「한자어계 귀화어 중 사어화된 어휘에 관한 연구」, 『동화와 번역』, 10권, 건국대학교 동화와 번역 연구소.
조세용(1999), 「한자어계 차용어의 개주, 귀화 현상에 관한 연구」, 『한글』, 243호, 한글학회.
조중빈 역(2016), 『안심논어』, 국민대학교 출판부.
조항록(1998), 「한국어 고급 과정 학습자를 위한 한국 문화 교육 방안」, 『한국어 교육』, 제9권 2호, 국제한국어교육학회.

조항록(2000), 「초급 단계에서의 한국어 교육과 문화 교육」, 『한국어 교육』, 제11권 1호, 국제한국어교육학회.

조항범(1997), 『다시 쓴 우리말 어원이야기』, 한국문원.

조현설(2006), 『우리 신화의 수수께끼』, 한겨레출판.

조현용(1994), 「국어 비통사적 합성어의 통시적 연구」, 경희대학교 석사논문.

조현용(1996), 「동의중첩에 의한 단어형성 연구」, 『어문연구』, 92호, 한국어문교육연구회.

조현용(1997), 「언어의 화석화 - 속담자료를 중심으로」, 『고황논집』, 제20집, 경희대학교 대학원.

조현용(1998), 「수량 단위명사의 어원 연구」, 『어문연구』, 99호, 한국어문교육연구회.

조현용(1999), 「한국어 어휘교육과 어원교육」, 『어원연구』, 2호, 한국어원학회.

조현용(2000), 『한국어 어휘교육 연구』, 박이정.

조현용(2003), 「한국어문화 교육 방안에 대한 연구」, 『이중언어학』, 22호, 이중언어학회.

조현용(2003), 「비언어적 행위 관련 한국어 관용 표현 교육 연구」, 『한국어 교육』, 제14권 1호, 국제한국어교육학회.

조현용(2004), 「한국어 교육과 문자교육 연구」, 『교육발전연구』, 제20권 제1호, 경희대학교 교육발전연구원.

조현용(2005), 「한국어 비언어적 행위 표현과 한국어 문화 교육 연구」, 『한국어 교육』, 제16권 2호, 국제한국어교육학회.

조현용(2005), 「문법화와 한국어 문형 교육 연구」, 『교육발전연구』, 제21권 1호, 경희대학교 교육발전연구원.

조현용(2005), 『우리말 깨달음 사전』, 하우.

조현용(2005), 『한국어 교육의 실제』, 유씨엘.

조현용(2007), 「한국어 교재의 기능 교수요목 제시 비교 연구」, 『어문연구』, 134호, 한국어문교육연구회.

조현용(2007), 「한국어 속담 교육 연구」, 『한국어 교육』, 제18권 2호, 국제한국어교육학회.

조현용(2008), 「가치 중심 한국어 교육」, 『한국어 교육』, 제19권 1호, 국제한국어교육학회.

조현용(2009), 『우리말로 깨닫다』, 하우.

조현용(2009), 『한국인의 신체언어』, 소통.

조현용(2009), 「한자어계 귀화어의 유형 연구」, 『언어연구』, 제26권 제2호, 경희대학교 언어연구소.

조현용(2010), 「한국어 교육과 사회언어학」, 2010년 한국어 교육과 한국학연구 국제학술회의.

조현용(2010), 「재미동포 학생을 위한 외래어 교육 연구」, 『한국어 교육』, 제21권 4호, 국제한국어교육학회.

조현용(2011), 「말의 타락과 한국어 교육」, 『Ceesok Journal of Korean Studies』, vol.12, 중동유럽한국학회.

조현용(2011), 『우리말, 가슴을 울리다』, 하우.

조현용(2012), 「'둘 아님'으로 보는 세상」, 『어원연구』, 제8집, 한국어원학회.

조현용(2013), 「소통 중심 한국어 문화 교육에 대하여」, 『한국어문화

연구』, 1권 1호, 한국어문화연구센터.

조현용(2013), 『한국어문화 교육 강의』, 하우.

조현용(2014), 『우리말, 지친 어깨를 토닥이다』, 하우.

조현용(2015), 『우리말의 숲에서 하늘을 보다』, 하우.

조현용(2016), 「한국어 의태어의 어원 고찰」, 『우리말연구』, 47집, 우리말학회.

차재국(2002), 『세계 언어 탐방과 문화 산책』, 한국문화사.

천소영(1994), 『부끄러운 아리랑』, 현암사.

최봉영(1997), 『한국문화의 성격』, 사계절.

최윤희·김숙현(1997), 『문화간 커뮤니케이션의 이해』, 범우사.

최준식(2007), 『세계가 높이 산 한국의 문기』, 소나무.

최창모(2003), 『금기의 수수께끼-성서 속의 금기와 인간의 지혜』, 한길사.

황병순(2002), 『말로 본 우리 문화론』, 한빛.

허균(1995), 『전통 문양』, 대원사.

허균(2011), 『궁궐 장식』, 돌베개.

허재영(2000), 『생활 속의 금기어 이야기』, 역락.

허흥식 외(2007), 『삼족오』, 학연문화사.

武田雅哉(1994), 『蒼頡たちの宴』, 서은숙 옮김(2004), 『창힐의 향연』, 筑摩書房.

鈴木孝夫(1973), 『ことばと文化』, 이길원 역(2005), 『언어로 살펴본 일본 문화』, 小花.

趙顯龍(2015), 「コミュニケ ションと言語教育の問題」, 『NUIS Journal of International Studies』, Niigata University of International and

Information Studies.

Albertine Gaur(1984), *A History of Writing*. Abbeville.

Ariel Golan(1993), *Myth and Symbol*, 정석배 역(2004), 『세계의 모든 문양』, 푸른역사.

Benoist(1991), *Signes, symboles et mythes*, 박지구 역(2006), 『기호, 상징, 신화』, 경북대 출판부.

Berko·Wolvin·Wolvin(1998), *Communication: A Social and Career Focus*, 이찬규 역(2003), 『언어 커뮤니케이션』, 한국문화사.

Bonvillain, Nancy(2003), *Language, culture, and communication : the meaning of messages*, Prentice Hall.

Brown, H. Douglas(2000), *Principles of Language Learning and Teaching*, Longman

David Fontana(1993), *The Secret Language of Symbols*, 최승자 역(1998), 『상징의 비밀』, 문학동네.

Desmond Morris(1977), *People Watching*, Vintage Books.

Edward Hall(1976), *Beyond Culture*, 최효선 역(2000), 『문화를 넘어서』, 한길사.

Edward Hall(1983), *The Dance of Life*, 최효선 역(2006), 『생명의 춤』, 한길사.

Gary B. Palmer(1996), *Toward a Theory of Cultural Linguistics*, Austin: University of Texas Press.

Georges Jean(1989), *Langage de signes*, 김형진 역(2009), 『기호의 언어-정교한 상징의 세계』, 시공사.

Hans Jürgen Heringer(2004), *Interkulturelle Kommunikation*, 최명원 역

(2009), 『언어, 문화 그리고 커뮤니케이션』, 유로.

Hudson, R. A.(1980), *Sociolinguistics*, 최현욱·이원국 공역(1986), 『사회언어학』, 한신문화사.

James W. Pennebaker(2011), *The SECRET LIFE of PRONOUNS*, 김아영 옮김(2016), 『단어의 사생활』, 사이.

Joseph Campell(1974), *The Mythic Image*, 홍윤희 역(2006), 『신화의 이미지』, 살림출판사.

Nida(1996), *The Sociolinguistics of Interlinual Comunication*, 송태호 역(2002), 『언어 간 의사소통의 사회언어학』, 고려대학교 출판부.

Richard E. Nisbett.(2003:202~203) *The geography of thought*, The free press.

Geoffrey Sampson(1985), *Writing Systems*, 신상순 역(2000), 『세계의 문자체계』, 한국문화사.

Sapir, E.(1929/1949) In D.G. Mandelbaum (ed.), *The selected writings of Edward Sapir in language, culture, and personality*. Berkeley: University of California Press.

Spolsky(2001), *Sociolinguistics*, 김재원·이재근·김성찬 역(2001), 『사회언어학』, 박이정.

Tony Allan(2008), *Symbol Detective*, 김낭예·조현용·한정연 역(2015), 『상징을 찾아서』, 하우.

Whorf, B.L.(1940/1956), 「Science and linguistics」. In J.K. Carroll (ed.), *Language thought and reality*. Selected writings of Benjamin Lee Whorf. Cambridge, MA: MIT Press.

Will Durant(1935), *The story of Civilization*, 왕수민·한상석 역(2011), 『문

명이야기』, 민음사.

Zoltán Kövecses(2006), *Language, mind, and culture*, Oxford: Oxford University Press.

찾아보기

용어

ㄱ

가로쓰기 141
가주어 54
가획 135
강의화(强意化) 현상 49
강조 관계 197
개념어 48
객체 높임법 39
격식체 27, 40
결혼이민자 268
경음화 83
계통 47
고맥락 23, 52
고유어 47
관용 표현 24
교훈성 176
구어 197
국제결혼자녀 255
국한문 혼용 141

군대 용어 208
금기 23
금기어 124
금속활자 148
기거 행위 200
기원 202
기초 어휘 47

ㄴ

남성 명사 36
남성성 172
노동자 87
농경문화 52, 67
높임말 39
높임법 39

ㄷ

다문화 가정 270
단군신화 159
단수 35
대명사 28, 90

대조언어학 27
대체 관계 197
대화 참여자 276
독상 문화 106
동의 중첩 49
두자어(頭字語) 209
떡 문화 104
띄어쓰기 132

ㅁ

맥락 52
모아쓰기 133, 149
모음 145
모음조화 44
목판 148
몸짓 198
묘사 193
무가 69
무속신화 69
무표(unmarked) 81
문자 129
문자관 23
문자 언어 23
문화 20
문화교육 29
문화언어학 21
문화인류학 28

ㅂ

반말 39
밥 문화 100
번역 273

병렬 복합어 80
병서 135
보자기 문화 115
보충 관계 197
복수 35
부뚜막 문화 108
비격식체 27, 41
비언어적 의사소통 23
비유 23, 151

ㅅ

사회 187, 274
사회언어학 21, 26
삼국유사 62
상관쌍 44
상대 높임법 39, 276
상징 23, 151
상황 중심 52
색채어 47
생략 37
생활 190
생활문화 29
샤머니즘 61
서술어 36
설화 62
성(性) 35
성주풀이 131
성취문화 29
세로쓰기 141
속담(俗談) 24, 176
속어(俗語) 211
수(數) 35, 47, 169

숟가락 문화 98
술 문화 106
숭늉 문화 102
시간 69
시조 신화 159
식문화 96
식약동원(食藥同源) 101
신체 155
신체 관련 관용 표현 203
신체어 47
신체 언어 23
신화 62
심리언어학 21

ㅇ

압존법 39
양력 70
어문화(語文化) 20
어사분화(語辭分化) 44
언어관 23, 120
언어 교육 29
언어문화 20
언어문화론 20
언어 복지 265
언어사회학 21
언어 상대주의 25
언어심리학 21
언어 타락 82
여성 명사 36
여성성 172
온돌 문화 107
완곡어법 55

외래어 47
욕 211
용언 35
유교 문화권 47, 99
유목 문화 53
유추 180
유표(marked) 81
유행어 210
윤년 71
윤달 71
은어(隱語) 209
음력 70
음성 상징어 44
음성 언어 23
음소문자 139
음운교체 44
음절문자 138
의복 문화 111
의성어 44
의식주 95
의태어 44
이두 138
이주 노동자 267
인간관계 188
인권 265
인류언어학 2
인쇄술 148
인지언어학 21
인칭 35
일본식 서양어 48
일본식 한자어 48

ㅈ

자연어 47
자연 현상 173
자음 144
자질문자 140
장(醬) 문화 102
재미 동포 257
재외 동포 253
저맥락 52, 75
전통문화 29
접미사 89
제자 원리 144
조음방법 145
조음위치 145
종성부용초성(終聲復用初聲) 145
주거 문화 107
주저어 83
주체 높임법 39
중간 맥락 52
지칭 27
직업 86
직유 152

ㅊ

창제 142
창제 원리 145
천체 70, 172
천체어 47
축약 83
충돌 관계 197
친족명 28
친족어 47, 217

ㅌ

통과제의 71, 98

ㅍ

폐음절어 138
표의문자 137
풀어쓰기 133

ㅎ

하게체 40
하오체 40
한국 문화 20
한국어 20
한국어 교육 29
한국어 보급 270
한국어 세계화 271
한국인의 사고 20
한글 133
한글 전용 141
한복 111
한솥밥 문화 101
한자 문화권 47
한자어 47
합쇼(하십시오)체 40
해 61, 70
해라체 40
해외 동포 253
해외 입양인 255
해요체 41
해체 41
행동 192
향찰 138

호칭 27
화두 246
화용론 25
회귀 사상 63
획수 135
효(孝) 문화 78
훈민정음 77

-바리 89
-보 89
-부리 89
-비리 89
12간지 72

한국어 어휘·표현

ㄱ

가까운 이웃이 먼 친척보다 낫다 99
가는 말이 고와야 오는 말이 곱다
　　　177, 190
가뭄에 콩 나듯 181, 191
가슴 235
가시버시 79
가위 249
가재는 게 편 189
가족 185
가지 많은 나무에 바람 잘 날 없다
　　　185, 187
간간하다 103
간에 기별도 안 간다 157
간에 붙었다 쓸개에 붙었다 하다 158
간을 맞추다 103
간을 보다 103
간을 하다 103
간이 세다 103
간이 콩알만 해지다 157
감기는 밥상머리에서 내려앉는다
　　　102, 192
감투를 쓰다 113
갑갑한 놈이 우물 판다 111
값어치가 있다 232
갓 112
갓 쓰고 당나귀 타고 다니던 때 112
갓 쓰고 망신 113
같은 값이면 다홍치마 112
개구리 올챙이 적 생각 못 한다 188,

189
개밥바라기 별 63
개인 274
개천에서 용 난다 189
거체(擧體) 275
겉 다르고 속 다르다 193
고기는 씹어야 맛이고 말은 해야
　　맛이다 122
고래 싸움에 새우등 터진다 193
고맙다 233
고수레 202
고양이 목에 방울 달기 183
곤지 114
공경 78
관계 79
구들 107
구들장이 꺼지도록 한숨을 쉬다 108
구수하다 103
국 96
국물도 없다 97
국수를 먹다 97
군소리 120
귀신 듣는데 떡 소리 한다 104
금강산도 식후경 96, 191
기와 109
기와집 물려준 자손은 제사를 두 번
　　지내야 한다 109
기와집에 옻칠하고 사나 109
기와집이면 다 사창(社倉)인가 109
기와 한 장 아끼다가 대들보 썩힌다
　　109
긴 병에 효자 없다 183, 187

까맣게 몰려들다 166
꿀 먹은 벙어리 190
꿈보다 해몽이 좋다 190
꿩 대신 닭 105, 194
꿩 먹고 알 먹고 105

ㄴ

나다 230
나잇값을 하다 78
나조 70
날 70
남이 떡이 커 보인다 104
남편 222
낫 놓고 기역자도 모른다 130, 185,
　　191
낮말은 새가 듣고 밤말은 쥐가 듣는다
　　189, 190
내가 성을 갈겠다 125
내 눈의 들보 111
내 손은 약손 202
내 코가 석자 156
누워서 떡 먹기 108, 178
누워서 침 뱉기 193
눈 64
눈길 237
눈길이 머물다 237
눈에 밟히다 156, 236
눈여겨보다 156, 236
눈을 감다 156
눈을 뜨다 156
눈치 54
눈치가 있으면 절에 가서도 새우젓을

얻어먹는다 54
눈칫밥 101

ㄷ

다 된 밥에 코 빠뜨린다 191
달 61, 70
담 110
담을 쌓았다 110
대보름 71
대쪽 같은 성격 163
댕기머리 114
도깨비 249
도둑이 제 발 저리다 194
도련님 224
도토리 키 재기 194
돌다리도 두드려 보고 건너라 193
동무 79, 213
돼지 목에 진주목걸이 183
된바람 65
들다 230
들창(들창 코) 111
딸깍발이 114
땅 61
땅 짚고 헤엄치기 178, 194
떠꺼머리 114
떡 본 김에 제사 지낸다 104
떡 줄 사람 생각도 안 하는데 김칫국부
  터 마신다 104
뚝배기보다 장맛 102
뛰는 놈 위에 나는 놈 있다 188, 189
띠 162

ㅁ

마누라 82
마담 82
마마 68
마음 227
마음을 내려놓다 228
마음을 놓다 228
마음을 두다 228
마음을 둘 데가 없다 228
마음을 잡다 228
마음이 쓰이다 228
마파람 65
말 118
말 같은 소리를 해라 120
말귀를 못 알아듣는다 55, 74
말도 못한다 121
말로 다 할 수 없다 55, 120, 122
말만 번지르르 하다 121
말 속에 뼈가 있다 190
말을 잃다 122
말을 잇지 못하다 122
말이 되는 소리를 해라 120
말이 씨가 되다 123, 189, 190
말이 아니다 121
말이 안 나오다 120
말이 안 통하다 54
말이 통하다 74
말이 필요 없다 55, 121
말 한 마디에 천 냥 빚을 갚는다 122,
  172, 190
맑은 물에는 고기가 놀지 않는다 184
맞먹다 106

매도 먼저 맞는 놈이 낫다 193
머리 235
머릿속이 하얘지다 166
먹고 살 만하다 95
먹다 죽은 귀신은 때깔도 곱다 96
먹을 때는 개도 안 건드린다 96
먼 사촌보다 가까운 이웃이 낫다
    188, 189
며느리 220
며칠 72
모 67
모르는 게 약이다 192
모르다 237
못된 강아지 부뚜막에 똥 싼다 108
못 먹는 감 찔러나 본다 183
뫼 67
무아지경 249
무식이 상팔자 187
문지방이 닳도록 111
문턱이 높다 111
물 65
물이 들다 231
미안하다 233
미운 놈 떡 하나 더 준다 104
미운 자식 떡 하나 더 준다 186, 187
믿는 도끼에 발등 찍힌다 177, 189,
    191
밑 빠진 독에 물 붓기 194

ㅂ

바늘 가는 데 실 간다 187
바람 64

바람직하다 234
발 없는 말이 천 리 간다 122, 172,
    189, 190
발이 넓다 156
밥 67
밥맛이 없다 100
밥심 100
밥을 먹다 100
밥이 보약이다 101, 192
배보다 배꼽이 더 크다 194
배부르게 먹고 배를 두드린다 107
배부르고 등 따뜻하다 107
배산임수(背山臨水) 66
백의민족 165
백지장도 맞들면 낫다 188, 189
버선 113
버선발로 뛰어 나오다 113
버선발로 맞이하다 113
번갯불에 콩 구워 먹는다 173, 181,
    193
벼 67
벼는 익을수록 고개를 숙인다 67,
    188, 191, 193
벽 110
벽을 깨뜨리다 110
벽을 허물다 110
벽이 높다 110
별 61
별 소리를 다 한다 118
병 192
병 주고 약 준다 192
보기 좋은 떡이 먹기도 좋다 104.

191
보름 62
복주머니 115
부뚜막의 소금도 넣어야 짜다 108, 182
부모가 죽으면 산에 묻고 자식이 죽으면 가슴에 묻는다 185, 187
부부싸움은 칼로 물 베기 186, 187
북두칠성 63
불면 날아가고 쥐면 터질세라 187
비 64
비가 오시다 64
비장애인 86
빈 수레가 요란하다 121, 122
빛 168

ㅅ

사공이 많으면 배가 산으로 간다 180, 189
사람이 되라 244
사랑 228
사랑은 내리사랑 185, 187
사위 220
사이가 좋다 79
사촌이 땅을 사면 배가 아프다 183
사회 187, 274
사흘 굶으면 남의 담 안 넘는 놈 없다 184
삭다 102
산 넘어 산 194
삿대질을 하다 198
상다리가 부러지다 106

상투 114
새 발의 피 194
새빨간 거짓말 167
샛바람 65
샛별 63
생각이 나다 230
생각이 들다 230
서당 개 삼 년이면 풍월을 읊는다 177, 182
서방님 224
세 살 버릇 여든까지 간다 193
소경 84
소리 118
속 빈 강정 105
손맛 96
손으로 꼽다 199
손이 많이 가다 156
손이 크다 156
손짓발짓을 하다 198
수박 겉핥기 193
숟가락 밑에서 정분난다 99
숟가락을 놓다 98
술 마시면 개 106
술은 어른에게 배워야 한다 106
스승의 그림자도 밟지 않는다 189
식구(食口) 101
식은 죽 먹기 178
싼 게 비지떡 104
쌀 67
썩다 102
쓸개 빠지다 157

ㅇ

아궁이에 불을 지피다 108
아내 222
아는 게 병이다 192
아니 땐 굴뚝에 연기 나랴 108, 177, 189
아닌 밤중에 홍두깨 191
아 다르고 어 다르다 122, 190
아랫목 107
아랫목을 차지하다 108
아름답다 232
아버지 219
알다 237
암탉이 울면 집안이 망한다 82, 193
애간장이 타다 158
야단법석 245
약수(藥水) 66
약이 듣다 120
얌전한 고양이 부뚜막에 먼저 오른다 181
양반 214
어떻게 말로 표현할 방법이 없다 121
어르신 78
어른 78
어른 말을 들으면 자다가도 떡이 생긴다 104
어리다 78
어린이 77
어머니 219
어울리다 79
언어도단 248
엎지른 물은 주워 담지 못한다 189,
190
엎친 데 덮친 격 194
연지 114
열 길 물속은 알아도 한 길 사람 속은 모른다 244
열 손가락 깨물어 안 아픈 손가락 없다 185, 187
영감 214
오지랖 113
오지랖이 넓다 113
온돌 107
옷이 날개다 112, 191
용왕 66
우레와 같은 박수 소리 173
우리 220
우리가 남이가? 243
우물가에 가서 숭늉을 찾는다 102, 111, 193
우물 안 개구리 111
울타리 110
원숭이도 나무에서 떨어질 때가 있다 182
으르렁 말 가르랑 말 207
음복(飮福) 106
이게 웬 떡 104
이불 115
이왕이면 다홍치마 191
인민 213
입에 쓴 약이 몸에 좋다 192
입을 다물다 157
입이 거칠다 157
입이 싸다 157

입이 짧다 157
입찬소리 123
있다 237

ㅈ

잔소리 120
잘 먹고 잘 산다 95
장님 84
장님 코끼리 만지기 183
장애우 85
장애인 84
점잖다 78
정화수 65
제 눈에 안경 194
좋은 게 좋은 것 243
지는 것이 이기는 것 242
지성이면 감천이다 193
집 떠나면 고생 187
집안의 대들보 111
집에 숟가락 몇 개인지도 안다 54, 99
집이 대궐 같다 110
짚신도 짝이 있다 114, 187
쯤 74

ㅊ

찬물도 위아래가 있다 182
책씻이 105
척하면 척이다 54
천 리 길도 한 걸음부터 172, 193
철이 들다 231
추석 62
친구 187

친구 따라 강남 간다 188, 189
칠성신 63

ㅋ

코가 죽다 157
코리안 타임 73
콧대가 높다 156
콩 심은 데 콩 나고 팥 심은 데 팥 난다 67, 186, 187, 191
콩으로 메주를 쑨대도 안 믿는다 191
콩 한 쪽도 나누어 먹는다 188, 189, 191

ㅌ

토끼 같은 자식 16

ㅍ

팔은 안으로 굽는다 189
편하지 않다 55
피는 물보다 진하다 186, 187

ㅎ

하느님 맙소사! 61
하늘 61
하늘같은 지아비 62
하늬바람 65
한 귀로 듣고 한 귀로 흘린다 190
한 상 차리다 106
한소리 120
한 소리를 들었다 118
한 우물을 파다 111
한 이불을 덮고 자는 사이 115

할 말이 없다 122
함포고복(含哺鼓腹) 107
핫바지로 알다 114
허무 247
허파에 바람이 들어가다 157
헛소리 120
혀 아래 도끼 들었다 122, 189, 190
형만 한 아우 없다 187
호랑이는 죽어서 가죽을 남기고 사람은
　　죽어서 이름을 남긴다 125,
　　182
호랑이도 제 말하면 온다 182, 190
호랑이에게 물려가도 정신만 차리면
　　산다 182
호미로 막을 것을 가래로 막는다
　　185, 191
호박 같이 생겼다 152
홍수 끝에는 아무것도 남지 않는다 64
흰소리 120